重庆工商大学市级"人工智能+"智能商务学科群丛书

智能建造背景下混凝土模板数智化周转与跨项目协同优化研究

梅中亚 著

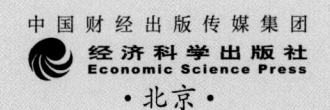

中国财经出版传媒集团
经济科学出版社
·北京·

图书在版编目（CIP）数据

智能建造背景下混凝土模板数智化周转与跨项目协同优化研究／梅中亚著． -- 北京：经济科学出版社，2025.5. --（重庆工商大学市级"人工智能+"智能商务学科群丛书）． -- ISBN 978 - 7 - 5218 - 7061 - 9

Ⅰ．TU755.2

中国国家版本馆 CIP 数据核字第 20252UL970 号

责任编辑：李　雪　袁　溦
责任校对：李　建
责任印制：邱　天

智能建造背景下混凝土模板数智化周转与跨项目协同优化研究

ZHINENG JIANZAO BEIJINGXIA HUNNINGTU MUBAN SHUZHIHUA ZHOUZHUAN YU KUAXIANGMU XIETONG YOUHUA YANJIU

梅中亚　著

经济科学出版社出版、发行　新华书店经销

社址：北京市海淀区阜成路甲 28 号　邮编：100142

总编部电话：010 - 88191217　发行部电话：010 - 88191522

网址：www.esp.com.cn

电子邮箱：esp@esp.com.cn

天猫网店：经济科学出版社旗舰店

网址：http://jjkxcbs.tmall.com

固安华明印业有限公司印装

710×1000　16 开　21.5 印张　247000 字

2025 年 5 月第 1 版　2025 年 5 月第 1 次印刷

ISBN 978 - 7 - 5218 - 7061 - 9　定价：106.00 元

（图书出现印装问题，本社负责调换。电话：010 - 88191545）

（版权所有　侵权必究　打击盗版　举报热线：010 - 88191661

QQ：2242791300　营销中心电话：010 - 88191537

电子邮箱：dbts@esp.com.cn）

教育部人文社会科学青年基金西部和边疆地区项目：

"重大工程创新要素集聚与转移对创新能力提升的影响研究：基于创新生态系统视角"（24XJC630008）

重庆工商大学高层次人才科研启动项目：

"城区建设项目智慧工地模式实施现状与跨组织合作提升路径研究"（2356020）

重庆市教育规划课题青年项目：

"就业导向下工程管理专业 BIM 课程融合研究与实践"（K24YY2080034）

重庆工商大学管理科学与工程学院智能商务经费资助

丛书编委会

总 主 编：黄钟仪

编委会成员（一批）：（按姓氏笔画排序）

文 悦　白 云　吴 琼　吴航遥

周愉峰　胡森森　曾 波　詹 川

编委会成员（二批）：（按姓氏笔画排序）

文 悦　何 鹏　陈久梅　梅中亚

周愉峰　曹策俊

序　言

商务领域正经历着一场由智能化技术驱动的深刻变革，智能商务已成为引领行业发展的先锋力量、推动社会进步的重要引擎。重庆工商大学市级"人工智能＋"智能商务学科群于2019年获批，学科依托人工智能学科与工商管理优势学科的交叉融合，重点面向先进制造业、现代服务业和战略性新兴产业商务活动的大数据智能化升级需求，着力开展智能预测与决策、电子商务智能运营、智慧物流与路径优化、智能商务模式创新等方向的人才培养和科学研究。首批丛书已出版，涵盖了不确定环境下的血液供应链运作决策、灰色系统建模技术、不确定语言信息环境下群体智能决策、面向汽车制造的精准物流研究、"区块链＋"生态农产品供应链的融合创新等方向的最新研究成果。本期丛书将继续推出我们在相关方向上的最新研究成果。

智能预测与决策方向有一本专著：《智能建造背景下混凝土模板数智化周转与跨项目协同优化研究》。该专著立足于建设工程智能预测与决策领域，基于最优化理论研究了混凝土模板在单个和多个施工现场的数智化周转使用与协同优化问题。借助建筑信息模型（BIM）技术、数学建模与优化算法设计、基于Agent的建模与仿真技术、参数化建模技术等数智化方法，研究了施工现场混凝土模板采购、加工、存储与周转使用的最优决策问题，讨论了跨项目协同周转使用混凝土模板的预测与决策问题，实现了建设工程领域建筑材料跨项目协同管理的商业模式。

智慧物流与路径优化方向有一本专著：《成分血供应链生产库存与供需匹配智能优化研究》。该专著立足于中国特色的血液保障情境，采用混合整数规划与智能优化技术，解决考虑库龄与交叉配型的成分血生产-库存动态决策问题、基于调剂与替代且考虑库龄与交叉配型的成分血生产-库存动态决策优化问题、考虑生命周期的成分血联合库存决策问题、考虑生命周期与调剂的成分血联合库存决策问题、考虑库龄与异质需求的成分血供给侧动态供应优化问题、考虑库龄与异质需求的成分血需求侧动态分配优化问题、考虑库龄与异质需求的成分血供需匹配集成动态优化问题，实现了成分血供应链生产库存与供需匹配的智能优化，有助于提升血液保障绩效、为采供血机构日常运作提供决策参考。

智能商务模式创新方向有一本专著：《竞合视角下电商供应链渠道创新研究》。该专著以电商供应链成员"竞合"视角为切入点，运用博弈论、演化博弈以及优化理论等理论与方法构建数理模型，深入研究了消费者行为偏好、物流服务、绿色产品竞争和政府补贴等因素对电商供应链渠道运营的影响，通过案例研究，深入剖析了电商企业在渠道创新中的实践经验，突破了传统零和博弈的局限，揭示了供应商、电商平台、物流服务商等参与

序 言

者之间既竞争又合作的动态关系，创新性地设计了电商企业多主体渠道创新协同机制，提高了电商供应链运营效率和成员合作稳定性。

本系列丛书是智能商务学科群的部分研究成果，后续将推出涵盖电子商务智能运营、大数据管理与智能运营等研究方向的最新研究成果。希望这些研究能为相关领域的学者、政策制定者和实务工作者提供有价值的理论参考和实践启示。

感谢学校同意本学科群对本丛书的出版支持计划，感谢出版策划、作者、编者的共同努力，希望本学科的研究后续能够继续得到相关出版支持。小荷已露尖尖角，愿有蜻蜓立上头。希望本系列丛书能够得到学术界和实践界的关注和指导。

丛书策划编委会
2025 年 5 月

前　言

随着我国基础设施与商用、民用住宅房屋建设的快速发展，混凝土结构的需求逐年增加；相应地，混凝土模板的需求和使用也逐年增加。作为一种临时性施工材料，混凝土模板在混凝土结构施工过程中被周转使用，以支撑新浇筑混凝土并对其进行塑形。然而，由于工程项目建设的特殊性，管理人员往往更加关注钢筋、水泥等一般材料的现场管理，忽视了混凝土模板的周转使用计划与管理。缺乏有效的混凝土模板使用计划与管理，不仅会造成施工现场总成本的增加和管理效率的降低，还会导致环境资源的浪费和建筑废弃物的增加，不符合绿色建造发展需要。与此同时，智能建造理念的实施，如智能技术、基于智能技术的创新管理模式等的提出与应用，能够有效地提高施工现场计划与管理效益。尽管现有文献对单个项目混凝土模板的设计与使用等方面进行了有益探索，但对于如何运用智能建造技术实现混凝土模板跨项目协同周转使用与管理优化，仍然缺乏系统性的研究。

2020年10月，中国共产党第十九届中央委员会第五次会议通过的《中共中央关于制定国民经济和社会发展第十四个五年规划和二〇三五年远景目标的建议》提出"统筹推进基础设施建设，构建系统完备、高效实用、智能绿色、安全可靠的现代化基础设施体系"，2023年10月住房和城乡建设部办公厅印发《关于开展工程建设项目全生命周期数字化管理改革试点工作的通知》明确指出，"加快建立工程建设项目全生命周期数据汇聚融合、业务协同的工作机制，推动管理流程再造，形成可复制推广的管理模式"。特别是在国家推进"新质生产力发展"的大背景下，工程建设行业进行数字化转型与集约化管理已经成为必然趋势。基于智能建造技术的混凝土模板跨项目协同周转使用与优化，已经成为建筑业在数字化、智慧化和绿色化发展过程中不可或缺的重要组成部分，对于推动传统建筑业转型升级、增强国家经济社会发展动力，具有重要理论价值与实践意义。

　　基于此，本书以混凝土模板为研究对象，以最优化理论下混凝土模板周转使用的拓展探索与实践应用为立足点，开展以下四点研究：（1）提出了混凝土模板周转使用需求量计算框架。利用建筑信息模型（building information modeling，BIM）技术自动、准确地提取混凝土构件信息，运用基于规则的方法弥补人工计划方式存在的不足，进一步建立数学模型和设计智能算法优化混凝土模板总需求量。（2）提出了混凝土模板施工现场临时设施布局优化与三维（3D）可视化方法。将混凝土模板现场存储及加工设施考虑到布局对象中，利用BIM技术对不同类型材料实际需求量进行计算，从而确定不同施工阶段中临时设施的布局尺寸，并引入运输频数和A-star算法对考虑障碍物的运输距离进行计算，使得布局结果更加准确，最后运用参数化建模方法对布局优化结果进行3D可视化呈现。(3) 构建了由区域内多个施工现场组建的混凝土模板协同周转动态供应链系统。充分考虑施工现场因施工阶段的推进而发生的属性变化（供应方或需求方），对混凝土模板进行跨项目协同周转使用，以提高闲置资源利用率、减少区域内资源总消耗量、降低施工现场总成本，并利用基于主体（Agent）的建模与仿真（agent–based modeling and simulation，ABMS）技术对动态供应链中施工现场的策略和行为进行优化与分析。(4) 完善了跨项目合作协同模式并合理地分配利润与补偿成本。根据施工现场的进度与材料需求计划，构建最优的合作联盟，并根据施工现场履约与违约对供应链利润或损失增加的影响程度，确定具体的利润与补偿成本分配策略，从而实现混凝土模板跨项目周转合作的优化。

目 录

第1章 绪论 // 1
  1.1 研究背景与意义 // 1
  1.2 研究内容与结构 // 9
  1.3 研究思路与方法 // 14
  1.4 主要创新点 // 19

第2章 研究基础梳理与研究进展 // 22
  2.1 混凝土模板计划与管理 // 23
  2.2 施工现场混凝土模板计划与管理相关研究 // 33
  2.3 施工现场布局规划建模、优化及应用 // 38
  2.4 建筑供应链管理与系统仿真方法 // 49
  2.5 供应链链节企业合作形式 // 55
  2.6 研究进展总结 // 61
  2.7 本章小结 // 63

第3章 基于BIM的施工现场混凝土模板需求优化研究 // 65
  3.1 概述 // 66

3.2　混凝土模板需求量计算框架 // 70

3.3　案例研究 // 89

3.4　管理启示 // 97

3.5　本章小结 // 99

第 4 章　施工现场混凝土模板临时设施动态布局优化研究 // 101

4.1　概述 // 102

4.2　临时设施布局优化与可视化呈现方法框架 // 106

4.3　问题描述与数学建模 // 108

4.4　施工现场临时设施布局规划模型构建 // 128

4.5　数学模型求解及结果可视化 // 135

4.6　案例研究 // 145

4.7　本章小结 // 162

第 5 章　混凝土模板跨项目周转使用动态供应链构建研究 // 164

5.1　概述 // 165

5.2　单个施工现场多阶段决策模型构建 // 168

5.3　基于 Agent 的动态供应链仿真模型构建 // 172

5.4　案例研究 // 190

5.5　管理启示 // 213

5.6　本章小结 // 216

第 6 章　混凝土模板跨项目协同周转合作优化方法研究 // 218

6.1　概述 // 219

6.2　混凝土模板跨项目周转问题描述与合作模式建立 // 223

6.3　混凝土模板跨项目周转合作模型构建与求解 // 233

6.4 算例研究 // 257

6.5 管理启示 // 271

6.6 本章小结 // 274

第 7 章 主要结论与研究展望 // 276

7.1 主要结论 // 276

7.2 研究展望 // 280

参考文献 // 282

第 1 章

绪　　论

1.1　研究背景与意义

1.1.1　背景与问题提出

国家统计局数据显示,截至 2019 年,我国城市已建成桥梁 76 157 座,道路里程达 45.9 万公里,道路面积达 909 677.8 万平方米。同时,房地产住宅投资总额达 97 070.75 亿元,较 2018 年增长近 14%。这表明,我国建筑业已取得显著成就,建筑业大国地位确立。如图 1-1 所示,2001~2020 年,与国内生产总值、工业、农林牧渔业的增加值与增速相比,尽管近两年受全球经济下行影响,建筑业增速有所放缓,但仍高于其他两大行业。综上所述,建筑业已成为我国国民经济的支柱产业之一。然而,其发展过程中面临的挑战不容忽视,需研究人员和从业人员共同关注,助力我国迈向建筑业强国。当前,我国建筑业发展面临的三大挑战如下。

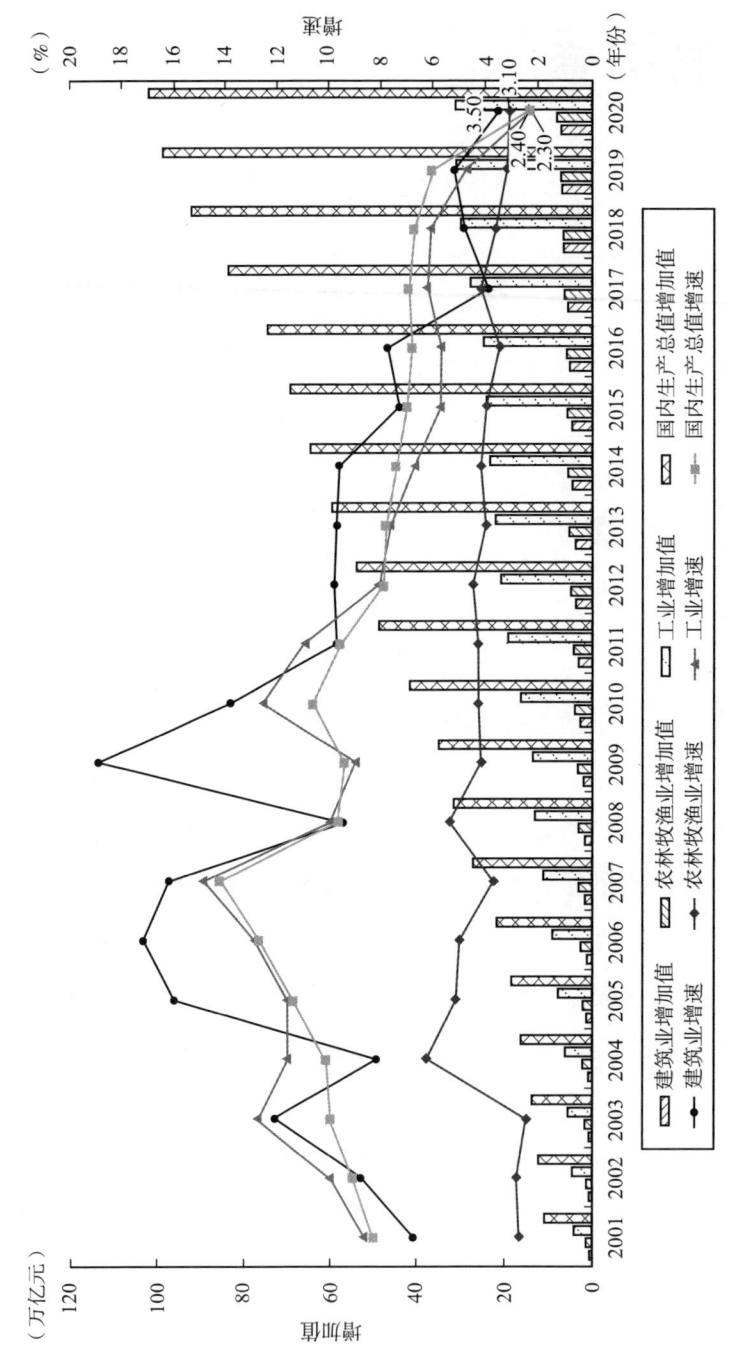

图1-1 2001～2020年我国主要行业增加值及增速趋势对比分析

资料来源：国家统计局.年度数据[DB/OL].(2020-12-31). https://data.stats.gov.cn/easyquery.htm?cn=C01.

（1）挑战一：依靠劳动力为主的生产模式已经不能满足当前工程项目建设的需求。国家统计局发布的《2019年农民工监测调查报告》数据显示，年龄超过50周岁的农民工数量占比达到了24.6%，并保持持续增长的趋势，同时有56%的农民工只具备初中文化程度，用工老龄化和受教育程度不足严重阻碍了生产效率的提升，制约了行业的持续发展。基于此，由住房和城乡建设部等12个部门联合印发的《关于加快培育新时代建筑产业工人队伍的指导意见》明确提出，加快信息化建设、管理和培训以提高建筑工人业务能力的同时，还应促进新型智能建造方式、技术、方法和设备的探索与应用。2020年10月，中国共产党第十九届中央委员会第五次会议通过的《中共中央关于制定国民经济和社会发展第十四个五年规划和二〇三五年远景目标的建议》提出"统筹推进基础设施建设，构建系统完备、高效实用、智能绿色、安全可靠的现代化基础设施体系"。如图1-2所示，结合2011~2020年我国智慧工地市场规模的发展趋势可知，智能化、智慧化建造技术的应用已经成为建筑业未来发展的必然趋势。

（2）挑战二：管理对象分散、资源配置不合理，造成周转材料管理效率低。施工现场常见的周转材料包括混凝土模板、脚手架、贝雷梁、枕木等，种类繁多且需求量计算复杂，大大增加了管理难度。另外，施工现场，即使是由同一家施工企业进行管理，也存在地理位置差异，由不同施工企业管理的施工现场，则更是存在信息不对称的问题，难以实现周转材料的统一调配，造成材料周转利用率低。例如，2019年，中铁十二局集团第一工程公司对在建路桥项目使用钢模板量进行统计分析后发现，钢模板的年需求量约为 20 000 吨，而周转使用量不足 10%，造成了施工成本增加和严重的资源浪费①。2021 年 3 月，住房和城乡建设部印发《绿色建造技术导则（试行）》指出："提高施工临时设施和周转材料的工业化程度和周转次数。"管理实践中，中国铁建、中国交建等大型企业已经开始搭建周转材料的调配共享平台，其中，中国铁建十一局已于 2015 年开始布局覆盖全国的周转材料临时仓库②。这些实际工作中对资源进行整合和共享的尝试与努力，指引了工程物资管理的新方向。

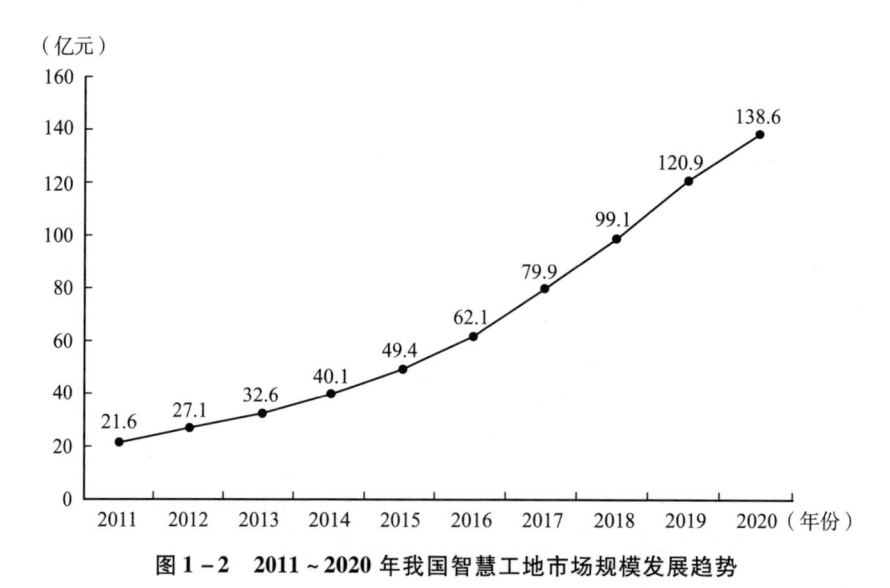

图 1-2　2011~2020 年我国智慧工地市场规模发展趋势

资料来源：中研普华. 2022—2027 年中国智慧工地行业市场竞争态势及深度调研报告 [R]. 深圳：中研普华产业研究院，2022.

---

① 中国铁建股份有限公司. 周转材料重复利用率低下的痛点在哪里？[DB/OL].（2019 - 12 - 18）. https：//mp. weixin. qq. com/s/eF9k0qVfweWqNuvCtRxOiA.
② 中铁十一局集团有限公司. 周转材料如何创效？[DB/OL].（2020 - 10 - 24）. https：//mp. weixin. qq. com/s/MnNSpL11jKsL0wYjLXcfDg.

(3) 挑战三：建筑垃圾造成大量的自然资源浪费。建筑行业中，如混凝土模板、砂石等原材料均来源于森林资源、矿石资源等，材料利用率低下直接导致这些自然资源的浪费，而不可再利用的废料，如废弃的混凝土模板、渣土、拆除结构混凝土等，需要大量的土地进行填埋，导致土地资源的浪费。近年来，我国产生的建筑垃圾约为 20 亿吨。根据《2024—2029 年中国建筑垃圾处理行业发展前景与投资战略规划分析报告》统计数据[①]，韩国、日本、德国等发达国家的建筑垃圾再利用率已经达到了 90% 以上，而我国建筑垃圾的再利用仍然处于初级阶段，利用率不足 5%。2020 年 5 月，住房和城乡建设部印发的《施工现场建筑垃圾减量化指导手册（试行）》指出，"为解决工程建设大量消耗、大量排放问题，从源头上减少工程建设过程中建筑垃圾的产生，实现施工现场建筑垃圾减量化，促进绿色建造发展和建筑业转型升级"。综上，提高周转材料利用率和建筑垃圾再利用率，减少施工废弃物的产生迫在眉睫。

随着我国基础设施与商用、民用住宅房屋建设的快速发展，混凝土结构的需求大量增加，根据《2024—2029 年中国混凝土行业深度调研及投资机会分析报告》[②]，到 2023 年底，我国混凝土行业的总产值已经达到了 1.2 万亿元，高铁、城市轨道交通等领域对混凝土的需求激增，相应地，混凝土模板的需求和使用也

---

① 智研瞻. 2024-2029 年中国建筑垃圾处理行业发展前景与投资战略规划分析报告 [R]. 广东：智研瞻产业研究院，2024.
② 中研普华. 2024-2029 年中国混凝土行业深度调研及投资机会分析报告 [R]. 深圳：中研普华产业研究院，2023.

逐年增加。混凝土模板作为施工现场最常见的周转材料之一，其计划与管理过程不仅复杂，容易产生大量的废旧余料，还直接影响施工现场的进度和成本。因此，本书选择施工现场混凝土模板计划与管理过程为研究对象，利用智能建造和智能决策等技术与方法进行系统优化研究。

对单个施工现场混凝土模板的管理过程进行调查，不难发现以下三个现象：第一，使用阶段重复计划现象，即现场人员根据自身的工作经验，对单次混凝土浇筑过程中模板的需求量进行计算、采购和加工，然后根据混凝土模板的实际用量，对后续的模板计划进行修正和调整；第二，闲置阶段存储不合理现象，即混凝土模板在完成一次浇筑任务等待下次周转使用的过程中，随意堆放在施工现场，干扰了其他施工活动的正常进行，增加了场内运输成本，降低了工作效率；第三，剩余可周转模板浪费现象，即在部分混凝土工程任务完成后，当施工需求发生变化时，或施工现场可利用空间不足时，可继续周转使用的混凝土模板被当作废弃物处理，即使可以从回收商处获取微薄的收益，也无法抵销成本的增加和资源的浪费。

由于缺乏有效的混凝土模板计划与管理，这些现象在施工现场屡见不鲜，导致管理效率下降、成本攀升、原材料浪费等问题频发。若不加以改善，不仅会增加施工企业的成本负担，还将造成社会资源的严重浪费。本书系统地提出了施工现场混凝土模板的周转使用与跨项目协同优化理论及方法，旨在提升建筑业数智化转型与建筑企业合作协同的科学性、有效性和智能性。

1.1.2　学术与应用价值

通过对施工现场管理现象的分析发现，导致这些现象的根本原因有三：第一，混凝土模板是一种临时性物资，受关注程度远低于一般施工材料，周转使用计划和现场存储管理常常被忽视；第二，混凝土模板需求量和周转使用计划与混凝土构件的信息密切相关，传统的二维计算机辅助设计（computer aided design，CAD）图纸容易引起计划人员的理解偏差，仅仅依靠计划人员的个人经验难以制定准确的使用计划；第三，施工现场之间、施工企业之间缺乏信息交换，形成了相互隔离的信息孤岛，难以实现混凝土模板的整体调配和共享。

基于对以上管理现象和问题的观察与分析，结合我国建筑业发展的趋势与挑战，在智能建造背景下，本书旨在分析并讨论混凝土模板在单个施工现场形成的子系统中的周转使用，以及不同施工现场组成的大系统中的跨项目协同周转使用，构建混凝土模板周转使用和现场存储的优化模型并设计智能求解算法，探索不同施工现场和施工企业合作进行混凝土模板协同周转使用的合作途径，实现施工现场混凝土模板计划与管理效率的提高、总成本的降低以及施工过程中废旧余料总量的减少，进而提高施工现场的智能化管理水平，为建筑行业应对发展面临的挑战作出贡献。

在智能建造背景下，研究混凝土模板周转使用系统优化问题，是指综合运用建筑信息模型（building information modeling，BIM）技术、基于主体（Agent）的建模与仿真（agent-based modeling and simulation，ABMS）技术和参数化建模技术（parametric modeling），结合混凝土构件的几何与语义信息和工程项目进度计划，利用数学建模方法、网络设计理论、机制设计理论和智能优化算法，实现混凝土模板在区域内不同施工企业和施工现场的动态周转使用。

学术价值：（1）提出具有推广应用价值的混凝土模板周转使用需求量计算方法并建立混凝土模板现场临时设施动态布局的优化模型及求解算法，书中主要以木胶合模板为例进行讨论，但提出的计算方法、构建的数学模型和设计的求解算法也适用于其他类型的模板计划和临时设施布局规划；（2）建立混凝土模板在多个施工现场组成的供应链中的动态周转仿真模型，丰富现有理论；（3）设计合作利润分配和违约补偿机制，即充分考虑区域内施工现场合作和违约的情况，为混凝土模板在区域内进行跨项目协同周转使用、促进施工企业间的长期稳定合作提供理论基础。

应用价值：（1）利用 BIM 技术，考虑周转使用下的混凝土模板需求量计算和施工现场临时设施的动态布局规划研究，有助于实现自动的、准确的混凝土模板需求量计算，为现场管理人员制定材料的现场使用和管理计划提供决策参考，提高了现场智能化管理水平；（2）对混凝土模板在多个施工现场组成的供应链中进行动态周转过程的建模、仿真与分析，可以智能地辅助现场管理人员进行混凝土模板的现场采购、存储等管理决策；（3）区域内不同施工企业或施工现场间的协同周转合作优化方法，改进了当前施工现场混凝土模板计划与管理模式，有助于推动落实绿色建造和智能建造的重要指导思想。

1.2 研究内容与结构

1.2.1 主要研究内容

本书进行的研究聚焦于施工现场混凝土模板的数智化周转与跨项目协同优化。首先通过现状分析,揭示了当前模板现场计划、存储运输、跨项目周转使用及合作等方面存在的问题,并结合文献分析和调研数据收集,为后续研究奠定了基础。在此基础上,明确了需要探索的科学问题,确定了三个核心研究对象,即混凝土模板的需求优化、临时设施动态布局优化以及跨项目周转使用动态供应链构建。其次,研究论证部分针对这三个对象分别提出了具体的研究问题,并通过模型构建、算法设计、算例验证及实证分析等方法进行了深入探讨。最后,研究实践部分提出了施工现场混凝土模板数智化周转与跨项目合作协同优化的网络协同研究策略,旨在将理论成果应用于实际项目中,以验证其有效性和可行性。整个框架逻辑严密,条理清晰,从现状分析到科学问题明确,再到研究对象确定、研究论证深入及研究实践验证,形成了一个完整的闭环研究过程。本书的具体研究内容如下。

第1章,绪论。首先,介绍了本书的选题背景,提出研究问题的必要性,阐明了研究智能建造背景下混凝土模板数智化周转与跨项目协同优化相关问题的学术与应用价值；其次，提出了本书的主要研究内容和结构安排；再次，针对本书的研究内容，设计了本书的整体研究思路和主要研究方法；最后，针对本书的研究内容和主要研究方法，总结了本书的主要贡献，并指出现有研究不足之处。

第2章，研究基础梳理与研究进展。主要对与本书研究内容相关的研究基础进行梳理，对研究进展进行总结。围绕施工现场混凝土模板计划难度大、管理效率低、成本占比高等问题，结合建立资源节约和环境友好的行业发展要求，对混凝土模板的计划与管理过程进行了阐述，并对施工现场混凝土模板管理，施工现场布局规划建模、优化及应用，建筑供应链管理与系统仿真方法以及供应链链节企业合作形式等方面的相关研究文献进行了综述。首先，对混凝土模板系统的定义、混凝土模板的分类以及混凝土模板的全生命周期计划与管理过程进行介绍，确定了本书研究的对象和其所处的计划与管理阶段；其次，分别对施工现场混凝土模板采购、加工、存储及潜在的跨项目合作模式等相关文献进行了综述，归纳并分析了目前的研究现状；最后，在混凝土模板基础理论介绍与文献分析的基础上，对已有研究成果进行了总结性评述。

第3章，基于BIM的施工现场混凝土模板需求优化研究。针对单个施工现场混凝土模板采购与加工计划效益低下问题，充分考虑混凝土模板周转使用特性，研究并提出了混凝土模板周转使用需求量计算框架。首先，利用BIM技术对需要进行现场浇筑的混凝土构件的几何和语义信息进行提取；其次，根据混凝土模板安装规则，设计基于规则的算法对混凝土模板周转使用情况下的实际需求量进行计算；最后，通过构建二维板材切割问题的数学优化模型以及设计遗传算法，对混凝土模板的采购数量和加工计划进行优化。研究结果表明，提出的基于 BIM 的计算框架可以实现混凝土模板周转使用需求量的准确和自动计算，并帮助案例中施工现场节约了 28% 的混凝土模板采购成本。不仅如此，BIM 技术、基于规则的方法和组合优化方法的综合运用，以及将混凝土模板周转使用和采购加工考虑到计划与管理问题中，丰富了施工现场混凝土模板计划与管理研究理论。

第 4 章，施工现场混凝土模板临时设施动态布局优化研究。以施工现场临时设施布局规划问题为基础，考虑混凝土模板周转存储与场内运输过程，研究单个施工现场中混凝土模板存储和加工设施动态布局优化与三维可视化问题。首先，结合 BIM 模型中存储的建筑构件信息和施工进度计划，计算临时设施的尺寸和设施之间不同类型材料的运输频数；其次，建立施工现场动态布局规划数学优化模型，利用 A-star 算法对考虑障碍物回避的运输距离进行计算，并设计启发式算法对优化模型进行求解，实现施工现场临时设施的布局优化；最后，利用参数化建模的方法，在 BIM 模型中对布局优化结果进行三维可视化呈现。研究结果表明，考虑混凝土模板现场临时设施动态布局，不仅能够帮助施工现场节约成本，同时还可以为单个施工现场制定最优的策略进行混凝土模板跨项目周转使用提供决策参考。

第 5 章，混凝土模板跨项目周转使用动态供应链构建研究。针对单个施工现场中混凝土模板闲置和未充分使用等问题，以构建的周转使用动态供应链为基础，研究动态供应链中各个施工现场的最优行为和策略。首先，以最小化混凝土模板总成本为目标，构建单个施工现场混凝土模板使用数学模型，对单个施工现场的决策行为进行分析；其次，利用ABMS技术构建混凝土模板跨项目周转使用供应链，并对施工现场的个体行为和交互作用进行分析；最后，以重庆市内多个施工现场混凝土模板跨项目周转使用为案例，设计三种仿真场景对构建的动态供应链和仿真模型进行应用与验证。仿真结果表明：构建的仿真模型能够有效地对混凝土模板跨项目周转使用供应链中的动态变化和施工现场的最优策略进行分析；同时，构建的动态供应链也能实现链节企业混凝土模板总成本的节约和标准混凝土模板消耗量的减少。

第6章，混凝土模板跨项目协同周转合作优化方法研究。以混凝土模板跨项目周转使用研究为基础，讨论施工现场合作联盟构建、合作利润分配和违约补偿分摊等问题，研究混凝土模板跨项目协同周转合作优化方法。首先，构建施工现场混凝土模板总成本最小和供应网络中混凝土模板标准板消耗量最少的双目标数学优化模型，并利用改进的非支配排序遗传算法对优化模型进行求解，建立区域内施工现场进行混凝土模板跨项目周转合作的最优合作联盟；其次，利用夏普利（Shapley）值模型对合作情况下的混凝土模板总成本节约量进行公平分配，得到合作联盟中各个施工现场实际应承担的混凝土模板总成本；最后，当构建的混凝土模板跨项目周转使用合作联盟中发生施工现场违约时，再利用Shapley值模型对各个违约施工现场应分摊的违约补偿成本进行计算。研究结果表明，提出的混凝土模板跨项目协同周转合作优化方法能够促进区域内的施工现场参与合作；同时，当合作联盟中发生违约事件时，也能够保证履约施工现场的应得利益，并划分违约施工现场应承担的违约责任。

第 7 章，主要结论与研究展望。本章主要概括前述研究成果，指出研究中存在的不足，并展望未来潜在的研究方向和问题。

1.2.2 本书结构安排

本书围绕"智能建造背景下混凝土模板数智化周转与跨项目协同优化研究"这一关键问题，针对单个施工现场混凝土模板周转使用与精细化管理（非合作）、多个施工现场混凝土模板协同周转使用供应链构建（合作），以及混凝土模板跨项目协同周转使用合作模式建立（可持续合作）三个方面的核心内容展开深入研究。

一是单个施工现场混凝土模板需求量的自动与准确计算研究。以单个施工现场混凝土模板采购与加工优化问题为研究对象，分别提出研究基于 BIM 技术的混凝土模板需求量计算方法、基于规则的混凝土模板周转使用需求量计算方法以及基于二维板材切割问题的数学建模与优化方法，降低施工现场混凝土模板原材料采购成本，实现材料利用率最大化。

二是多个施工现场合作周转使用混凝土模板的决策机制与优化原理研究。以混凝土模板的现场存储与使用优化问题为基础，探寻施工现场混凝土存储与使用优化规律，在此基础上，结合区域内不同施工现场的混凝土模板周转使用需求，搭建跨项目协同周转的动态供应链，确定动态供应链中每个施工现场的最优采购、加工与存储策略，进而实现供应链的整体最优。

三是混凝土模板跨项目协同周转使用的可持续合作模式构建研究。以混凝土模板在动态供应链中的跨项目周转使用研究为基础，讨论施工现场合作联盟成员关系变化对合作协同的影响，分别提出研究动态供应链中施工现场合作联盟构建优化问题、协同合作过程中的利润分配问题以及协同合作破裂时的违约补偿分摊问题，从而促进区域内的施工现场参与合作，并维持合作的稳定性、保证合作的可持续性。

1.3 研究思路与方法

1.3.1 研究思路设计

本书围绕"智能建造背景下混凝土模板数智化周转与跨项目协同优化研究"这一关键问题，遵循"混凝土模板需求优化（点－采购与加工）→混凝土模板现场管理优化（点－存储与使用）→混凝土模板跨项目数智化周转（线－周转使用）→跨项目合作协同（网络－协同）"的总体研究思路，形成如图1-3所示的主要研究内容和研究框架。

绪 论 第1章

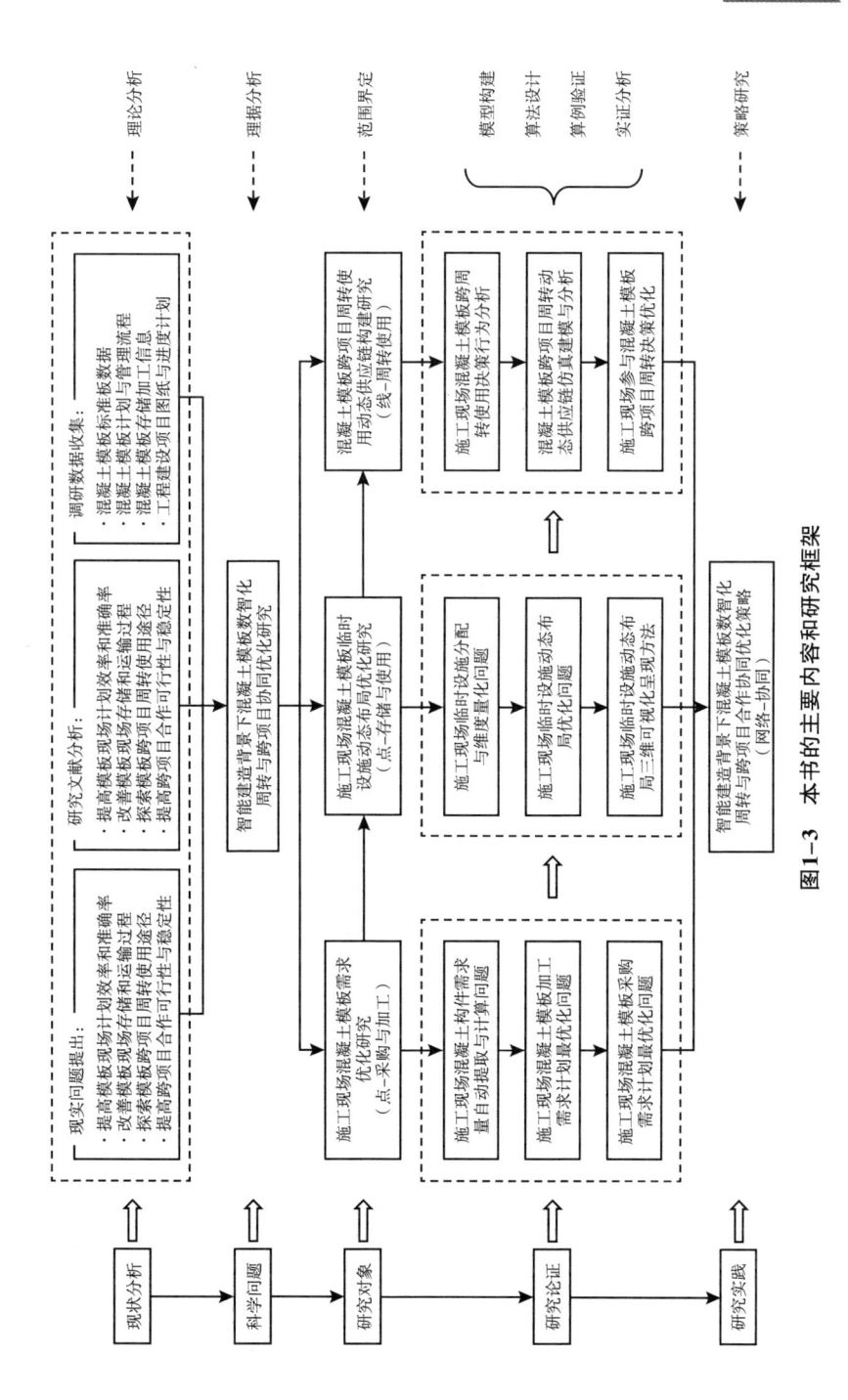

图 1-3 本书的主要内容和研究框架

15

（1）混凝土模板需求优化研究思路及实现技术。利用 BIM 技术和 Autodesk Revit 软件对混凝土结构进行三维可视化建模，根据工业基础类（industry foundation classes，IFC）标准数据结构，设计混凝土构件信息提取算法；通过施工活动调查与分析，总结并归纳混凝土模板周转使用及加工的施工活动规则，并设计基于规则的算法实现混凝土模板的周转计划；结合二维板材切割优化问题的思路，对混凝土模板采购加工过程进行数学建模，利用设计的遗传算法确定最优的混凝土模板标准采购数量和加工计划。

（2）混凝土模板现场临时设施布局优化及可视化研究思路及实现技术。利用建立的混凝土结构 BIM 模型和设计的结构信息提取算法，对需要的材料，如钢筋、水泥、木材、混凝土模板等的需求量进行计算，并计算对应的材料存储及加工临时设施的维度；结合项目进度计划、混凝土模板周转使用计划和二次指派问题（quadratic assignment problem，QAP）的基本数学模型，构建施工现场动态布局优化模型，并设计启发式算法生成最优的布局方案；利用参数化建模方法对施工现场临时设施动态布局优化的结果，在建立的 BIM 模型中进行 3D 可视化呈现，为现场管理人员提供更加直观的决策依据。

（3）混凝土模板在多个施工现场动态周转研究思路及实现技术。根据单个施工现场混凝土模板采购、加工、存储和周转使用计划，建立以混凝土模板总成本最小化为目标的单个施工现场数学模型，对单一施工现场在混凝土模板周转过程中存在的最优决策目标和行为进行分析；在此基础上，对代表施工现场、混凝土模板商业供应商、混凝土模板回收商和混凝土模板运输车辆的 Agent 进行定义和创建，并根据决策行为理论和谈判理论对 Agent 之间的交互行为进行定义，运用 Anylogic 软件对仿真环境进行构建并将其作为仿真运行平台；最后，通过不同场景的仿真结果分析，得到不同施工现场在不同决策时点下的最优决策集合，以最小化混凝土模板的总成本和总消耗量。

（4）跨项目合作协同优化策略研究思路及实现技术。在 Agent 建模与仿真技术构建的混凝土模板周转使用供应链的基础上，考虑同一个区域内不同施工企业间跨项目信息共享，实现混凝土模板在区域网络内的周转使用；同时以混凝土模板总成本最低和消耗量最小为目标，建立网络中不同施工现场的最优合作联盟；最后，通过设计的合作利润分配机制对动态供应网络中的混凝土模板成本节约量进行分配，并设计违约补偿分摊机制应对合作联盟中出现的违约问题，从而对构建的混凝土模板周转使用供应网络的可行性和稳定性进行讨论。

1.3.2　主要研究方法

施工现场混凝土模板数智化周转使用与跨项目协同优化的理论和方法以及相关实证数据验证，涉及工程学、管理学、信息经济学、计算机科学、信息科学等多个学科的内容，具有学科交叉的特点。因此，本书总体上采用多学科交叉的理论、模型、方法等对混凝土模板数智化周转使用与跨项目协同优化相关问题进行系统研究。

本书综合应用了复杂系统理论、最优化理论、运筹学理论、系统工程理论、数学规划理论、智能算法理论等相关理论和方法，并注重对模型、算法和理论方法的创新与验证，以保证其在实际应用中的有效性。本书通过"前期调研—文献总结与分析—问题提出—理论建模—算法求解—仿真分析与实例验证"六个方面来进行研究，具体的研究方法总结如下。

（1）模型构建与算法设计。以混凝土模板为研究对象，将混凝土模板跨项目周转使用作为研究目的，通过对混凝土结构 BIM 模型的创建，实现了材料需求信息的自动提取与准确计算；通过对二维板材下料问题优化模型的构建，解决了混凝土模板采购与加工的最优化问题；通过施工现场临时设施动态布局优化模型的构建，得到了最优现场布局方案；通过对混凝土模板多现场间动态周转仿真模型的构建，分析了不同施工现场在不同决策时点的最优行为和策略；通过构建合作主体之间的利益共享和损失补偿模型，设计了合作激励和违约惩罚机制。在此基础上，通过信息提取算法设计、基于规则的周转使用算法设计、遗传算法设计、启发式算法设计，实现了有效信息的获取和优化模型的求解。

（2）仿真与实地调查验证。研究过程中所构建的 BIM 模型、混凝土模板下料优化模型、施工现场动态布局优化模型、基于 Agent 的混凝土模板周转使用仿真模型以及合作主体间利益共享与损失补偿模型，均需要以实践为基础的数据支持，同时也需要与实际管理结果进行对比分析，因此主要采用了仿真与实地调查进行验证。一方面，如 BIM 模型、Agent 仿真模型等的基础数据都来源于实际在建项目调查；另一方面，通过仿真情景的设计和专业管理人员的估算对比，对优化模型的输出结果进行了验证和分析。

1.4 主要创新点

本书主要研究了智能建造背景下混凝土模板数智化周转与跨项目协同优化相关问题，实现施工现场混凝土模板计划与管理效率的提高、总成本的降低以及施工过程中废旧余料总量的减少，进而提高施工现场的智能化管理水平，为建筑行业应对发展面临的挑战作出贡献。与已有研究相比，本书在理论方法和应用研究方面的主要创新点如下。

（1）混凝土模板需求计算方法创新。已有研究中多讨论混凝土模板的受力荷载计算与验算问题，在计算混凝土模板需求量时，则多以混凝土模板在建筑构件上的布局分布为前提，根据计算机辅助设计（CAD）图纸或者BIM模型提供的可视化信息，以人工方式进行单次计划和反复修正。本书在已有研究基础上，分别从建筑构件信息获取、混凝土模板周转使用、原材料采购及加工三个方面出发，提出了基于BIM技术和智能算法的混凝土模板需求计算方法。利用BIM技术自动、准确地提取混凝土构件信息，运用基于规则的方法弥补人工计划方式存在的不足，进一步建立数学模型和设计智能算法优化混凝土模板总需求量。

（2）混凝土模板现场存储及加工设施布局优化创新。已有施工现场布局规划研究文献中，一方面，以一般材料的临时设施布局优化为主，较少考虑周转材料临时设施布局；另一方面，设施布局尺寸固定、运输距离计算不准确、布局结果以二维可视化呈现等也会造成计划结果不准确、可实施性差等问题。基于此，本书将混凝土模板现场存储及加工设施考虑到布局对象中，利用 BIM 技术对不同类型材料实际需求量进行计算，从而确定不同施工阶段中临时设施的布局尺寸，并引入运输频数和 A-star 算法对考虑障碍物的运输距离进行计算，使得布局结果更加准确，最后运用参数化建模方法对布局优化结果进行三维可视化呈现，便于布局规划的交底与实施。

（3）混凝土模板跨项目协同周转供应链系统创新。关于建筑供应链协调或者协同问题的研究，多采用博弈论建模方法，对单个施工现场和多个材料供应商或者设计单位、施工单位、材料供应商等组建的供应链系统进行分析和优化，较少考虑施工现场与施工现场之间的闲置资源协同问题。本书在已有研究的基础上，构建由区域内多个施工现场组建的混凝土模板协同周转动态供应链系统，即充分考虑施工现场因施工阶段的推进而发生的属性变化（供应方或需求方），对混凝土模板进行跨项目协同周转使用，以提高闲置资源利用率、减少区域内资源总消耗量、降低施工现场总成本，并利用 ABMS 技术对供应链中施工现场的策略和行为进行优化与分析。

（4）混凝土模板跨项目周转合作优化方法创新。在讨论供应链中链节企业的合作问题时，已有文献主要从多主体合作视角，并以合作稳定开展为前提，设计相应的利润分配机制，部分研究也关注了合作中可能存在的违约和道德风险问题，但多以政府补贴或合同约定的违约金进行补偿。为了完善跨项目合作模式并合理地分配利润与补偿成本，本书利用数学建模和 Shapley 值方法对混凝土模板跨项目合作进行优化。根据施工现场的进度与材料需求计划，构建最优的合作联盟，并根据施工现场履约与违约对供应链利润或损失增加的影响程度，确定具体的利润与补偿成本分配额度，从而实现混凝土模板跨项目周转合作的优化。

第 2 章

研究基础梳理与研究进展

施工现场管理中，提高混凝土模板的计划与管理效率、降低混凝土模板总成本以及减少混凝土模板使用过程中产生的余料和废料，有助于提高施工现场的管理绩效，有助于促进建筑行业的绿色转型与发展，也有利于资源节约型和环境友好型社会的建立与发展。混凝土模板是一种常见的周转性材料，需求数量大、需求种类多、施工环境多变等原因造成其计划难度大、管理效率低、成本占比高等问题。围绕这些问题，本书着眼于混凝土模板周转使用与现场设施布局和跨项目间的合作，开展混凝土模板需求量计算、混凝土模板现场临时设施布局优化及可视化、混凝土模板在多个施工现场动态周转以及跨项目合作共享混凝土模板可行性与稳定性四个问题的研究，以实现效率的提高、成本的降低以及废弃物的减少。基于此，本章首先对混凝土模板的计划与管理过程进行介绍，其次分别对施工现场混凝土模板管理，施工现场布局规划建模、优化及应用，建筑供应链管理与系统仿真方法以及供应链链节企业合作形式等方面的研究文献进行归纳和分析,最后对已有研究进行评述。

2.1 混凝土模板计划与管理

2.1.1 混凝土模板系统定义

混凝土模板系统是混凝土工程的重要组成部分,是施工现场中常见的周转性材料,直接影响混凝土结构的质量和施工现场成本(Jin & Gambatese,2020)。混凝土模板系统一般包括两个部分,即模板面板和其他附属构件(Wei et al.,2017;郑顺义等,2017)。模板面板用于支撑现浇混凝土的水平荷载和垂直荷载,并控制混凝土构件的外形和尺寸;附属构件则包括支撑模板面板的支架和起到固定作用的连接件。根据我国《建筑施工模板安全技术规范(JGJ 162-2008)》[①](以下简称《规范》),支架包括主次楞梁、立柱、支撑拉杆等,连接件包括螺栓、扣件、卡具等零配件。

如图2-1所示,对单一的现浇混凝土矩形结构柱,混凝土模板面板直接与混凝土构件接触,次要楞梁、主要楞梁以及卡销和对拉螺栓等则分别对模板面板进行支撑和约束。《规范》中就

---

① 中华人民共和国住房和城乡建设部. 建筑施工模板安全技术规范[S]. 北京:中国建筑工业出版社,2008.

混凝土模板附属材料的需求量和抗弯拉强度等给出了具体的手工计算公式；魏等（Wei et al.，2017）基于 BIM 技术，也提出了效率更高的附属材料需求量计算方法。但是，对于混凝土模板面板而言，因为其直接与需要浇筑的混凝土构件进行接触，除了《规范》中规定并给出的荷载、抗弯拉强度等计算公式，面板尺寸及数量仍然需要模板工人凭借经验进行判断和计划。基于此，本书将对混凝土模板面板的计划和管理进行讨论，并统称为"混凝土模板"，需要区分时，会用完整术语进行表达。

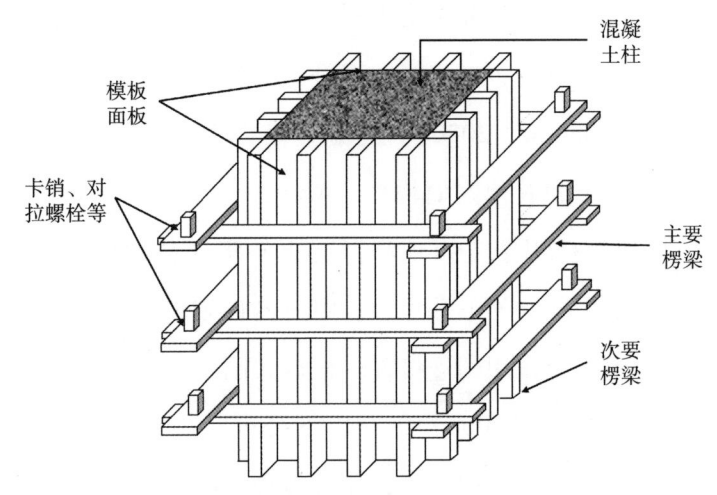

图 2-1 混凝土模板系统示意（以混凝土柱为例）

2.1.2 混凝土模板分类

在现浇混凝土工程中，混凝土模板可以按照不同的类别进行划分。例如，按照混凝土模板的形状，可以分为平面模板和曲面模板；按照混凝土模板是否作为主要的荷载承受构件，可以分为承重模板和非承重模板；按照施工工艺，又可以划分为滑升模板、爬升模板和台模等。考虑到本书的研究目标和研究内容，按照混凝土模板的制作材料分类，将混凝土模板划分为木模板、金属模板、塑料模板、织物模板、免拆模板和绝缘模板六个类别。表2-1详细地介绍了这六类模板在混凝土工程中进行应用的优缺点。

木模板主要指面板板材由木材或者胶合板等材料组成的混凝土模板。这类模板是工程建设领域中最早使用，同时也是目前最为常用的混凝土模板类型之一（Terzioglu et al., 2019）。由于其自重较小，多由木质材料组成，便于运输和加工，在我国的土木和房屋建筑工程中得到了广泛的应用。但是，这类模板的周转使用次数一般为5~6次，使用和存储过程中受湿度和温度的影响显著；同时，在大规模的混凝土工程中，木模板的计划、加工、安装与拆除需要大量的劳动力资源，给施工现场管理带来了巨大的挑战（Hyun et al., 2018）。

常用的金属模板包括钢模板和铝模板。金属模板具有较高的强度且防水性能好，比木模板具有更多的可周转使用次数；不仅如此，金属模板的标准化生产程度高，能够保证混凝土构件的成型效果，也便于模板的安装和拆除（Wanma & Khk, 2020）。因此，在大型混凝土结构（如桥梁）或具有曲面的结构施工中，采用金属模板有助于充分发挥模板的周转潜力，降低施工总成本并保证工程质量。然而，坚固的材料和标准化的生产也使得金属模板自重较大，形状和尺寸受限，不易于现场加工。总的来说，钢模板和铝模板的性质基本相同，但后者的自重和强度都小于前者，在实际施工过程中需要进行慎重的比选。

表 2-1 不同类型的混凝土模板优缺点对比分析

模板类型	代表主材	优点	缺点	来源
木模板	木材、胶合板	（1）自重较小；（2）易于运输和现场加工；（3）适用于劳动力成本低的项目	（1）可周转次数少；（2）大型项目中使用比较耗时；（3）易受温度和湿度影响	Aurig et al., 2020, Hansen & Siregar, 2020, Liew et al., 2018, Tam et al., 2017
金属模板	钢材、铝材	（1）坚固耐用，可周转次数多；（2）标准化程度高，易于安拆；（3）混凝土构件成型效果好；（4）适用于曲面结构	（1）形状和尺寸受限，不易加工；（2）受温度影响显著；（3）自重较大	Lee et al., 2021, Vatine et al., 2021, Wanma & Khk, 2020, Lee et al., 2017
塑料模板	聚氯乙烯、聚丙烯	（1）自重非常小；（2）易于运输和存储；（3）防水和抗腐蚀性能好；（4）易于日常保养维护；（5）易于回收再利用；（6）适用于地下工程或者潮湿环境施工	（1）耐热性能较差；（2）抗弯矩性能较差；（3）使用过程中易发生细小形变；（4）一次性采购成本较高	Wang et al., 2020a, 剧秀梅等, 2019, Lo, 2017, 余少乐等, 2014
织物模板	聚酰胺纤维、棉花、聚酯	（1）自重非常小；（2）便于运输和存储；（3）便于消除结构表面蜂窝麻面；（4）适应混凝土流动性强；（5）适用于不规则结构施工	（1）受织物材料影响较大；（2）需要在设计阶段进行考虑；（3）不易于周转使用	Hayashi & Gondo, 2021, 陈莹等, 2019, Tim et al., 2019, Veenendaal & Block, 2014
免拆模板	肋条钢丝网、聚氯乙烯	（1）抗腐蚀性能好；（2）加速混凝土渗透；（3）对环境危害小；（4）延长混凝土结构寿命；（5）降低混凝土结构日常维护成本	（1）无法进行周转使用；（2）成本较高；（3）需要在设计阶段进行考虑	Bruno et al., 2022, Hack et al., 2020, Tian et al., 2020, 马新伟等, 2019
绝缘模板	聚苯乙烯	（1）耐热、防火、防虫效果好；（2）工艺要求较低；（3）自重非常小，不需要进行现场存储	（1）无法进行周转使用；（2）需要在采购阶段进行考虑；（3）一次性采购成本较高；（4）需要大面积安装场地；（5）易受地下水影响	Lim & Nam, 2021, Arevalo & Tomlinson, 2020, Mantesi et al., 2019

塑料模板通常是由自重小且强度较高的塑料板材组装而成。与木模板和金属模板相比,塑料模板非常轻便,便于运输和存储;在混凝土浇筑完成后,可以直接用水进行冲洗,能够有效地降低日常养护成本。由于这类模板多采用聚氯乙烯为原材料,因此防水和防腐蚀性能较好,也易于进行回收再利用。相应地,塑料模板的缺点也是显而易见的,即耐热性能和抗弯矩性能较差,在混凝土浇筑过程中,模板常常会发生细小的形变。尽管塑料模板的日常养护成本较低,但一次性采购成本较高,在实际中,需要最大限度地对其进行周转使用,以分摊一次性采购成本(余少乐等,2014)。

织物模板是由自重小且强度高的织物组成,对混凝土的流动性适应能力强,因此适用于不规则混凝土结构的施工。与木模板和金属模板等构建的刚性模板体系不同,织物模板构建的柔性模板体系能够有效地减少混凝土的使用量,从而降低总成本(Veenendaal & Block,2014)。但是,混凝土构件的成型效果受织物原材料影响较大,而且,织物模板一般需要和混凝土结构一起进行设计,具有较强的专用属性,不易于进行周转使用(Hayashi & Gondo,2021)。

免拆模板是指在混凝土结构成型后,不需要进行拆除,直接起到混凝土构件中的主筋或者剪力筋作用的一类模板。一方面,因为免拆模板会在混凝土浇筑成型后成为混凝土结构的一部分,所以有助于延长混凝土构件的使用寿命,降低结构日常维护成本,同时施工过程中不会产生废旧材料,对环境危害较小(Hack et al.,2020)。另一方面,免拆模板无法进行周转使用,会引起施工成本增加等问题；由于免拆模板在混凝土结构中会长期承受荷载，因此也需要在结构设计时进行充分考虑（马新伟等，2019）。

绝缘模板根据使用的原材料不同，可以实现隔热、隔音、防火、防虫鼠等功能。由聚苯乙烯制作而成的隔热混凝土模板就是这一类型的代表（Mantesi et al.，2019）。与免拆模板类似，绝缘模板在混凝土结构浇筑完成后，也不需要拆除，保留在原结构中发挥相应的功能和作用。由于绝缘模板大多自重小，对现场模板工人的专业技艺要求较低，因此可以采用准时制（just in time，JIT）采购与配送模式，减少现场存储。同理，绝缘模板也无法进行周转使用，存在一次性采购成本较高并且需要与结构设计一起进行考虑等问题。除此之外，绝缘模板在安装的过程中，比其他类型的模板需要更大的安装场地，同时也容易受到湿度和地下水的影响（Lim & Nam，2021）。

针对不同的混凝土结构工程和施工质量要求，以上六类混凝土模板在工程实践中都得到了广泛的应用，也产生了亟待解决的管理和技术问题。考虑到我国一般房屋住宅工程建设的要求和实践经验，本书主要以木模板类型为例进行讨论，但是提出的计算方法、构建的数学模型和设计的求解算法也能为对其他类型的模板进行计划和管理提供依据和参考。

2.1.3 混凝土模板全寿命周期管理

克里什塔克等（Krišták et al.，2014）对混凝土木模板的全寿命周期进行了详细的定义,即包括原材料的提取、木质复合材料的生产、工程活动中的应用以及废弃物回收利用四个阶段。在此基础上,本书对可周转使用的混凝土模板的全寿命周期进行了总结和归纳。如图2-2所示,混凝土模板全寿命周期包括两个循环以及输入和输出路径各一条;其中,大循环表示混凝土模板在制造商、施工现场和回收商之间的流动,小循环表示混凝土模板在施工现场进行周转使用,输入路径表示模板制造商获取原材料,而输出路径则表示模板回收商将无法重复利用或者回收再利用的废弃物进行填埋处理。可以进行回收再利用的材料,会再一次进入模板生产过程。不仅如此,图2-2还表示了包含正向物流和逆向物流的混凝土模板闭环供应链结构。

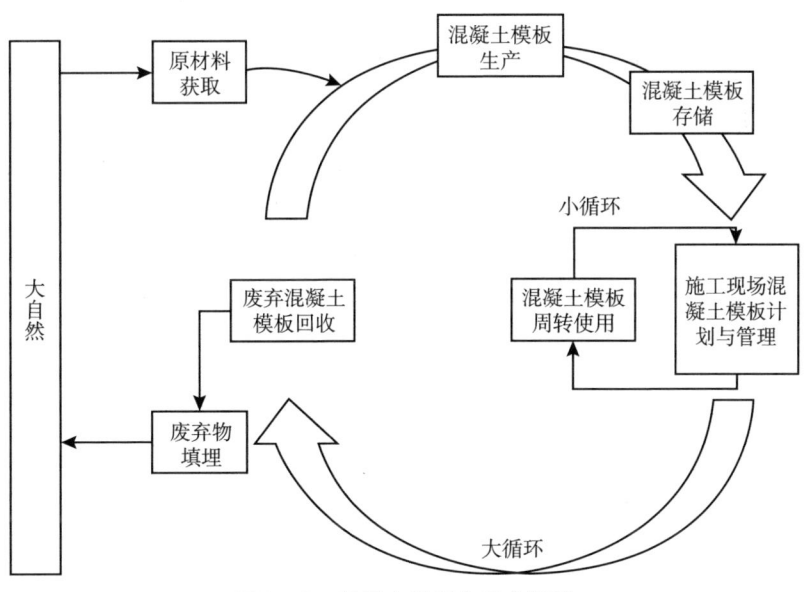

图2-2 混凝土模板全寿命周期

混凝土模板的正向物流包含从原材料到混凝土模板在施工现场进行使用的全过程，涉及的利益相关者包括模板制造商和施工现场，它们需要分别制定采购、加工和生产等计划，同时也需要对原材料采购、生产、存储和运输等过程进行管理。针对工厂标准化生产和现场非标准化生产的混凝土模板，在正向物流过程中，供应链中的产品交付与模板制造商和施工现场需要承担的计划与管理工作内容存在差异（Terzioglu et al., 2022），如表 2-2 所示。

表 2-2　混凝土模板正向物流利益相关者计划与管理工作差异对比分析

利益相关者	工厂标准化生产	现场非标准化生产
施工现场	（1）确定混凝土模板类型 （2）确定混凝土模板需求总量 （3）确定混凝土模板采购和供应计划 （4）接收混凝土模板	（1）确定混凝土模板类型 （2）确定混凝土模板需求总量 （3）估算混凝土模板尺寸和数量 （4）确定混凝土模板采购和供应计划 （5）制定初步的模板需求计划 （6）修正并确定详细的模板需求计划 （7）制定现场存储、加工计划 （8）接收混凝土模板板材 （9）现场加工制作需求的混凝土模板
模板制造商	（1）分析订单中的混凝土模板需求 （2）估算混凝土模板尺寸和数量 （3）制定初步的模板供应计划 （4）修正并确定详细的模板供应计划 （5）计算精确的混凝土模板需求 （6）制定存储、生产计划 （7）生产混凝土模板 （8）交付混凝土模板	（1）分析订单中的混凝土需求 （2）制定混凝土模板板材供应计划 （3）生产混凝土模板板材 （4）交付混凝土模板板材

工厂标准化生产是指，混凝土模板制造商根据施工现场订单

需求，对混凝土模板系统所需要的面板和附属构件的数量及尺寸进行详细的计算，采购相应的原材料，并进行生产，最后将完成的混凝土模板面板和附属构件交付给施工现场。此时，施工现场提交的订单需求只需要包含混凝土工程进度、工程量清单以及混凝土模板的需求总量等信息，不需要提供混凝土模板详细的需求计划，如面板的尺寸和数量等。在订单交付后，施工现场可以根据混凝土模板设计概况，直接组装并使用模板进行浇筑。钢模板、铝模板、塑料模板等都属于工厂标准化生产的混凝土模板（Karke & Kumatheka，2014）。

现场非标准化生产，即混凝土模板制造商根据施工现场的订单需求，生产并交付混凝土模板系统所需要的标准板材和附属构件，施工现场再根据混凝土工程进度和技术规范，设计并加工混凝土模板。在这种生产模式下，混凝土模板制造商只提供模板制作的标准尺寸的原材料，施工现场将对模板的具体尺寸和数量进行计算，然后由模板工人对原材料进行加工和制作。其中，木模板、木胶合模板、竹模板等应用最为广泛（Ko & Kuo，2015；Yip & Poon，2008）。

由表2-2不难发现，采用现场非标准化生产混凝土模板，施工现场需要承担的计划和管理工作内容更多更为复杂，对施工现场的进度、成本的影响也更大；这也是本书重点研究这类混凝土模板计划和管理相关问题的原因。此时，混凝土模板制造商所从事的计划与管理工作，与一般的制造企业相类似。

对于现场非标准化生产的混凝土模板，当施工现场的混凝土工程完工后，或者模板使用达到了最大的周转次数，需要对废弃的混凝土模板进行处理。如图2-2所示，可以回收再利用的模板，会通过回收渠道再次进入混凝土模板生产过程，其逆向物流管理与一般制造业逆向物流管理相同。而对于不能再回收利用的模板，常见的处理方法有两种：焚烧处理和填埋处理。前一种处理方式会产生大量的二氧化碳和粉尘，造成空气污染（Mak et al.，2019）；后一种处理方式虽然不会直接对环境造成污染，但是需要占用大量的土地资源，给城市发展带来长期的负面影响（Yan et al.，2020；Yip & Poon，2008）。

鉴于此，有研究提出，将无法回收再利用的混凝土模板作为原材料，生产其他的建筑材料，从而减少对环境的污染，实现资源节约。例如，王等（Wang et al.，2016a）和陈等（Chen et al.，2020）提出，将无法回收再利用的废弃混凝土木模板作为添加剂，添加到氧化镁水泥中，从而生产强度更高的氧化镁水泥刨花板材；王等（Wang et al.，2016b）还将废弃的木模板用于生产具有隔音和隔热功能的绝缘模板，从而减少建筑废弃物的产生。由此可见，无论是回收可再利用模板作为新模板生产的原材料，还是回收不可再利用的模板作为其他建筑材料的原材料，都是混凝土模板回收商能够获利的途径，也是他们必须进行的计划和管理工作。

综上所述，现场非标准化混凝土模板的生产、仓储、运输和回收再利用等过程与一般制造业产品管理过程类似；而混凝土模板在施工现场的计划与管理，特别是周转使用，与一般商品的使用损耗却存在较大差异。基于此，本书立足供应链管理视角，讨论施工现场从采购混凝土模板板材、加工、周转使用到处理混凝土模板过程中亟待解决的问题，为施工现场管理人员提供计划与管理决策参考。

2.2 施工现场混凝土模板计划与管理相关研究

2.2.1 混凝土模板需求量计算问题

有效地管理施工现场中使用的混凝土模板，有助于提高施工现场的工作效率并降低施工成本。已有研究中，为了提高施工现场混凝土模板的管理绩效，研究人员对混凝土模板的需求量计算和模板在混凝土构件上的优化布局开展了大量的研究。

辛格等（Singh et al.，2017）在对建筑物混凝土墙体模板进行设计的过程中发现，实现混凝土模板的准确计算和自动化布局，能够减少设计人员的工作强度。类似地，在对建筑物混凝土楼板进行布局优化时，李等（Lee et al.，2018）与李和哈姆（Li & Ham，2018）同时证明了对混凝土楼板面板进行布局时，最小化非标准模板面板的数量和避免计划人员的主观经验判断，能够有效地降低混凝土模板的总成本；不仅如此，模板面板的自动化布局也是减少重复计划工作、提高工作效率的有效途径。除了常见的优化方法和自动化方法，新兴的增强现实（augmented reality，AR）技术凭借直观的可视化模板布局，也能够有效地避免人为失误，从而提升混凝土模板的布局效率（Diaconu et al.，2016）。在这些研究的基础上，研究人员逐渐开始关注混凝土模板的周转特性给使用过程带来的影响。考虑混凝土模板面板的周转使用，比鲁克和亚斯科夫斯基（Biruk & Jaskowshi，2017）将施工中的同一楼层平面进行工作区域划分，将混凝土模板在不同区域内的周转使用考虑到总需求量的计算和布局优化中，有效地提高了混凝土模板的利用率，并降低了施工总成本。但是，在计算混凝土模板需求量和优化混凝土模板布局的过程中，如图2-3所示，研究人员发现，由于结构设计人员、项目管理人员和模板计划人员的理解偏差，通常导致CAD图纸获取的混凝土构件信息不准确，从而造成混凝土模板需求量计算的人为差错（Talebi et al.，2021；Cheng et al.，2018）。这些不准确的信息和人为差错将会影响混凝土模板周转使用计划的有效性。

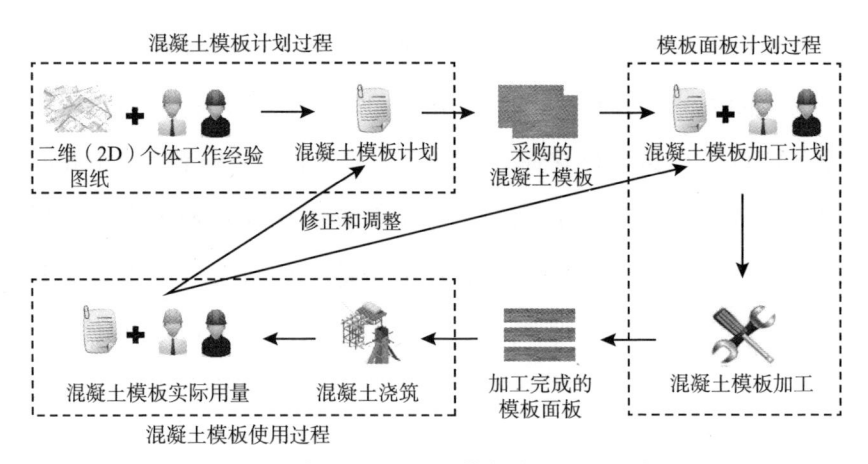

图2-3 施工现场混凝土模板计划及使用过程

为了解决这一困境，从源头上保持提取的混凝土构件信息的准确与可靠，成为亟待解决的问题。近年来，BIM 技术由于能够真实、准确地呈现建筑物和基础结构的原型，并提供给研究人员和管理人员结构物准确的几何信息和丰富的非几何信息，在工程项目设计、施工、管理和运营与维护阶段的研究与应用都得到了充分的论证和广泛的认可（Wang & Meng, 2021；Li et al., 2019；Li et al., 2017；Wu et al., 2016）。由于混凝土模板直接与混凝土构件进行接触并对其进行约束，混凝土模板的实际需求量与混凝土构件的几何尺寸和数量密切相关，因此，BIM 技术在混凝土模板需求量计算和布局优化中也起着至关重要的作用（Lee & Ham, 2018；Singh et al., 2017；Wei et al., 2017）。在混凝土模板计划阶段，施工现场计划人员通常需要将二维 CAD 图纸中平纵横三个视图中的构件信息进行人工集成和加工，并以此为依据对混凝土模板需求量进行计算；与之相比，BIM 技术则可以避免信息的人工集成和加工过程，实现高效、自动地提取混凝土构件的几何尺寸、材料属性和构件之间的关系（Hyun et al., 2018；Singh et al., 2017）。李等（Lee et al., 2021）利用 BIM 技术开发针对铝模板需求量计算和布局优化的过程全自动化软件。魏等（2017）利用 BIM 模型中存储的建筑物结构信息，准确地对混凝土面板和螺栓等附属材料的需求量进行了计算。为了提高混凝土模板的库存管理绩效，曼苏里等（Mansuri et al., 2017）根据 BIM 模型中存储数据之间的映射关系，设计了级联算法从 BIM 模型中提取准确的信息以存进混凝土模板的现场库存里，从而实现成本的降低。不仅如此，与传统的纸质报告和二维图纸相比，BIM 模型还能为准确的信息交互和数据可视化提供可靠的协作平台，以减少相关人员之间的理解偏差，从而提高劳动生产率（Cho et al.，2021；Lee et al.，2017）。

已有研究表明，从降低施工成本和提高劳动生产率的角度出发，混凝土模板的需求量计算和布局优化引起了研究人员的广泛关注。但是，在进行需求量计算和布局优化时，少有研究讨论混凝土模板周转使用的情况。与此同时，虽然现有研究中运用了 BIM 技术对混凝土模板面板及其附属材料的需求量进行计算，但是利用 BIM 技术同时对混凝土模板采购和模板周转使用进行研究，并实现减少人工重复劳动和提高混凝土模板计划效率的研究有待进一步探索。

2.2.2　混凝土模板采购与加工

在施工现场非标准化模板生产中，根据如表 2 - 2 所示的施工现场管理人员需要从事的计划和管理活动可知，在接收了混凝土模板制造商交付的混凝土模板板材后，需要按照混凝土构件面积对板材进行加工处理，制作现场浇筑所需要的混凝土模板。这一过程，需要计划人员进行准确的板材下料和订单采购，并从采购的标准混凝土模板上切割得到浇筑过程中需要的不同数量和尺寸的模板。

二维板材切割问题（two dimensional cutting stock problem，2D - CSP）作为一个传统的资源优化问题，通过对二维板材切割的优化，实现对原材料的节约或在原材料一定的情况下，生产最多的板材（Wang et al.，2020b；呼万哲等，2017；靳鹏等，2013）。换言之，在这类优化问题中，需要在具有标准尺寸的大型板材上进行切割，得到不同数量的、尺寸各异的小型板材，使得标准板材的消耗最少、成本最低。这在不同的制造行业中得到了广泛的应用，如造纸行业（Leao et al.，2017；Bonnevay et al.，2016；Kim et al.，2014）、纺织行业（Wuttke & Heese，2018）、门窗行业（Kim et al.，2016）和家具行业（Bouaine et al.，2018；Vanzela et al.，2017）。

相比之下不难发现，混凝土模板的加工和二维板材切割有着诸多的相似点，即都是从标准的板材上，通过不同的切割方式得到不同数量和不同尺寸的小型板材，都是以最小化标准板材消耗或者最小化成本为目标。图2-4对混凝土模板的加工过程进行了举例说明。图2-4（1）展示了需要通过加工获得五种不同尺寸的混凝土模板类型，即A、B、C、D、E，以及它们的数量。图2-4（2）展示了从模板制造商处采购获得的标准板材。图2-4（3）则表示了某一种切割方式，采用不同的切割方式，可以得到不同数量的五种模板。因此，通过优化切割方式，或者优化小型板材在标准板材上的布局形式，能够在保证获得足够小板材数量的同时，减少标准板材的消耗量，从而最小化混凝土模板的采购成本。

除了上文讨论的运用新兴数字化技术，如BIM、增强现实（augmented reality，AR）等对混凝土模板进行布局优化的方法，2D-CSP优化也是十分有效的方法。例如，穆罕默迪等（Mohammadi et al.，2016）为了优化台模在混凝土楼板浇筑中的布局，通过构件背包问题优化模型，实现了模板覆盖面积的最大化。李等（Lee et al.，2014）也通过引入 2D-CSP 优化模型对混凝土柱上的模板布局进行优化，实现了采购成本的最小化。不仅如此，2D-CSP 优化在建筑废弃物、建筑材料和预制构件运输空间最小化问题中也得到了大量的应用（Zhao et al.，2021）。

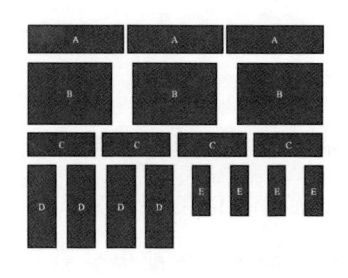

（1）需要的混凝土模板　　（2）采购的标准板材　　（3）切割样式

图 2-4　混凝土模板加工示意

综上所述，在混凝土模板布局优化问题中采用 2D-CSP 建模及优化方法能够有效地提高标准板材利用率，降低原材料的采购成本。又由于该问题与混凝土模板现场非标准化生产过程类似，因此，运用 2D-CSP 建模及优化方法有助于制定最优的混凝土模板采购和加工计划。

2.3　施工现场布局规划建模、优化及应用

施工现场混凝土模板存储和加工场地的布局，不仅对混凝土模板的工程进度和成本产生影响，也影响着整个项目的管理绩

效。而其他临时设施的不合理布局，如钢筋加工场地、现场办公场地等，也会降低混凝土模板的生产和运输效率。施工现场临时设施布局作为降低成本和提高效率的重要途径之一，在工程管理领域备受关注，也是研究领域讨论的热点。

2.3.1 数学规划建模及求解方法

二次分配问题（QAP）产生之初是对经济行为和定位进行分析（Koopmans & Beckmann，1957），随后被广泛应用到制造业中以研究材料或者资源的有效分配问题（Meller & Bozer，1997）。在施工现场布局规划中，基础的QAP问题描述了安排需要的临时设施到指定的可选布局场地，或者将可选的布局场地指派给需要的临时设施的过程（Yi et al.，2018）。为了更好地求解该优化问题，已有研究针对不同的布局约束条件建立了不同的数学规划模型，并采用不同的优化方法对其进行求解。

在构建数学规划模型时，如果所有的决策变量都是以二元形式，即0~1变量进行表示，且目标函数和所有约束条件都是线性的，那么此时建立的模型为二元整数线性规划模型（binary integer linear programming model，BILPM）。在这类模型中，二元决策变量一般用来表示某个可选的布局场地是否被需要布局的临时设施所占用，或者表示设施设立、拆除和重新布设的行为是否发生（Al-Hawarneh et al.，2019）。为了能够表示施工现场材料的数量或者材料运输的频次，研究人员也会将整数型的决策变量引入模型中，从而构建不同的二元混合整数线性规划模型（binary mixed-integer linear programming model，BMILPM）（Huang & Wong，2019；Huang & Wong，2017；Huang & Wong，2015；Huang et al.，2011；Wong et al.，2010）。在求解 BILPM 和 BMILPM 时，使用标准的分支定界算法就能求出模型的最优解，并保证所得解的最优性。

不难发现，随着实际管理过程中目标和约束的变化，建立的数学规划模型中常常会出现非线性的目标函数和约束条件，此时，所建立的数学模型属于非线性规划模型。对施工现场布局问题的非线性规划模型进行求解，可以通过增加额外的变量或者将原规划问题进行线性化处理，即将原问题划分为多个子问题，然后再利用优化求解软件，如数字优化技术（CPLEX）优化器和混合整数规划框架（solving constraint integer programs，SCIP）等进行求解。伊等（Yi et al.，2018）考虑了布局目标存在多种非线性的情况，首先建立了施工现场布局优化二元整数非线性规划模型（binary integer non-linear programming model，BINLPM），然后通过添加额外的变量对目标函数进行线性化处理，再利用 CPLEX 优化器对线性化处理后的模型进行求解。在考虑目标函数和约束条件同时为非线性的情况时，哈马德等（Hammad et al.，2017）在建立的二元混合整数非线性规划模型（binary mixed-integer non-linear programming model，BMINLPM）的基础上，通过引入额外变量对他们同时进行线性化处理，然后设计了基于启发式算法的定位拆解算法（location decomposition algorithm，LDA）对模型进行求解。对于 BMINLPM，也可以用原问题划分的方法对其进行线性化处理，然后求解对应线性规划的最优解（Hammad et al.，

2016；Hammad et al.，2016）。施工现场布局优化中常见的数学规划建模及求解方法如表2－3所示。

表2－3　施工现场布局优化数学规划建模及求解方法

来源	数学模型	优化目标（最小化）	求解方法或途径
Al－Hawarneh et al.，2019	BILPM	总成本：材料运输成本，设施设立、拆除和重新布设成本	BINTROG 函数①
Huang & Wong，2019	BMILPM	总成本：材料存储成本和材料运输成本	分支定界法
Huang & Wong，2017	BMILPM	总成本：材料存储成本和材料运输成本	分支定界法
Huang & Wong，2015	BMILPM	总成本：材料运输成本，设施设立、拆除和重新布设成本	分支定界法
Huang et al.，2011	BMILPM	总成本：现场运输成本	分支定界法
Wong et al.，2010	BMILPM	总成本：现场运输成本	分支定界法
Huang et al.，2010	BMILPM	总成本：材料存储成本和材料运输成本	LINGO
Yi et al.，2018	BMILPM	总成本：现场运输成本	额外变量 & CPLEX
Hammad et al.，2017	BMINLPM	总成本：现场运输成本	额外变量 & LDA
Hammad et al.，2016	BMINLPM	总成本：现场运输成本	问题划分 & CPLEX
Hammad et al.，2016	BMINLPM	总成本：现场运输成本	问题划分 & SCIP

注：①BINTROG 函数是 MATLAB 软件中的功能函数，用于求解线性规划问题。

与数学规划建模不同，智能求解算法（启发式算法）具有非问题导向的特点，即优化问题线性与否并不影响智能算法的求解难易程度，因此常常在施工现场布局优化中使用。对已有研究进行分析发现，在这类优化问题中，采用智能算法主要是考虑到以下三个方面的原因：（1）施工现场布局优化问题是一个组合优化问题，要得到问题的全局最优解难度较大（Ning et al.，2019；Said & El-Rayes，2013），或所需要付出的计算成本较高（Benjaoran & Peansupap，2020；Farmakis & Chassiakos，2018；Razavialavi & Abourizk，2017b）；（2）对于现场空间有限的或者大型的工程建设项目，考虑的优化目标和约束数量较多，增加了数学模型的复杂程度（Kumar & Cheng，2015；Xu & Li，2012；Said & El-Rayes，2011）；（3）在优化过程中，如果需要布局的设施数量较多，精确算法（如分支定界法）则难以对模型进行求解（Song et al.，2018；Song et al.，2016；Li et al.，2015）。

表2-4中列举了截至2020年的已有研究中常采用的智能算法和相关的研究文献。其中，遗传算法（genetic algorithm，GA）求解施工现场布局规划问题的研究占了列举文献总量的一半，是目前研究中最常采用的算法。例如，周等（Zhou et al.，2009）利用GA对施工现场中可旋转的、尺寸固定的17个临时设施布局优化问题进行求解，并求出每个设施布局的最优坐标和布设时旋转的最优角度，实现了施工现场运输距离最小化。赛德和埃尔·雷耶斯（Said & El-Rayes，2011）以材料采购成本和存储成本最小化为目标，利用GA对施工现场中7个临时设施在不同施工阶段的布局进行了优化。考虑优化目标之间存在冲突的情况，宋等（Song et al.，2018）设计了双层GA算法，对15个尺寸固定的临时设施布局优化问题进行求解，并证明，在求解这类问题时，双层GA算法比双层粒子群算法（particle swarm optimization，PSO）具有更快的收敛速度。

表 2-4　　　　　　　　施工现场布局优化智能算法

算法缩写	算法全称	来源	数量占比（%）
ABC	artificial bee colony	Yahya & Saka, 2014	2.27
ACO	ant colony optimization	Ning et al., 2019; Ning et al., 2018; Ning & Lam, 2013; Ning et al., 2011; Ning et al., 2010	11.36
BA	bacterial algorithm	Kalm et al., 2014	2.27
BA	bee algorithm	Lien & Cheng, 2014; Lien & Cheng, 2012	4.55
CBO	colliding bodies algorithm	Kaveh & Vazirinia, 2018; Kaveh et al., 2018; Kaveh et al., 2016	6.82
CSS	charged system search	Kaveh et al., 2018	2.27
FA	firefly algorithm	Wang et al., 2015	2.27
GA	genetic algorithm	Said & El-Rayes, 2013; Farmakis & Chassiakos, 2018; Razavialavi & Abourizk, 2017a; Kumar & Cheng, 2015; Said & El-Rayes, 2011; Li, 2018; Lam et al., 2009; Xu et al., 2016; Xu et al., 2016; Song et al., 2018; Khalafallah & Hyari, 2018; Said & El-Rayes, 2010; Razavialavi & Abourizk, 2017b; Alanjari et al., 2015; Zhou et al., 2009; El-Meouche et al., 2018; Abunemeh et al., 2016; Song et al., 2017; Abotaleb, 2016; Akanmu et al., 2016; Abdelmegid et al., 2015; Li & Luo, 2019	50.00
PSO	particle swarm optimization	Benjaoran & Peansupap, 2020; Xu & Li, 2012; Song et al., 2016; Song et al., 2018; Li et al., 2015; Xu & Song, 2015; Oral et al., 2018; Adrian et al., 2015	18.18

2.3.2 施工现场布局规划应用

为了求解建立的优化模型和执行相应的求解算法,研究人员通常开发能够独立运行的优化软件,使用市场上常用的商业软件,或者设计基于商业软件的应用程序接口,实现对施工现场不同临时设施的布局优化,并对优化布局结果进行可视化呈现(Xu et al., 2020)。

在进行施工现场布局优化时,研究人员常常会根据应用的需要,开发能够实现布局优化、可视化等功能的软件,开发出来的软件在发布后不依赖于任何平台或者其他商业软件,能够独立运行。为了对最优解的寻优过程进行呈现,并对搜寻过程中目标函数值的变化情况进行记录,安代耶什和萨德格普尔(Andayesh & Sadeghpour, 2013)将提出的势能最小算法和施工现场布局优化模型集成到独立运行的优化软件中,对优化过程和结果进行了二维可视化呈现。除此之外,把从数据库(如 BIM 模型等)中提取的需要的信息和从数据采集设备(如监控摄像机等)中提取信息的功能整合到独立运行的优化软件中,能够提高施工现场布局优化的效率和扩大应用的范围。例如,李等(Li et al., 2019)开发了独立的优化软件,对 BIM 模型中存储的建筑结构信息和现场监控视频中记录的信息进行提取,然后导入 MATLAB 中利用 GA 算法对优化问题进行求解,最后将二维的布局结果呈现在优化软件中。类似的,阿坎穆等(Akanmu et al., 2016)则是开发了独立运行的中间过程数据转换与整合软件,将 BIM 模型提供的信息，无线射频识别（radio frequency identification，RFID）系统采集的数据，以及 GA 在 MATLAB 中运行得到的优化结果进行整合，并实现二维可视化呈现。虽然开发独立运行的优化软件能够不依赖于其他的平台或者商业软件，也能最大限度地实现布局优化应用需求，但需要现场计划人员具备较高的编程技能，同时这些开发的独立运行软件的针对性较强，阻碍了它们在其他工程建设项目中的应用和推广。

相反，在施工现场布局优化中使用的商业软件，则为用户提供了更为友好的编程环境，同时还提供具有各种指定功能的工具箱和工具包。考虑施工材料现场运输频次对运输成本和现场布局规划的影响，哈马德等（Hammad et al.，2016）根据 BIM 模型、进度计划和运输计划提供的信息，利用基于 Visual Basic 的宏语言编程对施工现场材料运输频次进行了计算，并将计算结果作为优化模型输入，利用 CPLEX 对模型进行求解。MATLAB 不仅能够执行数学问题求解的智能算法，同时还能给计划人员提供简易的编程环境。阿尔·哈瓦尔内赫等（Al-Hawarneh et al.，2019）将存储施工现场信息的 EXCEL 文件导入 MATLAB 中，通过设计的实际运输距离计算程序对现场材料运输距离进行计算，并运用 BINTROG 函数对优化模型进行求解。郑和张（Cheng & Chang，2019）在同时考虑材料需求计划和进度计划的基础上，利用 MATLAB 编程设计并执行了启发式算法对最优的布局进行求解。将施工现场布局优化模型和算法在商业软件中进行运用或直接调用商业软件优化工具箱和工具包，虽然可以降低编程的难度，但也限制了优化过程中计划人员的个性化需求。

不仅如此，已有研究中不管是开发独立运行的优化软件还是直接使用商业软件，都面临一个问题，即多种数据、不同信息需要在不同的系统或软件中进行交互，大大降低了施工现场布局规划的效率。为了解决这个问题，大量学者开发了基于不同商业软件的应用程序接口，以促进信息交互效率的提升。例如，奥拉尔等（Oral et al.，2018）开发了基于 MATLAB 的应用程序接口，便于计划人员输入施工现场布局优化参数和执行优化算法，从而避免了信息在 MATLAB 和 EXCEL 之间进行转换。为了充分利用 3D 可视化布局的优势，刘等（Liu et al.，2018）利用 Unity 3D 软件开发了用于 3D 虚拟施工环境构建和现场可用场地识别的应用程序接口。为了更好地发挥 BIM 技术的优势，库马尔和郑（Kumar & Cheng，2015）基于 Autodesk Revit 开发了应用程序接口对 BIM 模型、进度计划、实际运输距离和 GA 算法进行整合，对活动板房、材料堆场和加工场地等进行优化布局，结果表明，开发的应用程序接口能够有效地促进施工现场布局自动化。

如表 2-5 所示，根据研究施工现场布局优化应用的相关文献，可知：（1）BIM 技术也时常用来提供布局规划需要的信息；（2）大多数研究应用中对布局结果的呈现还是采用 2D 的形式；（3）基于商业软件开发的应用程序接口可以用来解决更多种类的施工现场设施布局问题。同时，不难发现，一般施工材料（如木材、水泥、钢筋等）的存储及加工场地布局仍然是研究的重点，周转性材料的存储及加工场地布局的相关研究十分有限。例如，哈马德等（Hammad et al.，2016）虽然考虑了混凝土模板的加工区域布局，但该区域尺寸固定，并未考虑施工过程中混凝土模板的需求变化。阿坎穆等（Akanmu et al., 2016）讨论了混凝土模板的现场存储区域布局，但每个设施都是布局在一个网格元胞中，没有讨论设施的容量和尺寸等约束。库马尔和郑（2015）利用设计的 Revit 应用程序接口，对混凝土模板和脚手架的场地布局进行了优化，但是也没有对场地面积、对应尺寸等进行讨论。

表 2-5　　　　　　　施工现场布局规划应用相关文献

来源	应用类型	编程语言和接口	BIM	可视化	布局设施
Andayesh & Sadeghpour, 2013	独立软件	Java	×	2D	材料存储区，电气工具存储区，木材加工区，钢筋加工区，保安办公室，混凝土搅拌站
Akanmu et al., 2016	独立软件	C#	√	2D	原材料存储区，混凝土配料存储区，材料交付区，砖块存储区，模板存储区，绝缘材料存储区，石膏板存储区，涂料存储区，装修设备存储区，机具设备存储区，电子设备存储区，混凝土设备存储区，钢筋加工区，木材加工区
Li et al., 2019	独立软件	C#	√	2D	材料存储区
Hammad et al., 2016	商业软件	Visual Basic	√	2D	钢材存储区，木材存储区，开挖土石方堆存区，回填土石方堆存区，钢材加工区，模板组装区，混凝土搅拌站
Al-Hawarneh et al., 2019	商业软件	MATLAB	×	2D	钢材存储区，瓷砖存储区，易燃易爆物品存储区，木材加工区，电气管道工具加工区，混凝土搅拌站
Cheng & Chang, 2019	商业软件	MATLAB	√	2D	材料存储区，混凝土养护区，现场办公区，垃圾堆放区

续表

来源	应用类型	编程语言和接口	BIM	可视化	布局设施
Su et al., 2012	应用程序接口	ArcGIS.NET API	×	2D	木材存储区,钢筋存储区,砂砾石存储区,砖块存储区,泡沫海绵存储区,管道存储区,管道接头存储区,工器具存储区,其他材料堆存区
Moon, Kamat & Kang, 2014	应用程序接口	CAD.NET API	×	3D	材料存储区,材料加工区,工作区
Kumar & Cheng, 2015	应用程序接口	Revit.NET API	√	2D	钢材存储区,钢筋存储区,集料存储区,水泥存储区,防火材料存储区,金属板材存储区,脚手架存储区,管道存储区,玻璃幕墙存储区,地砖存储区,工器具存储区,机具存储区,装备设备存储区,消防安全设备存储区,钢材加工区,模板加工区,玻璃幕墙加工区,现场办公区,休息室,混凝土搅拌站
Oral et al., 2018	应用程序接口	MATLAB.NET API	×	2D	燃料存储区,工器具存储区,钢筋加工区,现场办公区,休息室,停车场,厕所,配电房
Liu et al., 2018	应用程序接口	Unity3D.NET API	×	3D	材料存储区

综上所述,施工现场布局规划对降低施工成本和提高施工效率至关重要。已有研究表明,通过建立合适的数学规划模型并使用恰当的优化求解算法,能够有效地求解不同条件和约束下的施工现场布局优化问题。对于优化目标和约束条件较为简单、布局设施数量较少的情况,采用数学规划建模和精确算法能够保证获得解的最优性;如果优化目标、约束条件为非线性的,或者布局

设施数量较多,智能算法则是更好的选择。在应用层面,结合BIM 技术,开发基于商业软件的应用程序接口,对一般施工材料和周转性材料的存储及加工设施布局进行优化和3D可视化呈现,将是未来研究的热点。

2.4 建筑供应链管理与系统仿真方法

2.4.1 建筑供应链管理

工程项目本身是一个复杂的系统,涵盖了不同的利益相关方、种类繁多的施工材料和设备以及工艺复杂的施工活动。施工过程的复杂性常常会引起材料交付的延迟、施工成本增加等管理问题。不仅如此,项目管理组织是由为了完成某个项目建设任务的多个利益相关方临时组建的,每个参与者都有自己的利益目标,使得项目管理组织具有较高的不稳定性。

为了解决这些问题,实现施工现场管理效益的提升,有学者将制造供应链的管理思想引入并应用到工程项目管理中(Dainty et al., 2001),并定义其为建筑供应链(construction supply chain, CSC),建筑供应链通常是由不同的企业,如材料供应商、总承包商、分包商等组成的网络,而有效的建筑供应链管理(construction supply chain management, CSCM)则有助于降低施工的成本和减少不必要的工期消耗(Vrijhoef & Koskela, 2000)。

根据供应链中参与者的角色属性和交付的产品类别，建筑供应链通常可以分为两种类型，即项目相关的建筑供应链（project-related CSC）和材料相关的建筑供应链（material-related CSC）。在项目相关的建筑供应链中，参与者一般包括项目业主、项目设计单位、咨询公司、施工材料供应商和承包商等。此时，供应链中交付的产品包括施工材料、设计文件、完成的分部分项工程以及咨询服务等。建筑供应链中参与者之间合作和合作机制设计是研究人员关注的重点（Xue et al.，2007；Xue et al.，2005）。与传统的制造业供应链中物料单向流动不同，建筑供应链中的物料流属于汇聚型物流，因此，已有研究大多讨论材料相关的建筑供应链（Vrijhoef & Koskela，2000）。以施工现场为研究对象，又可以将已有研究分为内部与外部材料供应链管理。对于内部管理，即发生在施工现场内直接作用于施工活动的材料流，讨论材料采购管理、库存管理、加工计划以及材料集散中心选址有助于降低管理成本、提高管理效率（Deng et al.，2019；Pan et al.，2011）。

然而，随着工程项目建设规模的增加，越来越多的利益相关者加入供应链中，使得供应链的复杂程度逐渐增加，施工现场外部材料供应链管理的研究逐渐引起学者们的重视（Le et al.，2020）。例如，伊里萨里等（Irizarry et al.，2013）通过整合 BIM 模型和 GIS 系统中存储的信息，对采购施工材料的运输和交付过程进行监控。考虑材料相关的建筑供应链整合问题，郑等（Cheng et al.，2010）提出了面向服务信息的建筑供应链整合框架，陈和阮（Chen & Nguyen，2019）则在此基础上，开发了供应商选择决策支持软件以最优化施工材料的交付时间和采购成本。

施工活动的进行往往伴随着施工废弃物和剩余材料的产生，仅仅考虑施工材料从供应商到施工现场的正向物流供应链管理已经不能满足日常管理的需求。为了进一步降低施工成本并节约资源，许等（Xu et al.，2019）研究了施工废弃物处置与再利用的逆向建筑供应网络。进一步地，拉希姆扎德等（Rahimzadeh et al.，2018）的研究结果表明，促进闲置施工材料（如开挖土石方）在多个施工现场之间进行周转使用，能够提高闲置材料的利用率、减少土地资源的浪费。但是考虑闲置可周转材料在多个施工现场之间使用时必须注意：首先，由于施工现场突发事件较多（如工期变更、工程量变更等），施工现场之间的材料周转过程是动态变化的；其次，某个施工现场的角色在材料需求方和材料供应方两者之间转换是受事件驱动的，同时也是一个循环往复的过程（Gan & Cheng，2015）。因此，在对建筑供应链进行研究和分析时，必须以整个系统为基础，充分考虑系统的复杂程度。

2.4.2 系统仿真方法

由于系统仿真能够在实际管理工作执行之前，为计划人员提供成本有效和结果可见的虚拟实施环境，帮助他们获取实际管理问题可能的解决方案和解决成效，不同的系统仿真方法在建筑供应链和施工现场管理中得到了广泛的应用（Macal & North，2010；Tah，2005）。一般地，对实际管理过程中的复杂问题进行建模和仿真，首先需要按照预定义的管理目标、约束条件、系统状态和个体行为等，对实际问题进行抽象化处理，其次对抽象化后的问题进行仿真并求出最优解或个体之间的最优关系,最后根据仿真结果制定对应的管理策略或者采取对应的管理行为,并应用它们解决实际问题(Al – Kaissy et al.,2019)。

对近年来建筑供应链和施工现场管理相关研究中采用的系统仿真方法进行分析发现,目前常采用的方法包括离散事件仿真(discrete-event simulation,DES)、系统动力学仿真(system dynamics,SD)和基于 Agent 的建模与仿真(agent-based modeling and simulation,ABMS)。表 2 – 6 对以上三种方法六个方面的特点进行了对比分析和总结,根据这些特点,研究人员和管理人员可以根据实际的施工管理问题需要,选用合适的仿真方法。

表 2 – 6　　　　　　施工管理中常见仿真方法特点对比

特点	DES	SD	ABMS
仿真关注点	过程中发生的事件	对象之间的因果关系	个体行为和互动
问题抽象程度	较高	较低	高、中、低
管理问题范畴	运营层面	战略层面	战略、战术、运营层面
系统状态变化	基于时间的离散事件	连续的状态变化	预定义的状态变迁
仿真执行过程	自上而下	自上而下	自下而上
系统行为描述	概率分布函数	正负循环	个体行为和互动规则

离散事件仿真和系统动力学仿真方法都是采用自上而下的思路对复杂系统的运行过程进行模拟和分析的(Alvanchi et al.,2011;Martinez,2010)。尽管仿真执行过程一致,这两种方法所能实现的研究目标却不相同。聚焦于施工过程和突发事件,离散事件仿真方法更适合于建模并分析具有循环、线性特点的复杂系

统或问题，如道路施工过程（Lu，2003）和材料配送过程（Alvanchi et al.，2021；Vidalakis et al.，2013）。着眼于施工过程，离散事件仿真需要对施工活动的特点进行准确的建模，比较适用于仿真和分析运用层面的问题。相反，系统动力学仿真方法则侧重于从全局的角度，利用正向和负向反馈循环对系统行为的因果关系进行动态的分析。例如，在分析和讨论建筑工人安全行为是否受建筑工人的自身意识、企业的管理行为以及施工环境影响，或者受这些因素影响程度的大小时，通常采用系统动力学仿真方法（Jiang et al.，2015；Shin et al.，2014）。不仅如此，在废弃物处置与再利用激励（Marzouk & Azab，2014）、经济效益（Hao et al.，2008）和环境效益（Ding et al.，2018；Ding et al.，2016）等建筑施工与拆除废弃物管理的相关研究中，系统动力学仿真方法也是重要的建模和分析手段之一。

与离散事件仿真和系统动力学仿真方法不同，基于Agent的建模与仿真方法则是从系统中个体行为出发，自下而上地对个体、个体间的互动以及整个系统进行分析，更适用于非线性、多因素的复杂问题。也就是说，与离散事件仿真方法依赖于事件的概率分布和系统动力学仿真方法依赖于正向负向反馈循环不同，基于Agent的仿真模型中各个异质的Agent采取的行为和互动才是决定系统运行模式、系统结构和系统行为的关键（Macal & North，2010），这也是基于Agent的建模与仿真方法能够在不同施工管理问题中得到应用的最主要原因。例如，安全行为的影响因素（Zhang et al.，2019；Lu et al.，2016），建筑工人主观能动性对劳动生产率的影响（Raoufi & Robinson-Fayek，2018）以及施工团队之间的合作问题（Son & Rojas，2011）等，都可以利用 Agent 对施工现场建筑工人、管理人员和监督人员进行模拟得以实现。

除了对相关人员行为进行模拟，基于 Agent 的建模与仿真方法还能对施工设备的运作进行模拟，从而实现对施工过程的建模与仿真。在土石方工程中，金和金（Kim & Kim，2010）与贾布里和扎耶德（Jabri & Zayed，2017）均利用基于 Agent 的建模与仿真方法对具有不同性能的施工设备运营过程进行模拟和分析，实现了对土石方开挖工作效率的提升。在项目相关的建筑供应链管理中，异质的 Agent 也能用于模拟不同的项目利益相关方，从而实现对建筑供应链的协调（Tah，2005；Xue et al.，2005）。在材料相关的建筑供应链管理中，甘和郑（Gan & Cheng，2015）利用基于 Agent 的建模与仿真方法对构建的回填土周转使用动态供应链进行建模、仿真和分析，发现多现场之间周转使用回填土有利于降低成本，同时也验证了基于 Agent 的建模与仿真方法在周转材料供应链管理中的有效性。

基于以上文献分析，不难发现，一方面，有效的正向建筑供应链管理有利于提高施工活动的效率并降低施工成本，但难以解决施工过程中废弃物和剩余材料生成的问题。虽然采用有效的逆向物流能够帮助施工现场完善对废弃物和剩余材料的管理，但是，促进可周转的施工材料在多个施工现场之间使用，从源头上减少废弃物的生成，更有利于绿色建造的发展。另一方面，施工管理中常用的三种系统仿真方法都能较好地解决实际管理中的复杂问题，结合需要解决的问题和各个方法使用的范围，合理地选择系统仿真方法，更有利于制定合理的实施策略和方案。

2.5 供应链链节企业合作形式

本书以讨论混凝土模板跨项目协同优化为研究目标，需要对施工现场和施工企业之间的合作进行充分考虑，因此需要对有关建筑供应链链节企业之间合作的已有文献进行梳理。考虑到建筑供应链管理思想来源于制造业，同时已有研究讨论建筑供应链链节企业合作的文献较为有限，故对具有代表性的制造业供应链链节企业合作文献一并进行了综述。

供应链链节企业的合作包括有产品交付过程的供应链纵向协调（vertical coordination）和横向协同（horizontal synchronization），同时，根据文献中讨论的供应链数量，又可以划分为单链式供应链（single supply chain）和集群式供应链（cluster supply chain）。虽然已有研究中少有讨论集群式建筑供应链的文献，但是依靠大型建筑企业集团对区域内多个施工现场的物资需求进行集中采购，实现采购资源共享和多现场资源协同的研究与实际应用已经引起了广泛的关注（范仕军，2020；Loosemore et al.，2020；Mei et al.，2019），故对制造业中集群式供应链相关研究进行了整理，为本书开展的研究工作提供理论基础。

2.5.1 单链式供应链链节企业合作形式

本书中的单链式供应链是指，以制造商（施工现场）为核心，有且仅有一个制造商组成的供应链。如图 2-5 所示，已有研究关于单链式的制造业和建筑业供应链链节企业合作的形式可以分为三种，即考虑纵向协调的单链式供应链、考虑横向协同的单链式供应链，以及同时考虑纵向协调和横向协同的单链式供应链。为了便于表示，图中仅采用制造业供应链链节企业名称对链节节点进行命名。

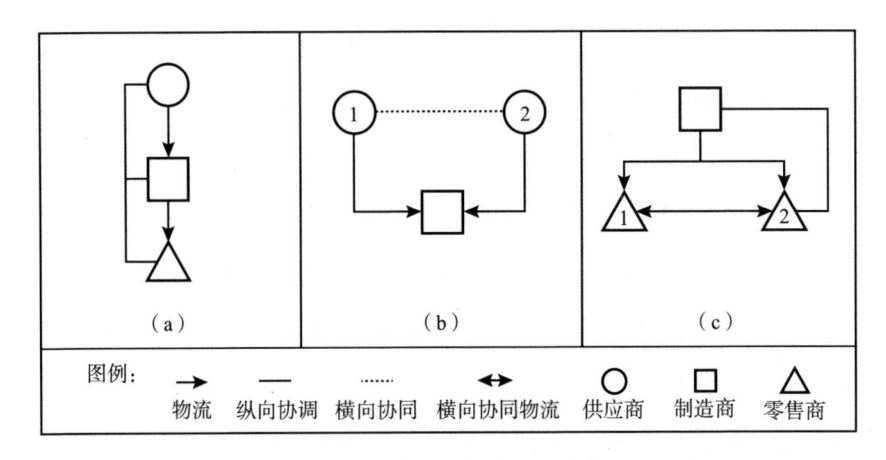

图 2-5 单链式供应链链节企业合作的不同形式

图 2-5 (a) 所示的考虑纵向协调的单链式供应链是已有研究中出现和讨论最多的形式，且大多对供应链链节企业的集中和分散决策进行博弈建模与分析，并设计供应链的协调机制，实现期望收益最大化。

针对一般型的制造业供应链，俞能福和赵林 (2010) 设计了以制造商为核心的数量折扣契约对由"制造商—销售商—运输商"组成的三级供应链进行协调；付娟等 (2016) 与杨丽和杨茂盛（2016）则分别采用了一般的数量折扣策略和回购契约讨论了制造商和经销商组成的二级供应链协调问题。在此基础上，汪峻萍等（2019）构建了供应商和销售商的二级供应链联合促销努力的协调模型，并采用回购和成本分摊的混合契约对各个节点企业进行协调。对于产品服务化供应链的协调问题，应用敏捷化产品服务协调机制和需求信息共享机制能够有效地对由"产品制造商－服务商－客户"组成的三级供应链进行协调（姚树俊等，2011a；姚树俊等，2011b）。考虑网购商品的正向物流，何彦东等（2019）针对网络零售商和第三方物流企业设计了双边努力成本共担契约，林云等（2016）则设计了相应的"惩罚－激励"契约对网购商品的逆向供应链进行协调。肖勇波等（2008）与秦峰华等（2015）分别采用成本分摊契约和数量折扣与"收益共享－成本共担"混合契约对生产商和销售商组成的时鲜产品和农产品供应链协调问题进行了讨论。

不仅如此，建筑供应链相关的纵向协调问题也是目前研究的焦点。在项目相关的建筑供应链协调研究中，多方工期协调优化、质量控制与项目交付和施工活动碳排放最小是研究的热点。苏菊宁等（2010）通过设计的奖惩机制帮助承包商有效地压缩施工工期，在此基础上，苏菊宁等（2011）采用总工期激励和节点工期激励机制，对分包商和总承包商的工期进行协调优化。为了控制施工项目的交付质量，梅萨等（Mesa et al.，2020）运用虚拟设计团队仿真法，对业主、设计单位、承包商、咨询单位和重要的分包商之间的关系进行仿真和协调，苏菊宁等（2009）则是针对总承包商和分包商造成的内部和外部质量损失分摊机制进行研究，对工程质量控制进行协调。为最小化施工过程中产生的碳排放量，在考虑"总量管制与碳排放量交易政策"的基础上，总承包商与分包商进行合作减排的效果要比双方竞争或者竞合情况下更优（Jiang et al., 2019；Jiang et al., 2019）。而在材料相关的建筑供应链协调研究中，对建筑材料以及装配式建筑中预制构件等的采购交付协调研究较为常见。陶等（Tao et al., 2021）针对总承包商和材料供应商之间存在的违约、投机行为，利用进化博弈对双方的监管和投机行为进行分析，控制采购的建筑材料的质量。考虑预拌混凝土需求波动，陈等（Chen et al., 2021）提出了两阶段的协调方法以最小化采购成本。考虑预制混凝土构件的交付缓存储备，有效地协调承包商与物流服务提供商、预制构件运输企业和预制构件生产企业之间的库存与订货提前期，能够确定最优的订购数量和最小化现金流占用（Zhai et al., 2019；Zhai et al., 2018；Zhai et al., 2017）。余等（Yu et al., 2021）通过对混凝土生产商、施工总承包商、混凝土结构拆除企业和混凝土再利用企业组成的混凝土再利用闭环供应链仿真模型的构建，实现了混凝土集料再利用的动态需求预测。

图 2-5（b）表示在某单一链式供应链中，多个异质配套材料供应商为同一个核心制造商提供原材料，并通过这些供应商的横向协同（即最优材料配比），实现制造商的产能匹配。这一类型的合作中，只有横向的协同，并不会产生横向的物流。在一般的制造业供应链中，通过对零配件或原材料供应商的横向协同，能够实现制造商的产能匹配协同，实现制造商库存成本的最小化（李毅鹏和马士华，2013a；李毅鹏和马士华，2013b；李毅鹏和

马士华，2011）。在此基础上，李毅鹏和马士华（2013c）考虑施工现场空间受限的情况，对多类匹配使用的建筑材料供应商进行横向协同，实现施工现场存储空间的最大化利用。为了实现同一个施工总承包商管理下的多个施工项目交付延迟最小，陈等（Chen et al.，2018）构建了供应链协调模型对不同的材料供应商进行选择和横向协同。

图 2-5（c）表示在某一单链式供应链中，一个核心制造商同时为多个同质产品销售商提供产品，此时不仅需要实现制造商与销售商之间的纵向协调，还可能为了应对市场需求的不确定性，对不同的销售商进行横向协同，这类协同主要体现在销售商的库存互补，因此存在横向物流。公彦德和达庆利（2015）通过对物流服务供应链的横纵双向协同研究发现，同时进行纵向协调和横向协同能够增加市场销售量、提高销售商收入，同时也有利于降低销售单位成本，提高行业总利润。

2.5.2 集群式供应链链节企业合作形式

产业集群网络系统是由多个平行的单链式供应链组合而成的网状结构，每条供应链上的同级链节企业相互联系构成了相应的企业群（黎继子等，2005）。这种集群式供应链网络与大型工程项目管理项目群或同一个区域内的多施工现场管理网络拥有相似的属性（何清华和罗岚，2014）。集群式供应链跨链链节企业合作的形式可以分为单级单边横向［如图 2-6（a）所示］、单级双边横向［如图 2-6（b）所示］、多级双边横向［如图 2-6（c）

所示]、多级双边纵向[如图2-6（d）所示]和多级双边双向[如图2-6（e）所示]五个类别。为了便于表示，图中仅表示了同一产业集群中的两条不同的供应链。

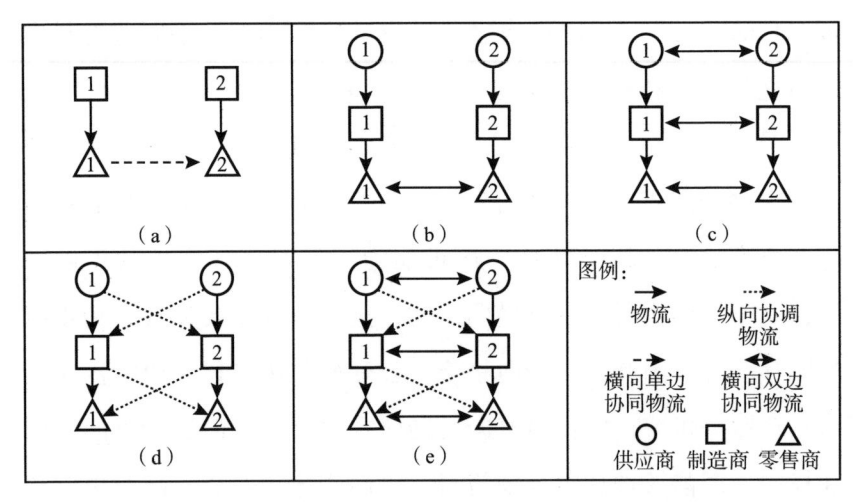

图2-6 集群式供应链跨链链节企业的不同合作形式

单级单边横向合作仅考虑集群供应链中，不同单链同级链节企业之间的横向协同，协同过程中存在由一条链中的链节企业向另一条链中的链节企业的横向协同物流。黎继子等（2007）讨论了集群供应链中，一条链上的零售商紧急库存由另一条链的同级企业合作补充的情况，利用系统优化理论实现了供应链库存水平的降低和整体利润的提升。单级双边横向则是在单边的基础上，使得两条供应链上的同级企业存在互补的横向物流，从而实现供应链中零售商的库存协调。黎继子等（2007）与黄花叶和刘志学（2011）分别采用系统动力学模型对集群式供应链间零售商横向物流协同对客户满意度的影响进行了研究，结果表明，该协同模式有助于降低系统总库存，提高顾客服务水平。与此同时，通过零售商双边横向的物流协同，也有助于实现供应链中各个链节企业利润的最大化（李宏宽和李忱，2015；朱海波和李向阳，2013；刘春玲等，2009）。

在单级双边横向合作的基础上，多级双边横向合作要求供应商、制造商和零售商都实现双向的物流协同。黎继子等（2009）研究了由"供应商—生产商—零售商"组成的三级供应链库存互补模型，减少了供应链整体库存并提高了客户满意度。除了实现集群式供应链同级企业之间的合作，黎继子等（2008）从供应链架构设计出发，构建了集群式供应链链节企业合作模型，实现了运营成本的最小化；施国洪和钟颢（2009）则是利用系统动力学建模对集群式供应链链节企业协同的库存协调问题进行了讨论。在这些研究的基础上，颜波和石平（2013）也利用系统动力学建模，对同级和非同级混合双向跨链库存协作机制进行研究，并证明了多级双边双向的协同互补机制更有利于库存协调。聂等（Nie et al., 2019）对集群式供应链间不同资源、不同链节企业、不同协同模式进行对比分析，得到了相似的结论。

2.6 研究进展总结

国内外研究现状表明，混凝土模板周转使用的相关研究已经逐步开展，学者们针对混凝土模板的需求量计算、使用计划与管理，施工现场布局规划建模、优化及应用，建筑供应链管理与仿真方法应用，供应链链节企业合作等方面进行了研究，也取得了一批有价值的研究成果。但是，一方面，在计算混凝土模板需求量时，考虑混凝土模板周转使用的研究很少，尚处于起步阶段；另一方面，不同的数学模型、优化算法和应用程序虽然解决了大规模的施工现场布局优化问题，但是因为考虑的布局对象之间存在差异，这些模型、算法和程序的应用场景也存在差异，没有较为完善地针对混凝土模板临时设施布局进行优化，迫切需要进行相关的布局方法和可视化方法研究，为施工管理实践提供理论工具和应用指导；此外，利用系统仿真的方法，研究了复杂的建筑供应链中一般施工材料的正向和逆向物流，但是没有考虑周转材料的采购、使用、存储、运输等影响因素；最后，对于建筑供应链链节企业之间的合作和履约问题，促进周转材料的协调和协同使用，实现区域内企业效益最大化的研究也有待进一步探索和拓展。

综上所述，通过本书的研究，充分考虑混凝土模板的周转使用特性，进而提出混凝土模板自动、准确的需求量计算方法，提高混凝土模板计划效率并降低其采购成本；实现施工现场混凝土模板临时设施布局的优化与三维可视化呈现，提高施工现场布局效率并降低现场运输成本；探讨混凝土模板在多个施工现场之间的动态周转，最小化废弃物的生成量并降低场外运输成本；构建应用于施工现场间进行合作、周转使用混凝土模板的利润分配机制和违约补偿分摊机制。充分利用数学建模、算法设计、参数化建模、系统仿真与优化建模、决策行为理论、谈判理论、机制设计等理论和方法，结合混凝土模板周转使用及建筑供应链管理的特性，开展对混凝土模板在单个施工现场和区域内不同施工现场之间的周转使用，有望取得一定的创新性和实用性成果。

2.7 本章小结

本章围绕施工现场混凝土模板计划难度大、管理效率低、成本占比高等问题，结合建立资源节约和环境友好的行业发展要求，对混凝土模板的计划与管理过程进行了阐述，并对施工现场混凝土模板管理，施工现场布局规划建模、优化及应用，建筑供应链管理与系统仿真方法以及供应链链节企业合作形式等方面的相关研究文献进行了综述。首先，对混凝土模板系统的定义、混凝土模板的分类以及混凝土模板的全寿命周期计划与管理过程进行介绍，确定了本书研究的对象和其所处的计划与管理阶段；其次，分别对施工现场混凝土模板采购、加工、存储及潜在的跨项目合作模式等相关文献进行了综述，归纳并分析了目前的研究现状；最后，在混凝土模板基础理论介绍与文献分析的基础上，对已有研究成果进行了评述。通过对已有文献的归纳和分析可知：(1) 充分考虑混凝土模板的周转特性，并结合 BIM 技术的应用，能够更加准确、高效地计算混凝土模板需求量；(2) 通过集成布局优化模型和可视化呈现，能够为现场管理实践提供更加详细的存储及加工管理计划；(3) 将周转材料的采购、使用、存储和运输等因素考虑到建筑供应链管理中,并结合系统仿真的方法,能够有效地对混凝土模板跨项目周转使用的复杂供应链进行建模和分析;(4)建筑供应链中链节企业的合作和履约,是促进供应链稳定发展和链节企业长期合作的必要手段和可靠途径。

第 3 章

基于 BIM 的施工现场混凝土模板需求优化研究

混凝土模板作为混凝土工程中主要的周转性材料，对工程成本有着显著的影响，随着我国建筑行业的快速发展，混凝土结构和混凝土模板的使用需求日益增长，相关的计划与管理问题也引起了学者和从业人员的关注。根据已有研究分析和管理实践可知，目前施工现场混凝土模板的计划与管理主要依赖于现场计划人员的个人经验，忽视了混凝土模板周转使用的特性，导致了现场效率较低和大量原材料浪费等问题。因此，本章在已有研究的基础上，提出了基于建筑信息模型（building information modeling, BIM）的混凝土模板周转使用需求量计算框架，对混凝土模板的需求量进行准确地、自动地计算，以提高混凝土模板的计划效率并减少原材料的浪费。

本章提出的基于 BIM 的混凝土模板周转使用需求量计算框架主要包含三个模块：混凝土构件信息提取，混凝土模板周转使用计划和混凝土模板原材料采购加工计划。首先，利用 BIM 技术对需要进行现场浇筑的混凝土构件的几何和语义信息进行提取；其次，根据混凝土模板的安装规则，设计基于规则的算法对混凝土模板周转使用情况下的实际需求量进行计算；最后，通过构建二维板材切割问题（two dimensional cutting stock problem，2D-CSP）的数学优化模型，并设计求解的遗传算法（genetic algorithm，GA）对混凝土模板的采购数量和加工计划进行优化。本章以重庆市某项目施工中房屋建筑的混凝土模板需求量计算为案例，对提出的框架进行了应用和验证。案例的计算结果显示，本章提出的框架能够实现混凝土模板周转需求量的准确和自动计算，同时，与实际中采用的人工计算方法的结果相比，可以节约28%的混凝土模板采购成本。

3.1 概　　述

我国建筑行业的快速发展，商业与民用建筑以及基础设施的建设品质提升，对混凝土结构和混凝土模板的使用提出了更高的要求和更多的需求，大量的资源消耗和建筑废弃物也随之产生（Hossain et al.，2020；Guerra et al.，2019）。此外，混凝土模板的计划和管理本质上属于劳动密集型工作，占用大量的劳动力和时间资源，加上常常被忽略的周转特性，混凝土模板相关成本已经成为混凝土工程总成本中占比最高的子项之一（Han et al.，2021；Weng et al.，2020）。为了解决混凝土模板成本增加的问题，大量的研究对混凝土模板设计过程中，混凝土模板的需求量计算和布局进行了讨论。对现场浇筑需要的混凝土模板进行一体化设计，能够保证管理计划的有效性，降低混凝土模板总成本，同时提高现场的工作效率（Hyun et al.，2018；Lee et al.，2018）。

一方面，虽然已有的混凝土模板一体化设计方法能够实现混凝土模板需求量的计算和布局方案的规划，但是综合地考虑施工现场混凝土模板周转特性，能够更好地促进混凝土模板的使用，降低混凝土模板的成本和消耗。例如，针对混凝土模板的周转特性，曼苏里等（Mansuri et al.，2017）设计级联算法对周转的钢模板进行需求量计算，实现了劳动力工时和机械台班的节约，同时在案例中通过模板周转降低了13%的混凝土工程总成本。另一方面，如前一章节所述，目前市场上应用较广的混凝土模板，如木模板、木胶合模板等，其原材料主要来源于森林资源，促进混凝土模板的周转使用和原材料的节约，是实现绿色建造的有效手段之一（Tang et al.，2020；Bakchan et al.，2019）。因此，设计一套考虑混凝土模板周转使用的计划方法，最小化混凝土模板的原材料消耗，是研究人员和从业人员迫切需要解决的问题。

针对施工现场非标准化生产模板，其单个计划周期内的工作内容如图2-3所示，共分为三个阶段：第一个阶段，即混凝土模板的计划阶段，施工现场的计划人员根据单次浇筑混凝土结构的二维CAD图纸，结合以往的工作经验，初步制定需要采购的混凝土模板标准板的数量；第二个阶段，即混凝土模板面板的计划阶段，计划人员根据主观经验和直觉判断确定混凝土模板面板的加工计划；第三个阶段，即混凝土模板的使用阶段，计划人员会根据此次采购的标准模板量和实际的混凝土模板消耗量，修正并计算下一次浇筑混凝土结构所需要的模板需求量。在这种采购与加工的计划方式下，由于计划人员个人经验的差异，以及对二维 CAD 图纸理解的偏差，一方面容易导致过度地采购混凝土模板标准板，造成现金流的积压和现场存储成本的增加，或是加工完成的混凝土模板面板周转使用不充分，造成资源的浪费；另一方面，依赖个人经验的计划方法，也会造成工作效率低下等问题（Karimzadeh et al.，2021；Liu et al.，2018）。因此，对混凝土模板周转需求量进行准确地、自动地计算，有助于制定更加完善的混凝土模板采购、加工和使用计划。

相较于传统的二维 CAD 建模，近年来，作为面向对象和参数驱动的建模技术，BIM 技术在建筑行业得到了广泛的应用（Qjw et al.，2021；Azhar，2011）。在设计阶段，运用 BIM 技术对建筑结构进行建模，面向对象建模的特性能够决定模型中如柱、梁、板、墙等建筑构件的类型和相关关系；而参数驱动建模的特性则将任意一个建筑构件的几何尺寸信息（如长度、宽度、深度等）和地理位置信息存储到 BIM 模型中。因此，BIM 技术不仅能够提供建筑构件准确的几何与非几何信息（Kim et al.，2019；Tang et al.，2019），还能促进施工现场计划与管理的自动化（Wang & Rezazadeh-Azar，2019；Kumar & Cheng，2015）。

为了解决个人经验应用到施工管理活动中，造成的计划不准确和反复修正等问题，基于规则的方法和基于机器学习（machine learning-based）的方法在施工现场管理中得到了大量的应用（Ng et al.，2021）。一般地，基于规则方法中的规则是对整个行业数据或者大量从业人员实践工作经验的总结，能够避免由于个体经验的局限性导致的一系列问题（Xu et al., 2021；Liu et al., 2018）。而基于机器学习的方法则是在给定充足的训练数据集的情况下，让计算机通过对既有解决方案的学习，掌握应对新的计划与管理问题的能力（Leei et al., 2021）。虽然两种方法都是对既有经验进行归纳和总结，但基于规则的方法则更适用于训练数据集不充足的情况（Zhou et al., 2021）。通过设计相应的算法或者构建集成式的系统，基于规则的方法在不同的施工计划与管理活动中得到了应用。例如，许和蔡（Xu & Cai, 2021）设计了基于模式匹配规则的建筑构件信息提取算法替代个人经验，对算量结果进行规范性检查；刘等（2018）从工作实践中总结了相应的规则，并设计基于规则的算法对木材布局进行规划，实现了准确的需求量计算，减少了原材料的消耗；根据施工安全规范、指导意见和工作经验总结得到的规则，张等（Zhang et al., 2015）构建了基于规则的施工现场安全检查系统，替代传统的现场安全员检查体系，实现了现场安全管理绩效的提升；李等（2021）则运用管理实践中总结的规则，构建了基于规则的系统对混凝土模板布局规划进行优化，提高了计划管理效率。综上，基于规则的方法是避免个人经验和主观直觉判断、提高计划管理效率的有效途径。

混凝土模板的加工和采购可以被视为资源受限情况下的组合优化问题，即在满足现场混凝土结构浇筑需求的情况下，求解最优的混凝土模板标准板采购数量，以最小化原材料的消耗和采购成本。与计划人员采用的经验方法相比，组合优化方法能够将原材料的需求、成本以及加工计划等用目标函数和约束条件等数学语言进行表达，同时，在最优化理论的支撑下，优化结果的最优性也能得到保证（Monghasemi & Abdallah，2021；Al - Alawi，2020）。二维板材切割问题（2D - CSP）就属于这一类组合优化问题（Wuttke & Heese，2018）。通过对混凝土模板 2D - CSP 优化模型的构建，能够对混凝土模板的加工和采购进行优化。

基于此，本章在已有研究的基础上，提出了基于 BIM 技术，结合基于规则的方法和 2D - CSP 优化的混凝土模板周转需求量计算框架。该框架能够帮助施工现场计划人员准确地、自动地制定混凝土模板的采购与加工计划，以减少混凝土模板消耗和原材料浪费，从而提高施工现场混凝土模板的计划与管理绩效。

3.2 混凝土模板需求量计算框架

如图 3 - 1 所示，在同时考虑混凝土模板标准板采购和混凝土模板面板周转使用的情况下，本章提出了混凝土模板需求量计算框架。该框架包含三个功能模块：混凝土构件信息提取、混凝土模板周转使用计划和混凝土模板原材料采购加工计划。在模块一中，首先从 BIM 模型中导出工业基础类（industry foundation classes，IFC）文件，然后从该文件中准确地提取混凝土构件的几何、数量和位置信息；在模块二中，通过对比混凝土模板标准板的几何尺寸和模块一中提取的建筑构件的几何尺寸，结合混凝土工程进度计划，对浇筑需要的混凝土模板面板的需求量进行准确的计算。在这个模块中，根据大量施工现场混凝土模板计划人员的工作经验和相关的行业标准规范形成的规则，设计了基于规则的算法，自动地生成混凝土模板面板的周转使用计划。在模块三中，通过建立 2D – CSP 优化模型对混凝土模板标准板的采购和加工进行优化，并利用遗传算法（GA）对优化模型进行求解，生成混凝土模板原材料采购加工计划。

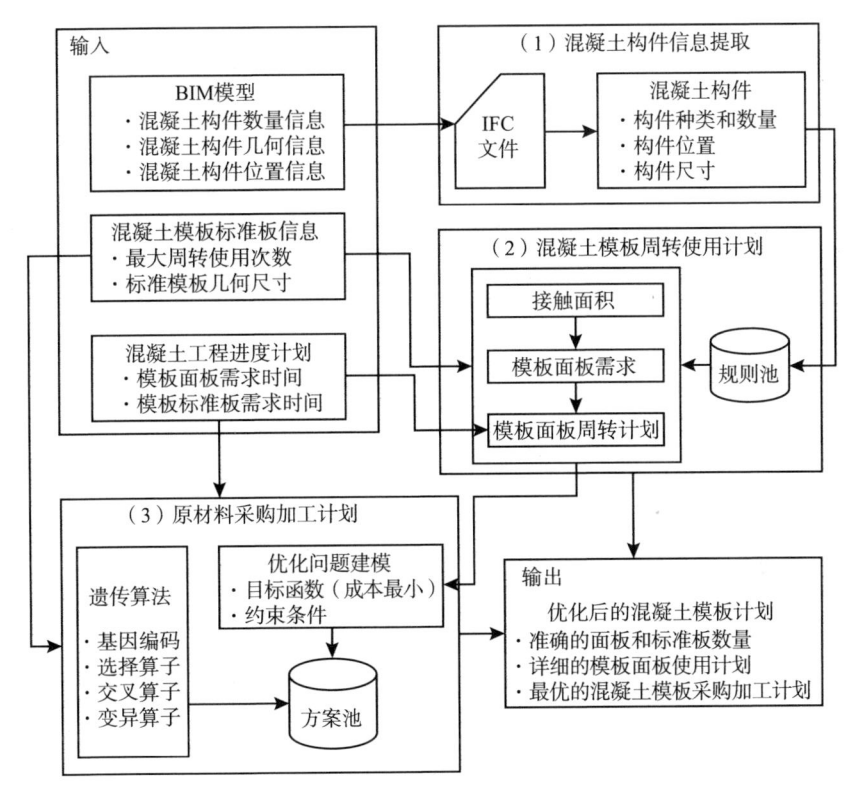

图 3 – 1　混凝土模板周转使用需求量计算框架

3.2.1　混凝土构件信息提取模块

近年来，BIM 技术已经在工程建设项目的全寿命周期中得到了广泛的应用，BIM 模型中包含的建筑构件的几何信息和非几何信息能够满足设计阶段（Li et al.，2019；Lai et al.，2019；Alwisy et al.，2019）、施工阶段（Deng et al.，2019；Dong et al.，2019）和运营与维护阶段（Lu et al.，2018；Pishdad-Bozorgi et al.，2018）的各种需求。IFC标准是用来对建筑行业中各种数据进行描述和交换的语义模型标准，目前也是BIM模型中存储信息的主要表现形式（张鑫等，2021；Lee et al.，2019；赖华辉等，2018）。换言之，运用IFC标准定义的建筑构件信息能够在不同的支持BIM技术的软件中进行信息的存储、变更和交换（Koo et al.，2021）。相应地，这些支持BIM技术的软件，如Autodesk Revit，也能生成并导出BIM模型的IFC文件，便于数据和信息的存储与交付（余芳强等，2014）。

考虑到混凝土模板面板直接与待浇筑的混凝土构件接触，混凝土构件的尺寸决定了混凝土模板的尺寸，因此，需要准确地识别出IFC文件中存储的混凝土构件的相关信息。但是，IFC文件中存储的信息远远不止混凝土构件的相关信息，这使得信息的提取过程变得较为复杂和繁琐。为了解决这个问题，该功能模块旨在从IFC文件中准确地和自动地提取所需要的混凝土构件的相关信息，从而提高混凝土模板计划的效率。

为了便于对建筑行业中不同利益相关者提供的大量碎片化的数据进行管理，buildingSMART开发了一种开源的、基于EXPRESS语言的数据格式标准，即IFC标准。在IFC文件中，信息通常是以"#+数字="开头的行形式进行存储，"#"是IFC文件中的固有格式，"数字"则代表了该标准给不同的构件实体赋予的不同属性的编号，而"="后面的内容则表达了这一行存储的详细信息。根据这个规则，可以以"#+数字"的形式快速搜索和追踪所需要的构件实体的信息（Wu et al., 2019）。IFC 文件中存储的所有构件的信息，至少包含两类基础的属性，即 *IfcLocalPlacement* 和 *IfcProductDefinitionShape*，它们分别代表了构件在建筑物中的物理位置信息和几何参数信息。而其他详细的构件属性，则因具体的构件类型不同而存在差异。后文将对建筑物中的柱、梁、板、墙四种主要混凝土构件的信息提取原理进行介绍。

如上文所述，IFC 文件中的每一个建筑构件都以实体形式进行表示。对于任意的混凝土柱，IFC 标准为其定义了两个实体属性[1]，包括 *IfcColumn* 和 *IfcColumnStandardCase*；对于混凝土楼板的实体属性，则包括 *IfcSlab*、*IfcSlabStandardCase* 和 *IfcSlabElementCase* 三个属性[2]；IFC 文件中的混凝土梁和混凝土墙实体分别与混凝土柱和混凝土楼板实体的属性类似[3][4]。

图 3-2 对 IFC 文件中存储的构件几何信息的提取进行了描述。对于任意一个建筑构件，这里以 *IfcElement* 表示，针对要从中提取的几何信息，必须要识别的构件属性和识别的顺序如图 3-2（1）所示。为了详细地说明提取过程，图 3-2（2）对

---

[1] BuildingSMART. BuildingSMART. IfcColumn. [DB/OL]，www.buildingsmart-tech.org/ifc/IFC2×3/TC1/html/ifcsharedbldgelements/lexical/ifccolumn/htm.

[2] BuildingSMART. BuildingSMART. IfcSlab. [DB/OL]，www.buildingsmart-tech.org/ifc/IFC2×3/TC1/html/ifcsharedbldgelements/lexical/ifcslab/htm.

[3] BuildingSMART. BuildingSMART. IfcBeam. [DB/OL]，www.buildingsmart-tech.org/ifc/IFC2×3/TC1/html/ifcsharedbldgelements/lexical/ifcbeam/htm.

[4] BuildingSMART. BuildingSMART. IfcWall. [DB/OL]，www.buildingsmart-tech.org/ifc/IFC2×3/TC1/html/ifcsharedbldgelements/lexical/ifcwall/htm.

混凝土柱的几何信息提取过程进行了介绍。由于混凝土柱的 *IfcElement* 属性是由 *IfcColumn* 进行表示的，因此可以首先从 IFC 文件中找到#120508 行，该行中存储的信息除了建筑构件的实体属性，还包括位置信息（*IfcLocalPlacement*，#120507）和几何信息（*IfcProductDefinitionShape*，#120502）。其次，根据图 3-2（1）中的提取顺序，依次从#120502，#120500，#120498，#120495，#120492 行中对信息进行搜索。最后，分别从 *IfcExtrudedAreaSolid*（#120488）和 *IfcRectangleProfileDef*（#120484）行中，提取出该混凝土柱的高度以及横截面的长度和宽度。

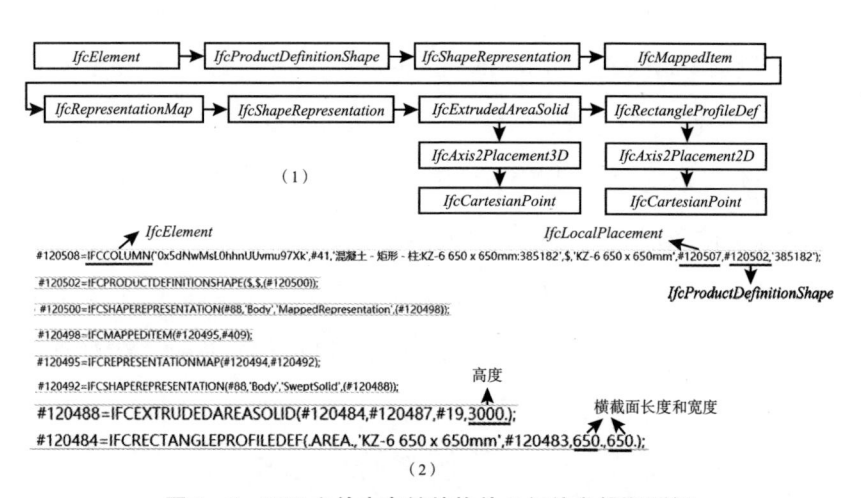

图 3-2 IFC 文件中存储的构件几何信息提取图解

考虑到混凝土模板需要在施工过程中进行周转使用，各个混凝土构件在 BIM 模型中所处楼层的信息，即位置信息，在混凝土模板需求量计算过程中也是必需的，因此需要同时提取 BIM 模型中每个楼层的位置信息和建筑构件的位置信息。IFC 文件中，建筑物的楼层位置信息存储在属性为 *IfcBuildingStorey* 的行中，根据如图3-3（1）所示的四个属性和提取顺序，可以从 *IfcCartesianPoint*（#211）中提取该楼层参照点的三维坐标。在图3-2的基础上，根据图3-3（2）提供的属性提取步骤，对建筑构件的位置信息进行提取，如图所示的混凝土梁参照点的三维坐标。当建筑物楼层参照点的纵轴坐标和建筑构件参照点的纵轴坐标相等时，如图3-3所示，说明建筑构件布局在该楼层中。祝等（Zhu et al.，2019）在对桥梁工程结构构件进行信息提取时，对IFC标准中多种结构实体属性进行了详细的描述和解释，由于图3-2和图3-3描述的内容已经能满足本书的研究需求，故本书将不作进一步的介绍。

图3-3　IFC文件中存储的构件位置信息提取图解

根据IFC文件中建筑构件信息提取的规则，混凝土模板需求量计算所需的部分建筑构件信息提取结果如图3-4所示。所有提取的信息以 Microsoft Excel 文件进行存储，包含的信息包括构件类别、高度、截面长度、截面宽度、构件数量和楼层六个类别。这些提取的信息会导入功能模块二中生成混凝土模板周转使用计划。

构件类别	高度	截面长度	截面宽度	数量
梁	2200	400	200	1
梁	6400	600	200	1
梁	3350	400	200	1
梁	4250	500	200	1
柱	3000	650	650	2
柱	3000	400	400	4
柱	3000	550	550	6
柱	3000	500	500	12
墙	3000	8650	300	1
墙	3000	900	220	1
墙	3000	5250	220	2
墙	3000	6225	300	1
墙	3000	7645	300	1
墙	3000	2200	220	3
墙	3000	2710	220	1

楼层1 楼层2 楼层3 楼层4 楼层5 楼层6

图 3-4　提取的部分建筑构件信息

3.2.2　混凝土模板周转使用计划模块

充分考虑混凝土模板在不同建筑楼层浇筑过程中的周转使用情况，功能模块二旨在对周转混凝土模板需求量进行准确和自动计算。对混凝土模板的使用和周转进行详细的计划，能够有效地降低施工成本并减少废弃物的生成量，但是，在当前的现场管理实践中，计划人员个人的经验和主观判断常常导致重复的计划工作和人为的计划偏差（Hyun et al.，2018；Lee et al.，2018；Biruk & Jaskowshi，2017）。为了应对个人主观经验判断造成的管理问题，由不同实践人员的经验汇总，在相关标准和规范的约束下形成的行业准则得到了广泛的应用（Liu et al.，2018）。基于此，该模块首先根据实地调研获取的行业准则总结并归纳了混凝土模板周转使用的相关规则，并对每次浇筑需要的混凝土模板面板尺寸和数量进行计算。然后，根据混凝土模板进度计划，设计基于规则的算法生成混凝土模板的周转使用计划。结合实际调查结果，本书中考虑的混凝土模板面板均采用矩形板材，具体的规则释义和执行过程如下。

（1）规则解释。

由于混凝土模板面板与待浇筑的混凝土构件直接接触，因此需要首先对混凝土模板与混凝土构件的接触面面积和数量进行计算。考虑本书研究的混凝土构件截面均为矩形，合理地运用接触面的对称属性，能够有效地减少计算的工作量。基于此，表3-1对不同混凝土构件的实际接触面数量、对称面数量和需要计算的接触面数量进行了列举。

表3-1　　　　　　　不同混凝土构件接触面数量

构件类型	实际接触面数量	对称面数量	计算接触面数量
混凝土柱	4	2	2
混凝土墙	2	1	1
混凝土板	5	2	3
混凝土梁	3	1	2

其中，实际接触面是指浇筑过程中，混凝土模板与混凝土构件实际接触的面；对称面是在考虑矩形截面对边相等的特性情况下，不需要计算的面；计算接触面则是在计算混凝土模板面板需求量时，至少应考虑的面。图3-5对需要计算的接触面数量计算规则进行了详细的描述。

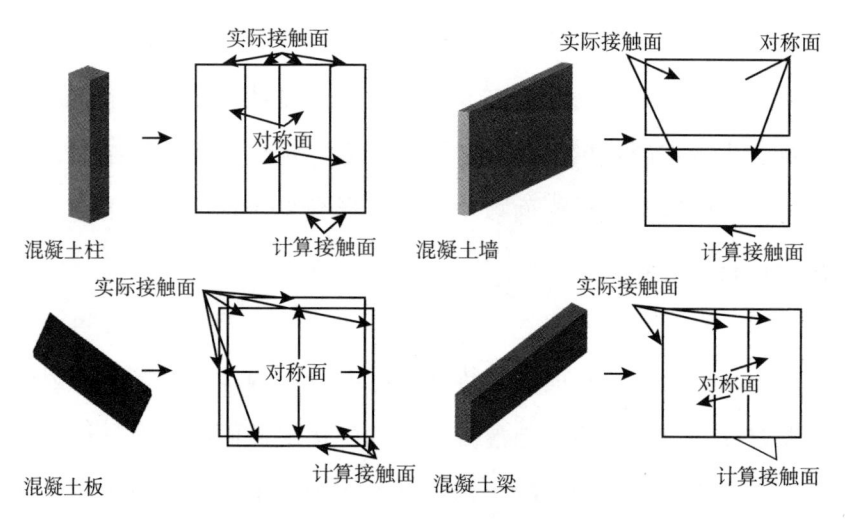

图3-5 混凝土构件需要计算的接触面计算规则图解

在此基础上，根据施工现场的实地调查获取的行业准则，本章结合混凝土模板周转使用的需求，提出了以下三条规则，并与现场计划人员进行了反复讨论和验证。规则具体内容如下：①接触面分类规则，分别对比混凝土构件接触面与混凝土模板标准板的长度和宽度，对混凝土构件需要计算的接触面进行分类；②接触面划分规则，当混凝土构件接触面的长度和宽度超过混凝土模板标准板的长度和宽度时，对混凝土构件接触面进行区域划分；③混凝土模板周转使用规则，当且仅当混凝土模板面板的剩余周转次数大于零时，混凝土模板面板才能进行周转使用。

（2）规则执行。

首先通过执行接触面分类规则和接触面划分规则，逐层对混凝土模板面板需求量进行计算，然后根据混凝土模板周转使用规则，生成混凝土模板周转使用计划。为了便于描述规则的执行过程，引入六个参数 A、B、a、b、S 和 L，分别代表混凝土模板标准板、混凝土模板面板和计算接触面的长度与宽度。特别地，混凝土模板面板的长度或宽度不能超过混凝土模板标准板的长度和宽度。

结合现场调查可知，尽管混凝土模板市场中供应多种尺寸的混凝土模板标准板，但也无法完全满足不同尺寸的混凝土构件的浇筑需求，即可能出现需要对混凝土模板标准板进行切割加工或者需要将多块混凝土模板标准板拼装使用的情况。此时，按照接触面分类规则对混凝土构件接触面进行分类，能够提高混凝土模板需求量计算的效率。基于该规则，通过混凝土模板标准板和计算接触面的长度和宽度的对比，可以得到如表 3-2 所示的六种分类情况。

表 3-2　基于接触面分类规则的混凝土模板需求量计算

类别	尺寸对比	面板尺寸	面板数量
1	$S \leqslant L \leqslant A < B$	$a = S$，$b = L$	1
2	$S \leqslant A < L \leqslant B$	$a = S$，$b = L$	1

续表

类别	尺寸对比	面板尺寸	面板数量
3	$A < S \leq L < B$	接触面划分类别1	$n_s + 1$
4	$S \leq A < B < L$	接触面划分类别2	$n_l + 1$
5	$A < S \leq B < L$	接触面划分类别3	$n_l \times n_s + n_l + n_s + 1$
6	$A < B < S \leq L$	接触面划分类别3	$n_l \times n_s + n_l + n_s + 1$

注：$n_s = \lfloor S/A \rfloor$，$n_l = \lfloor L/B \rfloor$；$\lfloor x \rfloor$ 返回小于等于 x 的整数。

对于类别1和类别2，计算接触面的长度和宽度小于或等于混凝土模板标准板的长度和宽度，可以直接对单块混凝土模板标准板进行切割，得到浇筑需要的混凝土模板面板，此时模板面板的尺寸与计算接触面尺寸一致；当对比结果不属于类别1和类别2时，则需要运用接触面划分规则进一步对混凝土模板需求量进行计算。

当计算接触面尺寸超过混凝土模板标准板尺寸时，接触面划分规则将计算接触面进行区域划分，保证通过不同的模板面板拼装能够满足浇筑需求，主要用于指导混凝土模板的加工和拼装计划，因此需要符合行业标准中对施工质量和施工安全的各项要求，例如最小化施工缝数量等。根据断头台（Guillotine）切割算法的变体短轴残余分割（shorter leftover axis split，SLAS）算法的思想（Lodi et al.，2016），针对表3-2中剩余的四个类别，本章中提出并采用的接触面划分规则如图3-6所示，基于该规则，可以计算出混凝土模板面板的尺寸和数量，如表3-3所示。

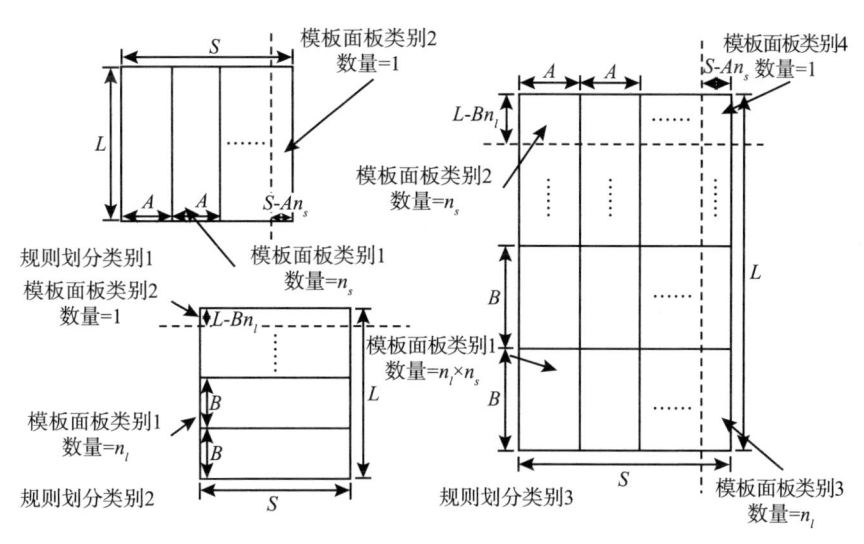

图 3-6　混凝土构件接触面划分规则图解

表 3-3　基于接触面划分规则的混凝土模板需求量计算

划分类别	面板类别	面板尺寸 a	面板尺寸 b	面板数量
1	1	A	L	n_s
1	2	$S - An_s$	L	1
2	1	S	B	n_l
2	2	$\min(S, L - n_l)$	$\max(S, L - Bn_l)$	1
3	1	A	B	$n_l \times n_s$
3	2	$\min(L - Bn_l, A)$	$\max(L - Bn_l, A)$	n_s
3	3	$\min(S - An_s, B)$	$\max(S - An_s, B)$	n_l
3	4	$\min(L - Bn_l, S - An_s)$	$\max(L - Bn_l, S - An_s)$	1

注：$n_s = \lfloor S/A \rfloor$，$n_l = \lfloor L/B \rfloor$；$\lfloor x \rfloor$ 返回小于等于 x 的整数。

根据接触面划分规则类别 1，当接触面短边长小于标准板短边长且接触面长边长也小于标准板长边长时（$A < S \leqslant L < B$），以

标准板短边长 A 和接触面长边长 L 为标准，可以得到第 1 类浇筑时需要的混凝土模板面板的尺寸和数量，分别为 A、L 和 n_s；其次，对于剩余的接触面面积，在保持长边长度为 L 不变的情况下，短边长度可以表示为 $S-An_s$，此时，第 2 类浇筑时需要的混凝土模板面板的数量为 1 块。接触面划分规则类别 2 的计算原理与类别 1 一致，值得注意的是，类别 1 中一定满足 $S-An_s \leqslant S$ 或者 L，而类别 2 中 S 分别与 $L-n_l$ 和 $L-Bn_l$ 比较的大小无法判定，需要根据具体数值进行计算，因此需要引入取小（min）或取大（max）函数。对于接触面划分规则类别 3，接触面的长边和短边都大于或者分别大于标准板的长边和短边（$A<S \leqslant B<L$ 或 $A<B<S \leqslant L$），此时，大部分的接触面可以直接使用标准板进行浇筑，剩余部分的接触面则根据类别 1 和类别 2 进行划分，总共需要四种类型的混凝土模板面板。

在执行接触面分类规则和接触面划分规则，得到所有混凝土构件浇筑时所需要的混凝土模板面板需求量后，根据混凝土模板周转使用规则生成混凝土模板周转使用计划。为了实现混凝土模板的周转使用，本章根据该规则设计了基于规则的启发式算法，算法的执行流程如图 3-7 所示。该算法的核心在于重复地检查以下两个判断条件，即：①可用的混凝土模板面板的尺寸是否与浇筑所需要的混凝土模板面板尺寸一致；②在场的混凝土模板面板的剩余周转次数是否为 0。循环检查这两个判断条件，直至所有的在场混凝土模板面板检查完毕和所有的浇筑需求得到满足。

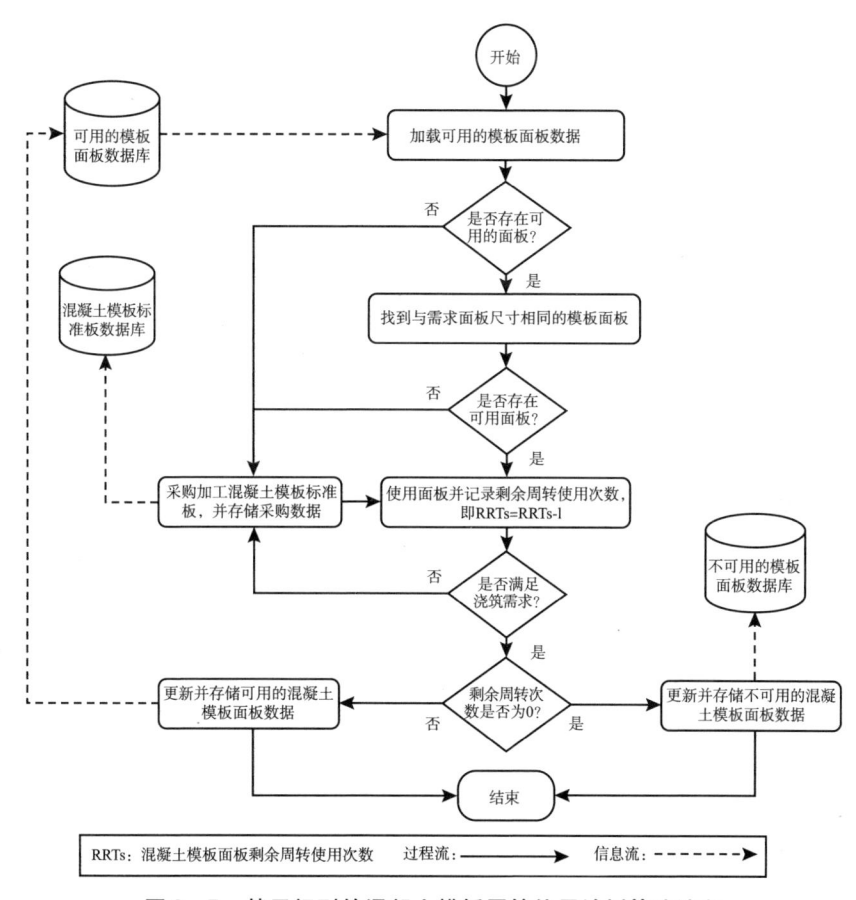

图 3-7　基于规则的混凝土模板周转使用计划算法流程

通过执行该算法，可以得到混凝土模板面板详细的周转使用计划。不仅如此，如图 3-7 所示，算法中还能进一步生成并记录需要采购的混凝土模板标准板采购数量。但是，不难发现，通过该算法生成并记录的混凝土模板标准板采购数量只是一个近似值，不能实现采购计划的最优化。因此，在第三个功能模块中，将根据生成的混凝土模板周转使用计划中面板的详细需求，对混凝土模板标准板采购加工计划进行优化。

3.2.3　混凝土模板原材料采购加工计划模块

通过对混凝土模板标准板的采购加工计划进行优化,能够帮助施工现场管理人员最小化混凝土模板的采购加工成本,提高现场管理效率。为了实现这个目标,该模块以最小化混凝土模板标准板的原材料浪费为目标,首先建立了基于2D-CSP问题的整数规划模型,然后设计并运用GA对模型的近似最优解进行计算。根据前文所述,混凝土模板标准板在加工计划时采用SLAS算法(Lodi et al., 2016),与此同时,板材在切割过程中不允许存在重叠或者交叉的情况。

(1) 问题描述与模型构建。

为了便于描述,以参数A、B、a和b分别代表混凝土模板标准板和混凝土模板面板的长度和宽度,在一个计划周期内,给定集合$I=\{i|i=1,2,\cdots,n\}$表示功能模块二中得到的混凝土模板面板的需求集合,集合$J=\{j|j=1,2,\cdots,m\}$表示混凝土模板标准板不同的切割样式。对于任意的矩形模板面板i,它的长度和宽度分别表示为a_i和b_i,数量用q_i表示,并以P_{ij}表示通过第j种切割样式可以获得第i种面板的数量,以x_j表示用第j种切割样式进行加工的混凝土模板标准板的数量。以最小化混凝土模板采购成本为目标函数,建立的整数规划模型如式(3-1)所示:

$$\min FPC = C_F \times \sum_{j=1}^{m} x_j \qquad (3-1)$$

s. t.
$$\sum_{i=1}^{n}\sum_{j=1}^{m}P_{ij} \times x_j \geq q_i \qquad (3-2)$$

其中：

FPC——混凝土模板标准板总采购成本，单位：元；

C_F——混凝土模板标准板单位采购成本，单位：元/块。

模型中，混凝土模板标准板的尺寸和单位采购成本都是可以由计划人员根据实际需求进行设定的。根据式（3-1）可知，FPC 的值与混凝土模板标准板的切割样式密切相关，切割样式又由式（3-2）进行约束，不能直接进行决策。而且，切割样式的总数目 m 在该模型中也属于决策变量，这使得构建的2D-CSP 模型具有更高的复杂程度，即非确定性多项式难问题（non-deterministric polynomial-hard，NP-hard），运用精确解法求解难度较大（Furini et al.，2016；Imahori et al.，2005）。因此，本章将采用 GA 算法对该模型进行求解。

（2）求解算法设计。

根据生物进化理论设计得到的 GA，通常用来解决管理决策中的 NP-hard 问题，例如旅行商问题（Hassanat et al.，2018）、车辆路径优化问题（Wang et al.，2021；王勇和罗思妤，2021）、施工现场布局优化问题（Xu et al.，2020）等。为了保证求解结果的有效性，运用 GA 对这类问题进行求解时，需要建立合适的适应度评价函数和选择恰当的遗传算子（如选择算子、交叉算子和变异算子）（Abdelmohsen & El-Rayes，2018），其中，适应度评价函数主要是对算法中各个种群的适应程度进行评价。因此，下文将对设计算法的初始种群建立和遗传算子选择进行详细介绍。

一般地，GA 种群中的每一个个体都是最优化问题的一组可行解，通过适应度评价函数对其适应度值进行计算和评价，然后确定一个最优的可行解。在 2D-CSP 问题或者矩形构件布局优化问题中（Tan et al.，2017），种群中的个体都是用基因链来进行表示，基因链中又包含切割或者布局对象的坐标和转向等信息，因此，基因链的长度受到切割或者布局对象数量的影响。对于本章讨论的混凝土模板标准板材切割问题，由于浇筑过程中需要的混凝土模板面板种类和数量较多，采用传统的基因链编码形式会出现基因链过长的情况，减缓算法的收敛速度。基于此，该模块中设计的算法将采用 2D 装箱算法对初始种群进行生成，从而解决基因链编码过长的问题。

在断头台（Guillotine）切割的最优短边适配（best short side fit，BSSF）选择和 SLAS 切割算法中，2D 装箱算法通常用来生成可行的切割样式（Imahori et al.，2005）。运用 2D 装箱算法时[①]，首先将单位数量的任意一种需求的混凝土模板面板放置到切割样式中，生成初始可行的切割样式，然后根据"添加"和"删除"两种操作算子（Bonnevay et al.，2016），生成初始可行切割样式的邻域解。例如，图 3-8（1）中展示的初始可行解，由图 2-4 中五类需求板材中，每一种类型的单位数量板材组成的切割样式，运用"添加"算子，增加某一类板材的数量，即得到如图 3-8（2）所示的可行的邻域解（即可行的切割样式）。运用 2D 装箱算法，

---

① Jylänki J, A thousand ways to pack the bin—a practical approach to two-dimensional rectangle bin packing, Technical Report [DB/OL]. https：//raw.githubusercontent.com.

生成了算法执行的初始种群，图 3-9 对生成的初始种群及种群中的个体形式进行了说明。

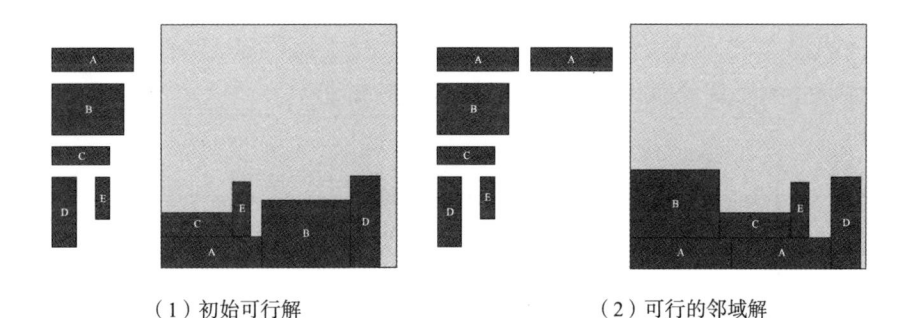

（1）初始可行解　　　　　　（2）可行的邻域解

图 3-8　初始种群生成过程图解

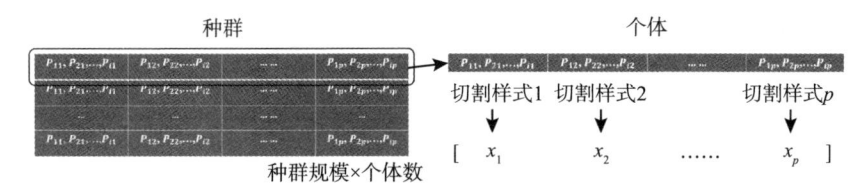

图 3-9　算法中生成的初始种群及个体图解

选择算子旨在从当前的算法执行代数中，选择出具有更高适应度值的个体，从而保证这些个体能够在当前种群中得到保留，并将优良的特性遗传给下一次算法迭代。该模块中采用经典的"轮盘赌"算子，根据适应度函数的累计概率对切割样式进行选择并保留，而适应度函数值则是以式（3-1）的倒数进行计算。

交叉算子的使用则有助于算法寻找全局最优解，而主要的交叉方法则是通过对父代个体基因链中的某个或者某些基因片段进行交换，从而生成新的基因链（即子代）。如图 3-10 所示，从父代中随机选择出一对个体 A 和 B，并分别从父代个体 A 和 B 中随机选择基因片段组成一对子代个体 A 和 B，但是生成的子代个体，必须保证其相同位置上的基因来源于不同的父代个体。在执行如图 3-10 所示的交叉算子后，需要再一次执行 2D 装箱算法，对生成的子代个体 A 和 B 的可行性进行验证。

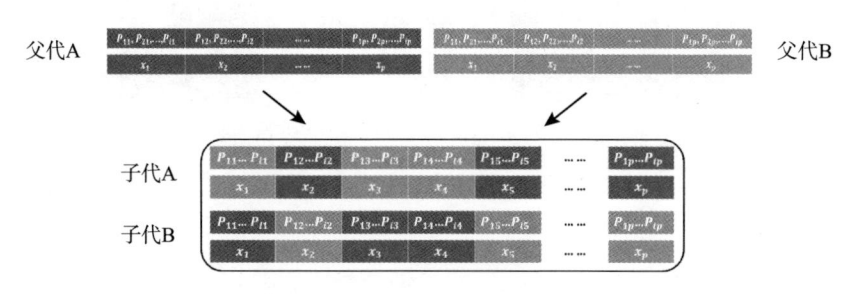

图 3-10　交叉算子执行过程图解

变异算子通过保持算法中种群个体的多样性，实现算法对全局最优解的搜索。在该功能模块中，也是随机从父代种群中选择个体执行变异算子。但是，考虑到混凝土模板采购成本与混凝土模板标准板切割样式之间的复杂关系，传统的单点随机变异算子可能会生成不可行解。因此，在进行变异操作时，首先在被选择的个体基因链上随机选择两个位置，然后通过交换个体基因中的决策变量，生成新的子代个体，如图 3-11 所示。执行以上变异操作，可以保证当切割样式中可以获得的混凝土模板面板数量发生变化时，总共需要的混凝土模板标准板的数量不会发生变化，换言之，该变异操作可以保证在混凝土模板标准板采购成本不变的情况下，优化切割所获得的混凝土面板尺寸及数量。同理，在执行完变异算子后，也必须使用 2D 装箱算法对生成的子代可行性进行验证。

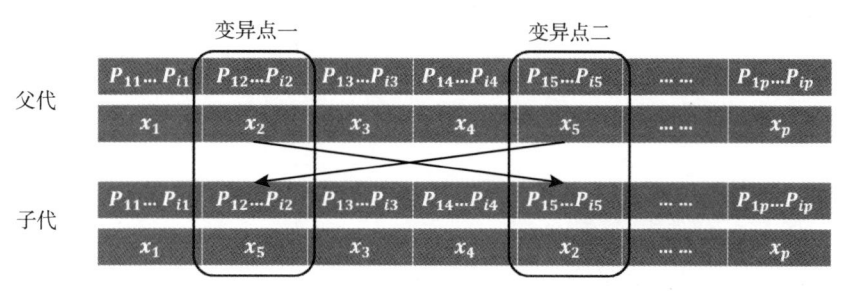

图 3-11 变异算子执行过程图解

3.3 案例研究

3.3.1 数据来源及类别

为了验证提出的基于 BIM 的混凝土模板周转使用需求量计算框架，以重庆市某项目施工中房屋建筑的混凝土模板需求量计算进行案例研究与分析。在验证提出的基于 BIM 的计算框架时，需要使用三种类型的数据，分别为 BIM 模型存储的数据、混凝土模板标准板的相关参数以及混凝土工程进度计划。

案例中采用的房屋建筑结构为钢筋混凝土剪力墙结构，总共10 层，其中混凝土结构包括柱、梁、板和墙。该项目在设计和施工阶段，并未采用 BIM 技术进行建模，项目中使用的二维 CAD 图纸如图 3-12（1）所示。根据该建筑物的建筑和结构 CAD 图纸，利用 Autodesk Revit 2020 软件对该建筑物进行三维建模，模型结果如图 3-12（2）所示，图 3-12（3）对建筑物内部的混凝土构件进行了展示。在完成的 BIM 模型基础上，导出 BIM 模型的 IFC 文件，利用 FZK Viewer X64（版本 4.6）进行查看，如图 3-13 所示。

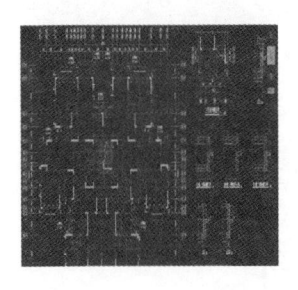

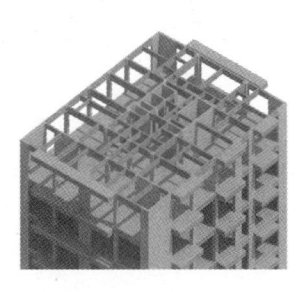

（1）传统二维CAD图纸　　（2）三维建筑信息模型　　（3）建筑内部混凝土构件

图 3-12　案例中使用的建筑物 BIM 模型

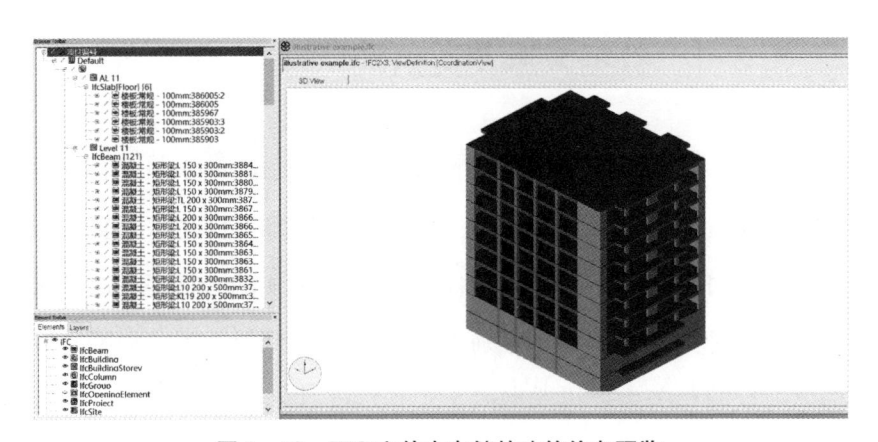

图 3-13　IFC 文件中存储的建筑信息预览

根据现场实际施工进度计划，利用 Microsoft Project 2016 编制本案例中使用的混凝土结构浇筑进度计划。如图 3-14 所示，本案例中每个楼层中的混凝土构件同时进行浇筑，施工工期为7天；楼层之间采取顺序施工法，因此，混凝土模板面板可以在不同楼层的混凝土结构浇筑过程中进行周转使用。根据施工现场和材料市场的走访调查，本案例中采用的混凝土模板标准板的参数包含五个类别，分别为材料类型木胶合板、标准板宽度 $A = 1\,220$ 毫米、标准板长度 $B = 2\,440$ 毫米、标准板最大可周转使用次数为 $MRTs = 5$，以及标准板的采购单位成本为 100 元/块。

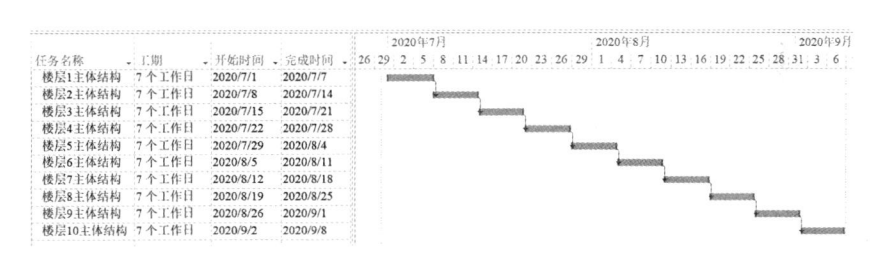

图 3-14　案例中采用的混凝土工程进度计划

为了便于本章中提出的基于 BIM 的计算框架的执行和数据格式的统一，以及在实际项目中进行应用，利用 Java 语言在 NetBeans（版本 8.2）平台中设计并发布了如图 3-15 所示的应用程序。图 3-15（1）显示了 BIM 框架中混凝土构件信息提取功能模块，通过读取 BIM 模型的 IFC 文件，自动准确地对不同混凝土构件的信息进行提取；图 3-15（2）主要用于输入混凝土模板标准板的参数以及导入混凝土工程进度计划；图 3-15（3）展示了 BIM 框架中的混凝土模板周转使用计划功能模块，对混凝土模板面板的需求量和周转使用需求量进行计算；图 3-15（4）为 BIM 框架中的混凝土模板原材料采购加工计划功能模块，根据混凝土模板面板周转使用计划，生成混凝土模板标准板采购加工计划。在该程序中，每一个功能模块的运行结果都可以以 Excel 的形式进行导出和存储。

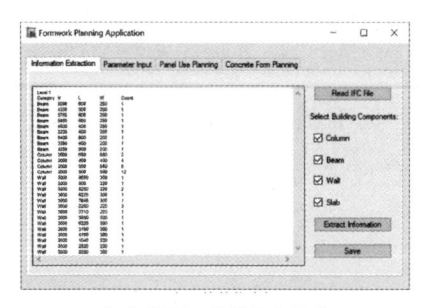

（1）混凝土构件信息提取

（2）标准板参数及进度计划输入

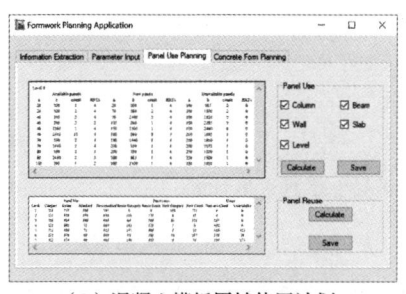

（3）混凝土模板周转使用计划

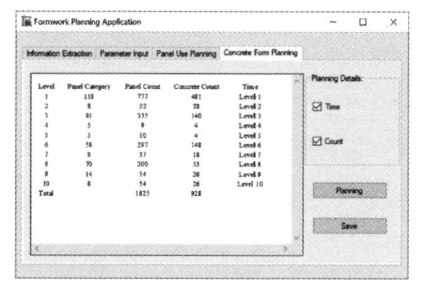

（4）混凝土模板原材料采购加工计划

图 3-15　基于 BIM 的混凝土模板周转使用计划应用程序

3.3.2　案例计算结果分析

根据 BIM 框架中的混凝土构件信息提取功能模块，从 IFC 文件中提取的混凝土构件的基本信息如表 3-4 所示，具体的导出形式如图 3-4 所示。表 3-4 依次列出了案例中建筑物每个楼层含有的混凝土构件的类型及数量。例如，楼层 2 中总共有 119 个混凝土构件，其中包含 24 根混凝土柱、58 根混凝土梁、34 块混凝土墙和 3 块混凝土楼板。

表 3-4　　　　　案例中建筑物混凝土构件信息提取结果

楼层	构件类别	构件数量	总量	楼层	构件类别	构件数量	总量
1	混凝土柱（根）	24	57	2	混凝土柱（根）	24	119
	混凝土梁（根）	0			混凝土梁（根）	58	
	混凝土墙（块）	33			混凝土墙（块）	34	
	混凝土板（块）	0			混凝土板（块）	3	
3	混凝土柱（根）	24	117	4	混凝土柱（根）	24	132
	混凝土梁（根）	58			混凝土梁（根）	82	
	混凝土墙（块）	32			混凝土墙（块）	20	
	混凝土板（块）	3			混凝土板（块）	6	
5	混凝土柱（根）	24	135	6	混凝土柱（根）	24	135
	混凝土梁（根）	73			混凝土梁（根）	73	
	混凝土墙（块）	32			混凝土墙（块）	32	
	混凝土板（块）	6			混凝土板（块）	6	
7	混凝土柱（根）	24	135	8	混凝土柱（根）	24	135
	混凝土梁（根）	73			混凝土梁（根）	73	
	混凝土墙（块）	32			混凝土墙（块）	32	
	混凝土板（块）	6			混凝土板（块）	6	
9	混凝土柱（根）	24	135	10	混凝土柱（根）	24	135
	混凝土梁（根）	73			混凝土梁（根）	73	
	混凝土墙（块）	32			混凝土墙（块）	32	
	混凝土板（块）	6			混凝土板（块）	6	

根据混凝土模板周转使用计划功能模块和模块一中提取的混凝土构件信息，可以逐层计算出混凝土模板面板使用和周转使用的需求量。如表 3-5 所示，分别对混凝土模板面板使用需求量、

混凝土模板面板周转使用需求量和混凝土模板面板的利用情况进行了呈现。不考虑混凝土模板面板周转使用的情况下，完成案例中的混凝土工程，总共需要 7 346 块面板，包括具有标准尺寸的面板 1 142 块和加工获取的非标准尺寸面板 6 204 块。当混凝土模板面板进行周转使用时，混凝土模板面板的总需求量不变，仍然为 7 346 块，但其中 5 521 块面板可以进行周转使用，只有 1 825 块面板需要采购或者通过加工获取。与此同时，当周转使用混凝土模板面板时，通过采购或者加工获取的面板中，有 1 157 块面板的剩余周转使用次数为 0，即不再具有周转使用价值。

表 3-5　　　　　混凝土模板面板周转使用计划结果　　　　　单位：块

楼层	模板面板使用			模板面板周转使用		不可用数量
	总数量	标准板数量	非标准板数量	周转使用数量	新增数量	
1	777	186	591	0	777	0
2	829	191	638	777	52	0
3	904	266	638	569	335	0
4	682	73	609	673	9	0
5	696	73	623	686	10	413
6	678	69	609	381	297	38
7	674	69	605	637	37	275
8	686	73	613	486	200	68
9	694	73	621	640	54	58
10	726	69	657	672	54	305
总计	7 346	1 142	6 204	5 521	1 825	1 157

根据混凝土模板采购加工计划功能模块和模块二中计算得到的混凝土模板面板周转使用需求量（1 825 块），可以准确地计算出需要采购的混凝土模板标准板的数量，并生成混凝土模板的加工计划。为了评估计算结果的优劣程度，根据施工现场计划人员的访谈和调查，用现场采用的基于接触面积的经验方法计算结果与 BIM 框架的计算结果进行对比分析。施工现场基于接触面积的经验计算方法通常以接触面面积与混凝土模板标准板面积的比值，初步确定需要的标准板数量，而面板的周转使用则是简单地根据剩余周转使用次数来进行判断，在后续的多次计划周期中不断修正初步计划。对比的主要参数为采购的混凝土模板标准板的数量和成本。

如表 3-6 所示，两种方法需要采购的混凝土模板标准的数量分别为 928 块和 1 288 块，根据混凝土模板标准模板的单位采购成本可知，采用基于 BIM 的混凝土模板周转使用需求量计算框架，能够节约 36 000 元，占混凝土模板总成本的 28%。根据生成的切割样式，可以得到每个楼层需要的混凝土模板标准板采购加工计划。图 3-16 对案例中楼层 1 中混凝土构件浇筑需要采购的混凝土模板数量及部分切割样式进行了说明。

表 3-6　　基于 BIM 的计算方法与现场经验计算方法结果对比

楼层	基于 BIM 的计算法方法		现场经验计算方法		
	面板数量（块）	标准板数量（块）	接触面积（平方米）	计算数量（块）	标准板数量（块）
1	777	481	1 269.48	427	427
2	52	28	1 886.08	634	207

续表

楼层	基于BIM的计算法方法		现场经验计算方法		
	面板数量（块）	标准板数量（块）	接触面积（平方米）	计算数量（块）	标准板数量（块）
3	335	140	1 558.37	524	0
4	9	4	1 576.98	530	0
5	10	4	1 576.98	530	0
6	297	148	1 576.98	530	427
7	37	18	1 576.98	530	0
8	200	53	1 576.98	530	0
9	54	26	1 576.98	530	0
10	54	26	2 254.99	758	237
总计	1 825	928	—	—	1 288

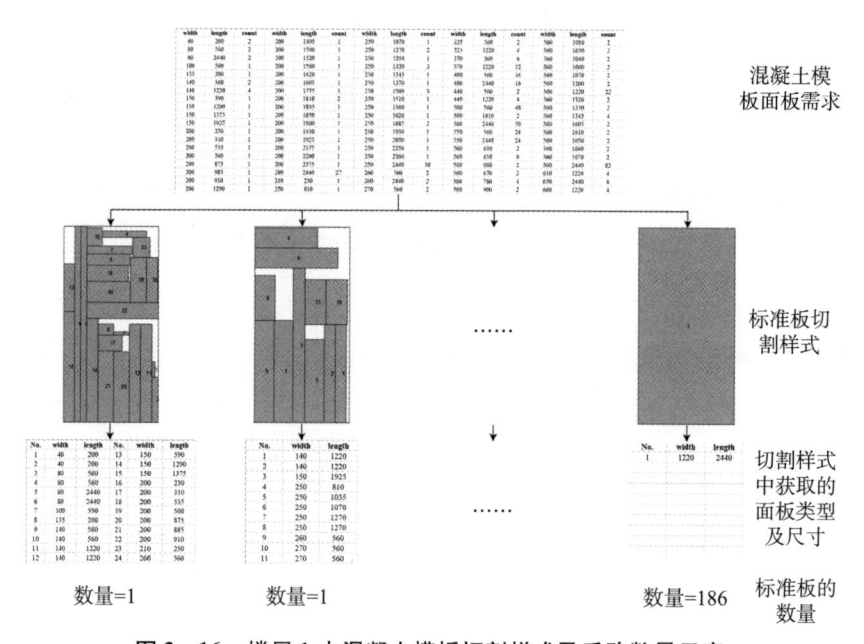

图 3-16　楼层 1 中混凝土模板切割样式及采购数量示意

注：width 为宽度，length 为长度。

3.4 管理启示

本章提出的基于 BIM 的混凝土模板周转使用需求量计算框架，通过对混凝土构件信息的准确和自动提取，对混凝土模板面板周转使用计划和混凝土模板标准采购加工计划进行优化，实现了施工现场管理效率的提升、施工废弃物生成量的减少，和现场周转材料利用率的提高。因此，将该计算框架应用到管理实践中，能同时给施工企业和全社会带来效益。潜在的效益体现在以下三个方面：其一，该框架有助于提升施工现场混凝土模板的计划和管理效益，从而提升施工现场的管理绩效；其二，该框架有助于提高混凝土模板面板的利用率，减少混凝土模板标准板的消耗，实现资源的节约；其三，该框架有助于降低施工现场混凝土模板总成本，促进绿色建造。基于以上理论分析，针对研究人员、施工企业和政府管理部门的管理启示如下。

受限于传统的二维 CAD 图纸呈现形式和计划人员个人经验判断方法，施工现场的混凝土模板计划与管理不仅需要消耗大量的人力资源，还降低了现场管理的效率。综合应用新兴的数字技术（如 BIM），基于规则的方法和组合优化方法，能够有效地改善这一管理现象。诸如施工现场安全风险预防、材料需求计划和现场布局规划等在管理问题中的广泛应用，为混凝土模板计划与管理引入基于规则和组合优化方法奠定了坚实的基础。此外，与已有研究中将 BIM 技术应用到结构设计、碰撞检查、安全检查和施工成本估算等方面的研究不同，本章中提出的基于 BIM 的混凝土模板周转使用需求量计算框架利用 BIM 模型中存储的丰富的几何和非几何信息，对混凝土模板的周转使用和采购加工计划进行了优化，使得混凝土模板计划与管理过程更加数字化、智能化。而且，在已有混凝土模板一体化设计的基础上，充分考虑混凝土模板的周转使用和采购加工，能够为施工现场进行混凝土模板计划与管理提供更加深刻的见解，为其他研究人员开展相关研究提供参考。

首先，根据表 3-6 所示的混凝土模板采购加工计划结果对比可知，采用基于 BIM 的计算框架能够优化混凝土模板的采购成本并显著地减少混凝土模板标准板材的消耗。因此，为了进一步提高经济收益，施工企业需要促进不同的数字化技术和系统优化方法在施工现场管理中的应用。其次，结合表 3-5 所示的混凝土模板面板周转使用计划结果可知，即使对施工现场的混凝土模板面板进行了充分的周转使用，有部分混凝土模板面板在混凝土工程完工之后仍然具有可周转使用的潜在价值。因此，施工企业可以鼓励其管理的多个施工现场采用合理的合作模式，促进这些仍然具有剩余周转使用价值的混凝土模板在其他分部分项工程或者施工现场得到进一步的周转使用。施工企业和施工现场管理人员还应加强对混凝土模板在使用过程中和闲置时的日常维护状态下的管理和监督，因为混凝土模板可以周转使用的次数不仅与制作它们的原材料有关，还与它们在使用和闲置保管时的损耗有关。

政府相关管理部门，为了促进建筑行业的绿色转型与发展，应鼓励施工企业积极采用新兴的数字化、智慧化技术来提高混凝土模板全寿命周期内的管理绩效。例如，应用本章中提出的基于 BIM 的混凝土模板周转使用需求量计算框架，以减少混凝土模板标准板材的消耗量，实现自然资源的保护和节约；或者，应用无线射频识别（RFID）技术和二维码识别（quick response code，QRC）技术等基于物联网（Internet of Things，IOT）的技术，对在途运输的混凝土模板标准板和现场存储的混凝土模板面板等进行定位和追踪，从而提高混凝土模板场内和场外的管理效率，减少二次运输和搬运等过程中产生的碳排放量。

3.5 本章小结

根据对研究基础的梳理与研究进展的分析可知，利用 BIM 技术同时对混凝土模板采购和周转使用进行讨论，并实现减少人工重复劳动和提高混凝土模板计划效率的研究存在不足。因此，针对施工现场混凝土模板计划与管理问题，通过对施工现场混凝土模板周转使用需求量的准确计算、混凝土模板周转使用以及加工采购计划优化，提高了施工现场混凝土模板计划和管理绩效。根据现有的施工现场混凝土模板计划与管理流程，提出了基于 BIM 的混凝土模板周转使用需求量计算框架，该框架通过综合运用 BIM 技术、基于规则的方法和组合优化方法，对混凝土模板的需求量进行准确的、自动的计算，提高了施工现场混凝土模板的计划效率并减少原材料的浪费。案例计算和分析结果表明，提出的基于 BIM 的计算框架能够帮助施工现场节约 28% 的混凝土模板采购成本。不仅如此，BIM 技术、基于规则的方法和组合优化方法的综合运用，以及将混凝土模板周转使用和采购加工考虑到计划与管理问题中，丰富了施工现场混凝土模板计划与管理研究理论。

除此之外，本章提出的基于 BIM 的计算框架也存在一定的局限性：第一，提出的框架主要是针对建筑物中最重要的四类混凝土结构，没有考虑楼梯、女儿墙等；第二，本章中未考虑混凝土模板在实际使用和存储过程中的必要损耗量；第三，优化模型中仅以最小化混凝土模板采购成本为目标，没有综合地讨论固定采购成本、加工成本、库存成本等多种成本组成对优化结果的影响。在未来的研究中，希望可以进一步将该框架应用到施工现场混凝土模板布局规划、加工计划和存储计划中，综合地提升施工现场管理效率并降低材料采购与管理成本。

第 4 章

施工现场混凝土模板临时设施动态布局优化研究

施工现场布局规划是施工现场管理的重要环节和决策活动之一，有效的布局规划不仅能够降低管理成本、提高生产效率、降低安全事故发生率，还能提升现场材料的加工、存储和运输管理效益。前文中提出的计算框架自动、准确地生成了考虑施工现场混凝土模板周转使用的采购和加工计划，有利于提高混凝土模板的现场计划与管理绩效。然而，缺乏必要的混凝土模板现场临时设施动态布局规划，会造成混凝土模板存储和场内运输成本的增加；不仅如此，无效的混凝土模板现场临时设施布局，也会给其他施工活动的开展带来负面影响。因此，优化包括混凝土模板存储场地等临时设施的现场布局，并对布局规划进行可视化呈现，有助于混凝土模板在施工现场的周转使用，能够有效地降低现场管理成本，是当前研究人员和从业人员亟待解决的现场管理问题之一。

针对混凝土模板现场临时设施布局及布局设施三维可视化呈现已有研究中存在的不足，以优化混凝土模板现场临时设施动态布局为核心，本章综合考虑临时设施几何尺寸计算、场内材料运输频数计算以及障碍物回避情况下的运输距离计算，提出了一种整合 BIM 和动态布局优化的施工现场临时设施布局优化与可视化方法。该方法由三个模块组成：首先，结合 BIM 模型中存储的构件信息和施工进度计划，用于临时设施的几何尺寸和设施间运输频数的计算；其次，通过建立施工现场动态布局数学模型，利用 A-star 算法对现场实际运输距离进行计算，并设计启发式算法对模型进行求解，实现施工现场临时设施的布局优化；在此基础上，最后利用参数化建模的方法，在 BIM 模型中对布局优化结果进行三维可视化呈现。本章以重庆市某在建建筑工程施工现场临时设施布局优化为案例，验证提出的方法的可行性和实用性。研究结果还可以为单个施工现场在混凝土模板跨项目周转使用过程中采取最优的行为和策略提供决策参考。

4.1 概　　述

施工现场布局规划（construction site layout planning，CSLP）是施工现场管理中必不可少的计划决策活动之一，要求现场计划人员对不同的临时设施进行布局（例如，人员居住场所、现场办公场所、材料存储及加工工棚等）（Xu et al., 2020；Easa & Hossain, 2008），对不同的机具设备作业空间进行安排（例如，塔式起重机、挖掘机、自卸汽车等）（Zhang & Pan, 2021；Hammad et al., 2014），或者对场内运输道路进行规划（Hammad，

2020；Sadeghpour & Andayesh，2015）。针对施工现场可用空间较少的城区内建设工程项目，或者是管理复杂程度较高的大型工程建设项目，有效的施工现场布局规划，能够实现现场运输成本或者运输距离的最小化，减少潜在的安全风险，并通过最小化布局对象间的相互干扰来提高现场劳动生产率（Cheng & Chang，2019；Hammad et al.，2016；Song et al.，2016）。

一般地，建筑工程的材料费占工程总造价的比例为60%~80%（Vatsal & Pitroda，2017），因此，施工现场的材料管理备受现场管理人员的关注（许茂增和刘光凤，2013；许茂增和刘光凤，2012）。不仅如此，由于施工需求的差异化，管理人员还必须考虑不同种类材料的原材料存储、半成品加工、成品安装使用、废弃料处理等。结合以上实际管理需求，研究人员在讨论施工现场的布局优化问题时，更加关注现场材料存储及加工等临时设施的布局优化。例如，考虑多层建筑施工过程中原材料运输的延迟问题，黄和黄（Huang & Wong，2019）将后续施工楼层所需要的建筑材料在已完工的楼层中进行存储，并对材料堆场进行几何尺寸和布局位置的优化；为了提高预制构件在现场的运输便捷性，李等（2019）利用设计的图像识别算法对施工现场可利用存储空间进行识别并将其作为备选布局场地，然后通过求解优化模型，对预制构件存储场地的动态布局进行优化。在此基础上，郑和张（2019）将固定尺寸废弃料存储场地的动态选址考虑到了施工现场布局优化中，丰富了施工现场布局规划中考虑的布局对象类型。

与直接构成建筑物结构的材料不同，周转材料如混凝土模板，不仅对工程主体的成本、进度和质量产生影响，同时在使用前后还都需要在存储场地进行存储。考虑到周转使用的复杂性，仅有少量的研究对混凝土模板现场存储的设施布局进行了讨论。例如，哈马德等（Hammad et al., 2021）在案例分析中对混凝土模板相关设施进行了讨论，但并未给出布局的尺寸；哈马德等（2016）与库马尔和郑（2015）以加工设备占地需求为标准，简单地讨论了施工现场混凝土模板加工设施的尺寸和位置；阿坎穆等（2016）虽然讨论了混凝土模板存储设施的布局情况，但是并未提出具体的确定设施尺寸的方法，而是以固定尺寸的矩形来表示。基于前一章的研究结果，在得到了考虑周转情况下的混凝土模板采购和加工计划的基础上，本章将在已有研究的基础上对不同种类临时设施的尺寸进行计算。

施工现场临时设施布局优化多以总成本最小为目标，而布局设施之间的运输频数和运输距离将会对优化结果的准确性产生较大的影响（Xu et al., 2020），然而，在进行施工现场布局优化时，同时考虑这两个因素的研究工作较为有限，且假设条件过于苛刻，如表4-1所示。对于运输频数而言，采用常数或者常数对称矩阵虽然可以降低计算的复杂程度，但也难以反映真实的运输状况；采用RFID技术虽然能够有效地记录真实的运输频数，但无法在本次施工布局规划中使用，只能以历史数据的形式作为下一次优化布局的决策参考；通过工作任务划分的形式，将不同种类的材料、设备和施工活动进行匹配，计算材料存储与加工设施间的运输频数较为有效，但是没有考虑材料相关设施与施工作业面之间的运输频数。因此，本章将在哈马德等（2016）研究的基础上，对不同种类材料在相关临时设施和施工作业面之间的运输频数进行计算。

表 4-1 现场布局优化问题中同时考虑设施间运输频数和运输距离相关研究

来源	运输频数表现形式	频数计算对象	运输距离计算方法
Hammad et al., 2016	常数对称矩阵	材料相关设施和施工作业面	曼哈顿距离
Ning et al., 2018	常数	材料相关设施和施工作业面	欧几里得（Euclidean）距离
Akanmu et al., 2016	RFID 记录运输往返次数	所有临时设施和施工作业面	曼哈顿距离
Hammad et al., 2016	任务划分计算的非对称矩阵	材料存储与加工设施	曼哈顿距离

考虑二维平面中施工现场材料的运输路径，如图 4-1（1）所示，欧几里得距离（以下简称"欧氏距离"）和曼哈顿距离是最常见的两种距离度量标准。欧氏距离以两点之间的直线距离作为材料的运输距离，能够保证运输距离最短；曼哈顿距离则是以起点与终点的水平方向和竖直方向距离之和作为运输距离，该距离值虽然大于欧式距离值，但在对施工现场布局空间连续的优化问题进行建模时，具有更广泛的适用性。不难发现，当两点之间存在障碍物时（例如，树木、临时设施、禁止通行区域），如图 4-1（2）所示，欧氏距离和曼哈顿距离不能真实地度量两点之间的运输距离（Sadeghpour & Andayesh, 2015）。因此，本章将在考虑运输路径中存在障碍物的基础上，对施工现场布局规划进行优化。

(1) 文献中考虑的运输路径　　　　(2) 运输路径中存在障碍物

──── 欧几里得距离　　─·─·─ 曼哈顿距离　　■ 障碍物

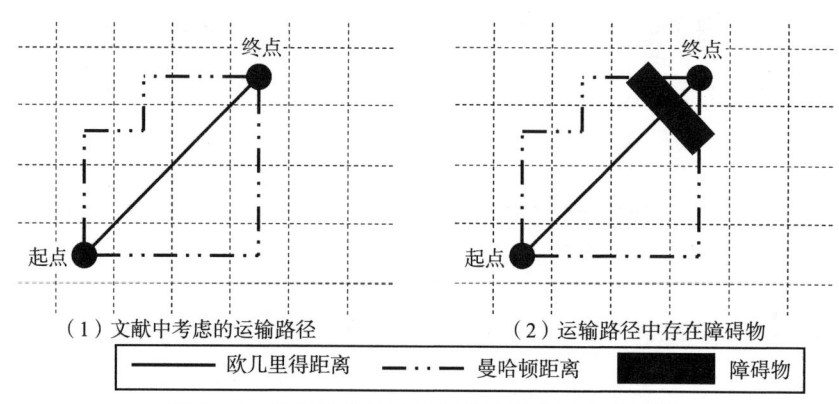

图 4-1　常见的施工现场运输距离度量方式图解

综上，在运用 BIM 技术提取建筑构件信息和准确计算混凝土模板周转使用需求量的基础上，综合考虑不同种类临时设施几何尺寸计算、现场材料运输频数计算和障碍物回避情况下的运输距离计算，以优化混凝土模板现场临时设施动态布局为核心，对施工现场设施布局规划进行优化，并运用参数化建模技术在 BIM 模型中对布局优化结果进行三维可视化呈现。考虑到上文研究内容中已经对从 BIM 模型中提取建筑构件信息进行了详细的介绍，本章将直接利用信息提取的结果作为优化建模和求解的输入。因此，本章在对提出的优化与可视化呈现方法框架介绍的基础上，分别对施工现场动态布局优化建模、求解及结果三维可视化呈现等具体方法进行解释和说明。

4.2　临时设施布局优化与可视化呈现方法框架

为了对施工现场一般材料和周转材料临时设施的布局问题进行求解，并对优化结果进行 3D 可视化呈现，本章提出了如

图4-2所示的方法框架。该框架由数学建模信息提取与参数计算（模块1）、施工现场布局规划（模块2）以及3D可视化呈现（模块3）三个部分组成。

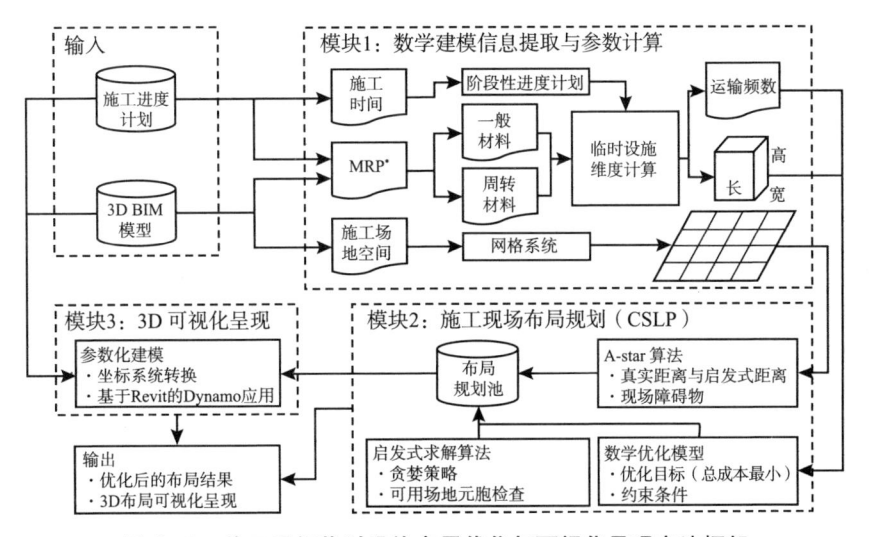

图4-2　施工现场临时设施布局优化与可视化呈现方法框架

注：＊MRP——材料需求计划（material requirement plan）。

首先，由3D BIM模型和施工进度计划为模块1提供输入信息，这些信息涵盖施工时间、材料需求计划（material requirement plan，MRP）以及施工现场空间，从BIM模型中提取相关信息的方法在第3章中已经进行了详细的介绍，在本章节中将不再赘述。根据这些信息，模块1会自动计算一般材料和周转材料在施工现场所需的临时设施的类型与维度、不同临时设施之间材料的运输频数以及网格化后的施工现场可用空间信息。其次，在模块2中，根据获取的设施维度、运输频数、可用空间等信息，构建施工现场临时设施布局优化的数学模型，并通过设计启发式算法对布局进行优化；此外，本章还充分考虑施工现场存在障碍物的情况，因此整合 A – star 算法对施工现场存在障碍物情况下的临时设施间的实际最短运输距离进行计算。再次，为了实现对布局优化结果的 3D 可视化呈现，模块 3 采用基于 Autodesk Revit 的 Dynamo 参数化建模方法对布局优化结果进行建模。最后，该方法框架能够自动化地生成并可视化针对一般材料和周转材料的施工现场临时设施的最优布局结果。以上三个模块的具体实现方法和过程将在接下来的小节中进行详细地介绍。

4.3 问题描述与数学建模

4.3.1 施工进度阶段化与施工现场网格化处理

众所周知，在建筑物或构筑物施工过程中，随着时间的推移，各种施工活动会陆续开展，进而引起施工现场对建筑材料的需求发生变化。因此，施工现场布局的临时设施的类型、布局位置以及布局维度也会随之发生改变（Sadeghpour & Andayesh, 2015）。为了准确地确定施工现场临时设施的材料动态需求，受库马尔和郑（2015）研究的启发，本章首先采用阶段化的方法对施工进度计划进行划分，以呈现不同阶段的施工现场动态布局规划结果，如图 4 – 3 所示。

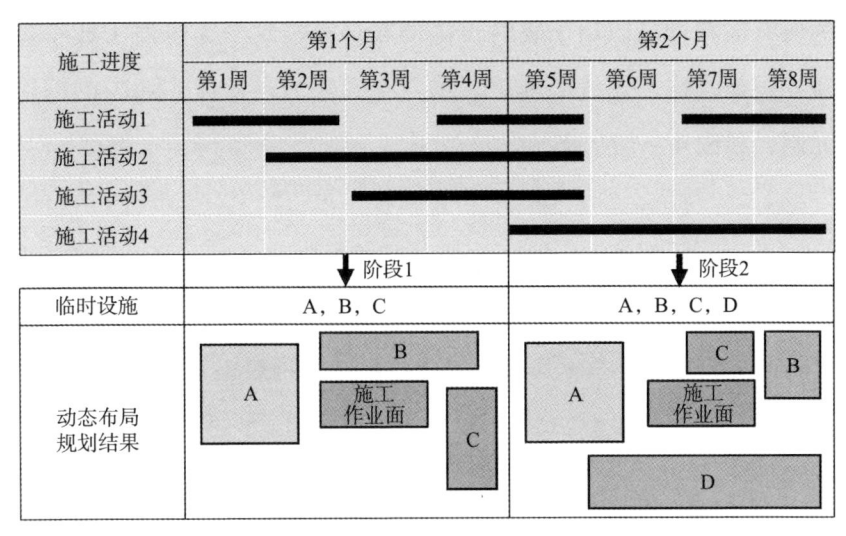

施工进度	第1个月				第2个月			
	第1周	第2周	第3周	第4周	第5周	第6周	第7周	第8周
施工活动1	████	████	████	████		████	████	████
施工活动2		████	████	████	████			
施工活动3			████	████	████	████		
施工活动4					████	████	████	████
				↓阶段1		↓阶段2		
临时设施	A、B、C				A、B、C、D			
动态布局规划结果	(A、B、C 布局图)				(A、B、C、D 布局图)			

图 4-3 施工进度阶段化后的临时设施动态布局规划示意

如图 4-3 所示，在示例中，施工现场所有的临时设施可以分为两类，即固定式临时设施（如施工作业面）和可移动式临时设施（如 A、B、C 和 D）。与实际情况一致，固定式临时设施建成后，在施工过程中不会拆除或移动，而可移动式临时设施则在整个施工过程中，会随着现场动态需求的变化而进行搭建、拆除或重建。为了更好地描述这一过程，本章中规定每种可移动式临时设施仅能在划分好的施工阶段开始时进行调整，在某个施工阶段中不允许被搭建、拆除或重建。不难发现，当施工进度计划各个阶段划分足够小时（如以天为单位），可以认为施工现场临时设施布局的结果是持续变化的。

为了充分利用有限的、潜在可用的施工现场空间，而不是仅仅让临时设施在既定的、离散的位置进行布局，本章将施工现场的所有空间视为一个连续的整体空间，即施工现场不存在障碍物的所有区域均可以用于临时设施的布局。但是，为了便于数学建模，需要将这个连续的施工现场空间划分为尺寸大小均匀的网格元胞，如图4-4所示。

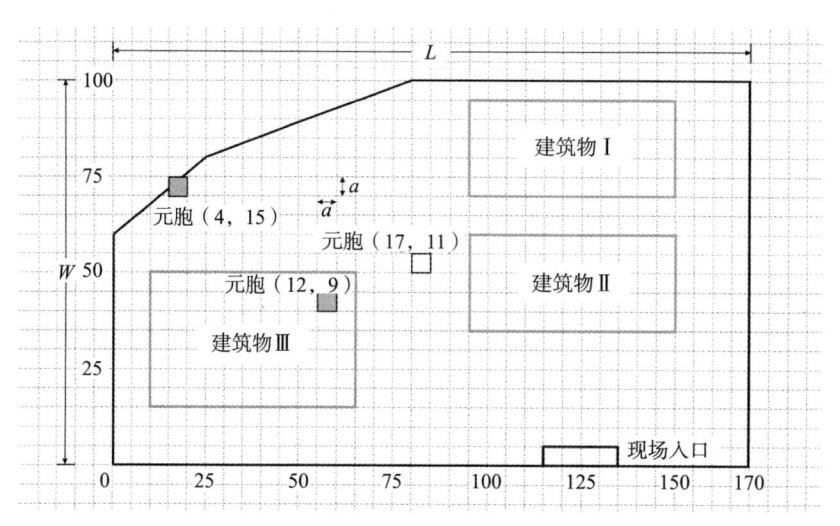

图4-4 基于网格系统划分的施工现场空间示意

在工程实践中，施工现场空间的轮廓既可以是以规则形状进行呈现的，也可以是以不规则形状进行呈现的。因此，本章通过引入网格系统对任意形状的施工现场轮廓进行划分，该网格系统是由穿过施工现场空间的多条水平线和多条垂直线组成的。与施工现场空间轮廓边缘相交的两条垂直直线的距离即为施工现场空间的长度，记为L；与施工现场空间轮廓边缘相交的两条水平直线的距离即为施工现场空间的宽度，记为W。进而可以将任意形状的施工现场空间用规则的矩形来表示，而该矩形又被水平和垂直的网格线划分为$l \times w$个网格元胞，每个元胞的边长可以用a来表示（Zavari et al., 2022）。因此，l 和 w 的值可以由式（4-1）和式（4-2）进行计算。

$$l = \lceil L/a \rceil \quad (4-1)$$

$$w = \lceil W/a \rceil \quad (4-2)$$

其中，$\lceil x \rceil$ 表示等于或大于 x 的最小整数。

如图 4-4 所示，当将元胞边长 a 的值设定为 5 时，如图所示的不规则施工现场空间可以划分为 34×20 个网格元胞。值得注意的是，当元胞边长 a 的值逐渐减小时，网格化后的施工现场空间越来越趋近于连续的空间，但在求解布局规划的最优解时，所需要的计算成本（如计算时间）则会大幅度增加。

此外，引入 0~1 变量 $\delta^{l,w}$ 表示某个网格元胞是否闲置或可以被某个临时设施占用。如果 $\delta^{l,w}=1$ 表示网格元胞 (l,w) 未被占用；否则，该元胞不能用于布局临时设施，反之亦然。如图 4-4 所示，例如，元胞 $(17,11)$ 没有被占用，此时 0~1 变量 $\delta^{17,11}=1$。对于元胞 $(12,9)$，它被建筑物Ⅲ占用，此时 $\delta^{12,9}=0$。其他在施工现场空间轮廓外或被轮廓穿过的元胞也被视为已经被占用，例如元胞 $(4,15)$。

4.3.2 临时设施布局维度计算

根据工程实践经验，施工现场临时设施的布局维度主要根据其类型和功能进行确定。固定式的临时设置主要包括现场办公室、员工宿舍和施工工作区域，其维度与员工人数以及每人或每项施工活动所必需的空间大小有关。可移动式临时设施则主要是为一般材料和周转材料的存储与加工提供必要的空间，其维度可以根据材料总量和消耗速率来进行计算。

除去必要的区域外，如图4-5所示，要开展相应的施工活动还需要足够的移动、操作空间以及安全距离。为了方便施工现场办公室和生活区域内人员的自由通行，在必要尺寸的基础上，需要添加宽度为w_0的通道。为了预防高空坠物引发的安全事故，在施工工作区域周围设置了相应的安全距离，记为w_s。对于材料存储和加工类临时设施，其占地面积的长边和短边分别延长Δl和Δw，以保证工人和机械具有足够的操作空间。

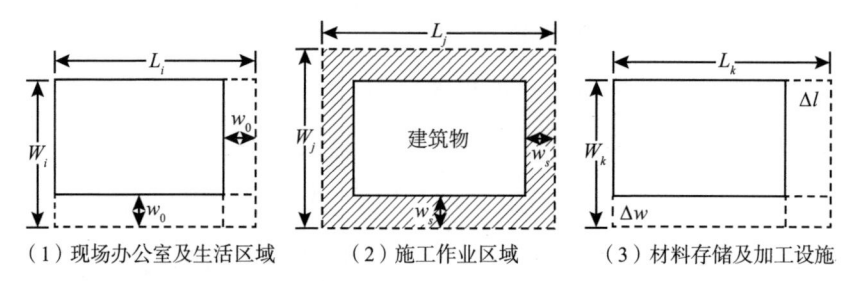

（1）现场办公室及生活区域　　（2）施工作业区域　　（3）材料存储及加工设施

图4-5　各类临时设施占地面积的基本与补充尺寸示意

对于施工现场办公室和生活区域，用参数N_p、A_0、N_{le}和H_0分别表示员工人数、人均占地面积、楼层数和楼层净高。根据图4-5（1）所示与库马尔和郑（2015）的研究结果，此类临时设施占地面积的长度和宽度关系可以用式（4-3）进行表示，因此该类临时设施的维度，即长、宽、高，可以记为（L_i，W_i，$N_{le} \times H_0$）。值得注意的是，在式（4-3）中，变量L_i和W_i是相互依赖的，即可以用其中任意一个变量表示另外一个变量。因此，一旦其中一个变量的值被确定，另一个变量的值则可以根据公式进行计算得到。

$$L_i = \frac{N_p \times A_0}{N_{le} \times (W_i - w_0)} + w_0 \qquad (4-3)$$

其中，变量 L_i 和 W_i 分别表示第 i 个固定式临时设施占地面积的长度和宽度。

对于如图 4-5（2）所示的施工工作区域，其所在建筑物的长度（BL）、宽度（BW）和高度（BH）等参数可以直接从 BIM 模型中提取。其次，考虑到防止高空坠物的安全距离（w_s），可以用（L_j，W_j，BH）对任意施工工作区域的维度进行表示，并利用式（4-4）和式（4-5）进行计算。需要注意的是，设置的安全距离（w_s）需要根据项目所在地的相关法律和施工规范要求进行设定。

$$L_j = BL_j + 2 \times w_s \qquad (4-4)$$
$$W_j = BW_j + 2 \times w_s \qquad (4-5)$$

其中，变量 L_j 和 W_j 分别表示第 j 个在建建筑物占地面积的长度和宽度。

一般情况下，周转材料会在当前施工阶段（$s-1$）的末期进行存储，并在下一个施工阶段（s）开始时进行重复使用，这与施工现场的库存管理和周转使用策略是相符合的（Mei et al.，2022a）。此外，如果施工现场库存中的周转材料不足时，管理人员需要采购新的周转材料，并在新阶段进行存储。以混凝土模板为例，式（4-6）和式（4-7）用来计算不同施工阶段中施工现场混凝土模板的最大库存水平。

$$Q_s = Q_{s-1} + QN_s, \quad s \geq 1 \quad (4-6)$$

$$QN_s = (Fl \times Fw \times Fh) \times Amount_s \quad (4-7)$$

其中，变量 Q_s 表示在施工阶段 s 开始时的混凝土模板库存水平，且 $Q_0 = 0$；变量 QN_s 表示在施工阶段 s 开始时新采购的混凝土模板库存水平；变量 Fl、Fw、Fh 和 $Amount_s$ 则分别表示在施工阶段 s 开始时新采购的标准混凝土模板的长度、宽度、厚度以及对应的数量。以上变量的具体数值均可以通过详细的周转与采购计划计算获取，相关计算方法将在下一章中进行详细描述。

此外，材料临时存储区域的设施维度通常是根据周转材料的堆垛形式进行确定的，例如，图 4-6 对工程实践中存储混凝土模板的一种典型堆垛形式进行了呈现。

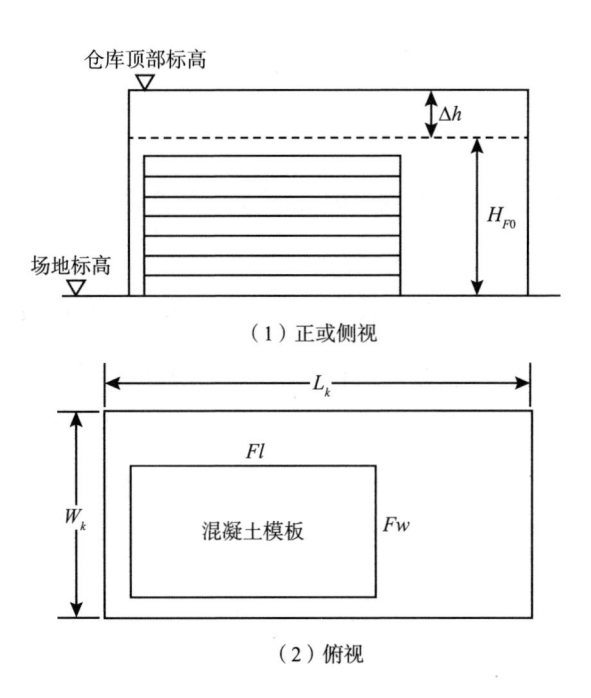

（1）正或侧视

（2）俯视

（3）正或侧视

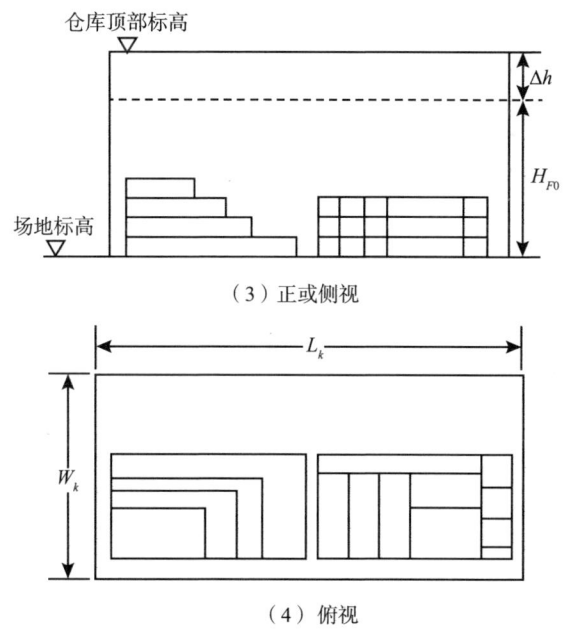

（4）俯视

图4-6 混凝土模板在施工现场临时存储的堆垛形式示意

如图4-5（3）所示，变量Δl和Δw分别表示材料存储或加工临时设施操作空间占地面积的长度和宽度，因此，该临时设施最终占地面积的长度和宽度可以用变量L_k和W_k进行表示。图4-6中的变量H_{F0}和Δh则分别表示单一堆垛的最大高度以及进行操作所必须的额外高度。相应地，混凝土模板存储临时设施的实际高度（H_k）可以由式（4-8）进行计算。

$$H_k = H_{F0} + \Delta h \qquad (4-8)$$

在确定混凝土模板存储堆垛形式及其相关维度时，以下四个假设会起到关键作用。第一，对于新采购的标准混凝土模板，采用准时制（just-in-time，JIT）模式完成配送，即每次配送的时间和数量均根据施工现场管理人员计划预先确定；第二，新采购的混凝土模板在运往加工设施或者进行使用前，必须进行入库处理，以避免违反施工现场物料管理制度；第三，考虑如第3章所介绍的最优下料方案，可以认为一块标准混凝土模板的面积应当等同于从该标准混凝土模板切割出的已加工的混凝土模板面板的总面积（Mei et al., 2022b）；第四，当前施工阶段采购的混凝土模板不能与上一个阶段周转使用的混凝土模板堆叠在一起，以防周转材料混淆，增加管理成本和施工安全隐患。根据式（4-8）和以上四个假设，可以运用式（4-9）和式（4-10）对施工现场混凝土模板临时存储设施的维度进行计算。其中，式（4-9）用于计算在施工阶段 s 中混凝土模板进行存储所需要的占地面积，式（4-10）则对该占地面积的长度和宽度关系进行了刻画，具体如下。

$$A_k^s = \left(\left\lceil \frac{Amount_s \times Fh}{H_{F0}} \right\rceil + \left\lceil \frac{Q_{s-1} \times H_{F0}}{Fl \times Fw} \right\rceil \right) \times (Fl \times Fw) \quad (4-9)$$

$$L_k = \frac{A_k^s}{W_k - \Delta w} + \Delta l \quad (4-10)$$

对于砂石集料、钢筋和水泥等一般材料，由于它们在工程建造过程中会最终形成建筑结构且不可以周转使用，因此一般材料在使用完成后无须再进行存储。假定这些一般材料采用固定数量和JIT模式配送，不难发现，即使是同一种类型的材料，它们在不同施工阶段的消耗速率也存在差异，通常随着工程进度和主体结构完成情况呈现先增加后减少的趋势。跟库马尔和郑（2015）与张和潘（Zhang & Pan, 2021）的研究不同，本章在进行一般材料临时设施维度计算时充分考虑了不同施工阶段中材料的消耗速率，并用图4-7对一般材料的库存水平变化进行了表示。

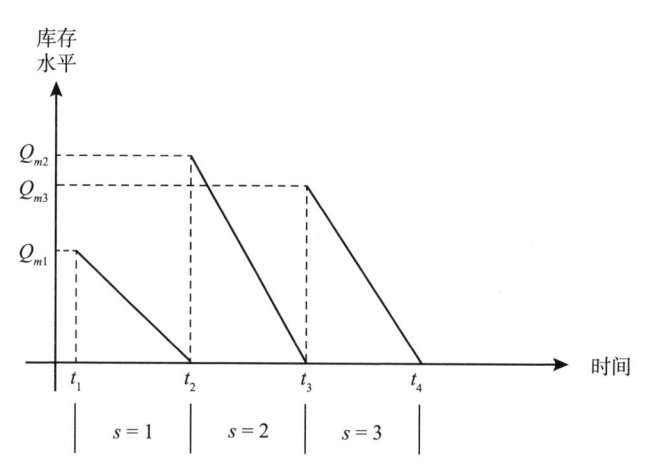

图4-7 不同施工阶段中一般材料库存水平变化示意

如图4-7所示，将施工持续时间（t_1，t_4）划分为三个阶段，即 $s=1$，2，3，第 m 种一般材料在每个施工阶段进行存储的最大库存水平依次用 Q_{m1}，Q_{m2} 和 Q_{m3} 进行表示。此时，第 m 种一般材料在施工阶段 s 的库存水平可以用式（4-11）进行计算。

$$Q_{ms} = \frac{Q_m}{r_m \times T} \times \Delta t_s \qquad (4-11)$$

其中，变量 Q_m 表示在整个施工过程中第 m 种一般材料的总需求量；r_m 表示第 m 种一般材料的安全库存系数，且 $r_m \in (0, 1)$；T 表示整个项目的总工期；Δt_s 表示施工阶段 s 的持续时间。

当确定了一般材料的库存水平后，就可以根据材料类型计算其对应所需要的临时存储设施的维度，常见的一般材料在施工现场的存储堆垛形式如图4-8所示。钢筋、袋装水泥和条石等，以规则堆垛形式进行存储；粗集料和细集料等非规则的一般材料，则可以采用不规则堆垛形式进行施工现场临时存储。

（1）一般材料规则堆垛形式侧视

（2）一般材料不规则堆垛形式侧视

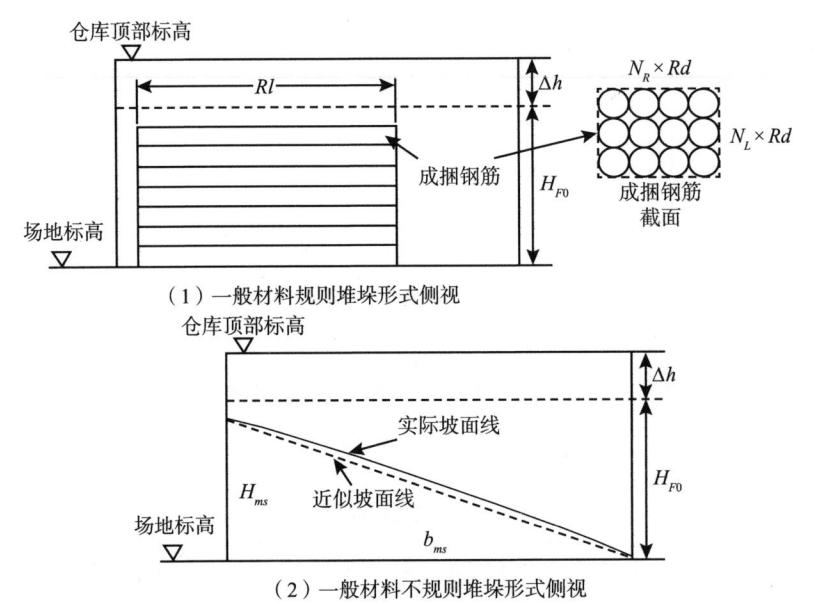

图4-8 一般材料施工现场规则与不规则堆垛形式示意

以图4-8（1）所示的钢筋堆垛形式为例，钢筋的库存水平（Q_{ms}）通常以重量进行表示，因此，需要先以钢筋密度（ρ_m）将其转换为以体积进行表示。接着，对于如钢筋类规则堆垛存储临时设施占地面积的长度（L_k）和宽度（W_k）的关系可以用式（4-12）进行表示。

$$L_k = \Delta l + \frac{Q_{ms}}{\left[\dfrac{H_{F0}}{N_L \times Rd}\right] \times \rho_m \times Rl \times (N_R \times Rd) \times (N_L \times Rd) \times (W_k - \Delta w)}$$

(4-12)

其中，变量 N_R 和 N_L 分别代表了同一捆钢筋中水平和竖直方向上的钢筋数量；变量 Rl 和 Rd 分别代表任意一根钢筋的长度和截面直径。

对于如图 4-8（2）所示的采用不规则堆垛形式进行存储的一般材料，如砂石等粗集料和细集料，可以采用近似直线替代原始坡面线，将材料实际堆放的几何体近似为三棱柱。基于此，该类型三棱柱的截面高度（L_k）和宽度（W_k）采用材料堆放坡度的高度（H_{ms}）和长度（b_{ms}）进行表示，并可以依据式（4-13）和式（4-14）进行计算。

$$L_k = b_{ms} + \Delta l \qquad (4-13)$$

$$W_k = \frac{2 \times Q_{ms}}{H_{ms} \times b_{ms}} + \Delta w \qquad (4-14)$$

除了上述的一般材料和周转材料外，一些材料加工或建造过程中产生的废料也需要暂时存放在施工现场，并在每个施工阶段结束时进行处理。因此，还需要一些用于废弃物堆放的临时设施。由于这些废弃物对当前建设项目而言不具备使用价值，因此不需要采用规范的堆垛形式进行存储，仅需要根据废弃物体积（V_w），利用式（4-15）进行维度计算和表示即可。

$$L_k = \Delta l + \frac{V_w}{H_{F0} \times (W_k - \Delta w)} \qquad (4-15)$$

在考虑一般材料和周转材料临时存储设施的基础上，本章进一步对用于材料加工的临时设施维度也进行了计算，例如混凝土模板加工棚、钢筋加工棚、玻璃幕墙组装场地等（Ning et al.，2019；Al-Hawarneh et al.，2019）。在对该类设施的维度进行计算时,起到决定性的影响因素包括需要加工的材料数量、设备的加工能力、单台加工设备的占地面积以及所需要的加工设备的数量等(Kuamar & Cheng,2015)。基于此,任意一个材料加工临时设施占地面积的长度(L_k)和宽度(W_k)可以用式(4-16)进行表示。

$$L_k = \frac{Q_p \times (ML \times MW)}{CA \times \Delta t_p \times (W_k - \Delta w)} + \Delta l \quad (4-16)$$

其中,Q_p 代表需要加工的第 p 种材料的总量;ML 和 MW 则分别表示单台加工设备占地面积的长度和宽度;CA 表示加工设备的最大加工能力;Δt_p 表示加工一单位的第 p 种材料所需要的持续时间。

加工临时设施的高度计算与材料临时存储设施的高度计算方式存在差异,即,考虑材料存储时,只要符合材料允许的堆垛高度,材料都可以进行堆放存储,但是,加工设备通常不允许重叠堆放,且需要考虑原始材料上架和操作的空间。因此,本章通过引入加工设备的高度(MH)和加工操作所需的必要高度(Δh)来计算加工临时设施的高度(H_k),如式(4-17)所示。

$$H_k = MH + \Delta h \quad (4-17)$$

4.3.3 临时设施间运输频数计算

工程实践和已有研究显示,施工现场临时设施间的运输频数或运输频率主要用于记录运输工具或人员在各个设施之间的往返次数或频次(Hammad et al.,2016;Makabate et al.,2022),它们对施工现场临时设施布局规划的总成本有着显著的影响。同时考虑施工现场一般材料、周转材料和施工废弃物，不同类型的材料运输过程如图4-9所示。

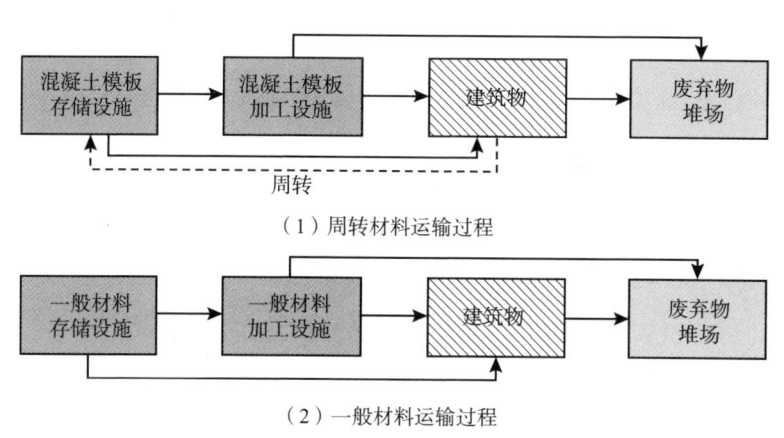

（1）周转材料运输过程

（2）一般材料运输过程

图4-9 施工现场一般材料和周转材料运输过程示意

对于如图4-9（1）所示的周转材料，它们在施工现场进行运输时通常存在以下六个可能的运输过程，包括，从临时存储设施到临时加工设施和施工建筑物的两个运输过程，从临时加工设施到施工建筑物和废弃物堆放设施的两个运输过程，以及从建筑物到临时存储设施和废弃物堆放设施的两个运输过程。而对于图4-9（2）所示的一般材料，则不需要考虑周转使用的运输过程，因而只有五个可能的运输过程。在建筑物施工过程中，建筑废弃物的来源主要有三个，即加工过程中产生的废料、建筑物施工过程中产生的废料和不具备剩余周转使用价值的周转材料。因此，以建筑物和废弃物堆场为目的地的运输过程都有两种。此外，施工活动的类型、施工活动的工作场所、施工活动的持续时间、运输材料的类型与数量，以及运输设备的运输能力等因素，对于施工现场材料运输频数的计算也至关重要（Kaveh et al.，2024；Zavari et al.，2022；Le et al.，2019）。以运输过程从建筑物到废弃物堆场，施工活动为建筑物基坑开挖为例（Gan & Cheng，2015）。如图 4-10 所示，建筑物基坑开挖活动的发生地点在建筑物，发生的持续时间从 t 到 t'，材料类型为开挖的土石方，材料运输量则为开挖土石方的自然方总体积。不难发现，明确施工活动类型能够使施工任务与运输任务进行一一对应，同时与运输过程进行关联，能够确定不同施工阶段、不同临时设施之间的运输材料的种类及运输总量。

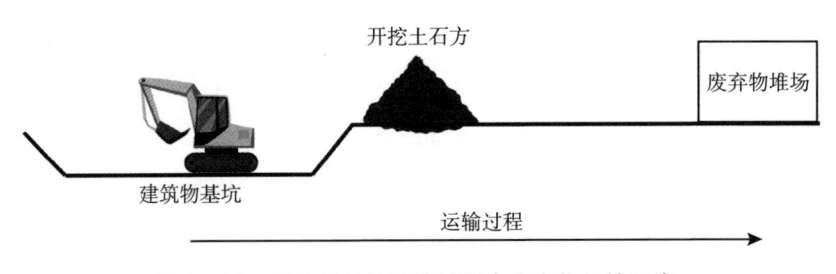

图 4-10　建筑物基坑开挖过程中废弃物运输示意

在此基础上，选择合适的运输方式，或者根据施工现场实际使用运输设备的单次最大运量，则可以确定不同施工阶段中，某一种材料从一个临时设施运输到另外一个临时设施的运输频数。此外，运输过程中，由于运输设备需要在两个临时设施之间往返，单次运输任务重，运输设备的实际运输距离为临时设施之间实际距离的两倍,因此,需要将往返运输路径考虑到运输频数中。如图4-10所示,假如基坑中开挖出的土石方共计100立方米,采用运量为20立方米的自卸汽车和运量为2立方米的人工推车进行运输,它们的运输频数分别为10次和100次。

基于以上关于运输材料类型、施工活动类型和运输设备运量三者关联性讨论,可以得到不同施工阶段,单个运输过程中临时设施之间的运输频数计算的公式,如式(4-18)所示。

$$F_{ijmv}^s = 2 \times \left\lceil \frac{Q_{ijm}^s}{q_{mv}} \right\rceil \qquad (4-18)$$

其中,F_{ijmv}^s即施工现场临时设施间运送材料的运输频数,它表示在施工阶段s中,运输设备v将第m种材料从一个临时设施i运送到另一个临时设施j所需要的总运输频数;Q_{ijm}^s表示在施工阶段s中第m种材料从一个临时设施i运送到另一个临时设施j的总量;q_{mv}表示运输设备v运输第m种材料时的最大运输能力。

4.3.4 施工现场运输距离计算

考虑到施工现场存在障碍物,运输设备可能无法直线通行完成运输任务,因此,简单地采用欧氏距离或者曼哈顿距离对临时设施间的运输距离进行度量,难以准确地表示它们之间的真实距离。本章采用A-star算法来解决施工现场布局规划中存在障碍物的路径规划难题,从而计算得到施工现场临时设施布局优化后完成所有材料运输任务的最短运输距离。A-star算法最初是为了解决机器人的路径规划问题而提出的,因其寻优能力强、适应范围广、计算速度快等特点,在大量工程实践中进行了应用与验证(Liu et al.,2022)。该算法利用启发式路径评估指标来衡量当前节点与终点节点间潜在的路径距离,从而在考虑障碍物的情况下确定最优的运输路径。结合本章讨论的施工现场布局优化问题,以图 4-11 对算法的执行原理进行解释。

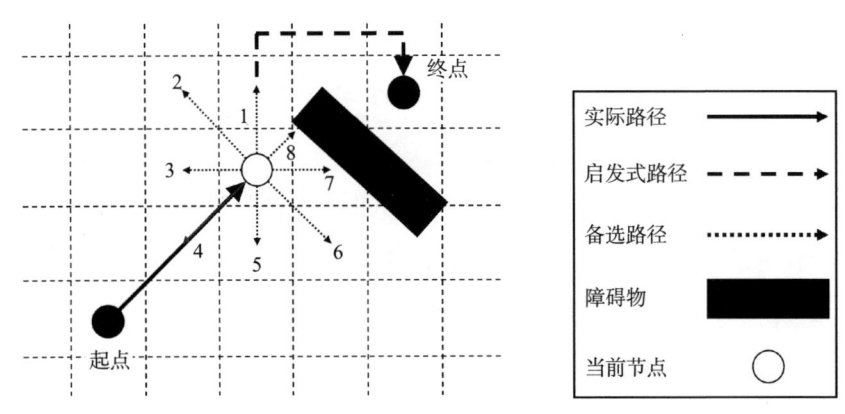

图 4-11　A-star 算法路径规划及最短距离计算原理

如图 4-11 所示,当存在障碍物时,要计算施工现场中从起点到终点可通行的最短路径,则运输设备必须绕过路径上的障碍物,同时还要实现距离最短。对于运输路径上的任意一点,即当前节点,都存在可能通行的八个网格或方向,如图点线箭头所示;此时,令当前节点与起点间的实际距离为 $g(x)$,即如图实线箭头所示的欧式距离;令当前节点可通行的八个网格到达终点的启发式路径的距离为 $h(x)$,即如图短划线箭头所示的曼哈顿距离。显然,当前节点从网格 2、网格 1、网格 8、网格 7 和网格 6 前进优于网格 3、网格 4 和网格 5,同时,网格 2 和网格 6 距离终点的启发式距离劣于网格 1、网格 7 和网格 8，考虑障碍物不可通行时，网格 7 和网格 8 显然不成立。因此，当前节点的下一个运输节点应当考虑网格 1，而此时总的运输距离可以由式（4-19）进行计算。特别地，如果网格 1、网格 7 和网格 8 均可通行，则通过比较 $f(x)$ 的大小，确定最短路径。从起始节点网格开始逐点计算，直到抵达终点节点网格为止。

$$f(x) = g(x) + h(x) \quad (4-19)$$

其中，$f(x)$ 表示当前节点的期望运输最短距离。

为了更好地说明该算法的可操作性和有效性，表 4-2 展示了 A-star 算法的伪代码，并在图 4-12 中运用算例进行路径寻优的可视化说明。

表 4-2　　　　　　A-star 算法执行伪代码

A-star 算法：施工现场路径规划与运输距离计算	
输入：	障碍物坐标（$Obstacle$），出发临时设施坐标（$Original$），达到临时设施坐标（$Destination$）
输出：	运输路径（$Route$），运输距离（$Distance$）
1：	$Route \leftarrow [\ ], OpenSet \leftarrow [\ ], CloseSet \leftarrow [\ ], LoopMark \leftarrow true$
2：	$OpenSet \leftarrow [Original(x), Original(y), heuristicDistance(Original, Destination), 0, Original(x), Original(y)]$
3：	$AlternativeRoute \leftarrow coordinateDistanceGap(\ )$
4：	**while** $LoopMark$ **do**
5：	**if** $isempty(OpenSet)$ **then**
6：	$return$
7：	**end if**
8：	$[InOpen, Index] \leftarrow existInOpenSet(Destination, OpenSet)$
9：	**if** $InOpen$ **then**
10：	$CloseSet \leftarrow [OpenSet(Index, :); CloseSet]$
11：	$LoopMark \leftarrow false$
12：	$break$

续表

13:	end if
14:	$[\sim, DistanceIndex] \leftarrow \text{sort}(OpenSet(:,end))$
15:	$OpenSet \leftarrow OpenSet(DistanceIndex,:), CloseSet \leftarrow [OpenSet(1,:); CloseSet]$
16:	$CurrentPoint \leftarrow OpenSet(1,:), OpenSet(1,:) \leftarrow [\ ]$
17:	**for** $i \leftarrow 1:\text{length}(AlternativeRoute(:,1))$ **do**
18:	$DecisionMatrix \leftarrow$ $[CurrentPoint(1,1) + AlternativeRoute(i,1), CurrentPoint(1,2) + AlternativeRoute(i,2),0,0,0,0]$
19:	$DecisionMatrix(4) \leftarrow CurrentPoint(1,4) + AlternativeRoute(i,3)$
20:	$DecisionMatrix(3) \leftarrow$ $DecisionMatrix(4) + \text{heuristicDistance}(DecisionMatrix(1:2), Destination)$
21:	**if** isObstacle($DecisionMatrix, Obstacle$) **then**
22:	continue
23:	end if
24:	$[Visited, VisitedIndex] \leftarrow \text{pointVisited}(DecisionMatrix, OpenSet, CloseSet)$
25:	**if** $Visited = 1$ **then**
26:	continue
27:	**elseif** $Visited = 2$ **then**
28:	$DecisionMatrix(5:6) \leftarrow [CurrentPoint(1,1), CurrentPoint(1,2)]$
29:	$OpenSet \leftarrow [OpenSet; DecisionMatrix]$
30:	**else**
31:	**if** $DecisionMatrix(3) < OpenSet(VisitedIndex,3)$ **then**
32:	$DecisionMatrix(5:6) \leftarrow [CurrentPoint(1,1), CurrentPoint(1,2)]$
33:	$OpenSet(VisitedIndex,:) \leftarrow DecisionMatrix$
34:	end if
35:	end if
36:	end for
37:	end while
38:	$Route \leftarrow \text{generateRoute}(CloseSet, Original)$
39:	$Distance \leftarrow Route(end, 4)$

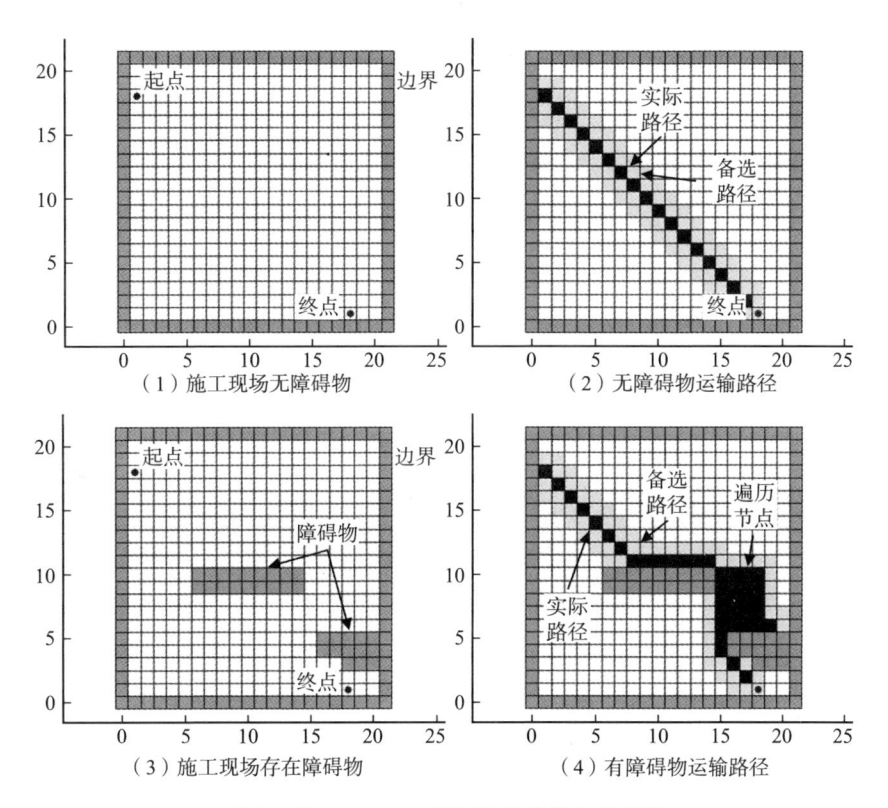

图 4-12　A-star 算法最优路径生成示例

(1) 施工现场无障碍物　　(2) 无障碍物运输路径
(3) 施工现场存在障碍物　　(4) 有障碍物运输路径

如图 4-12 所示，现有一个规则矩形的施工现场，用网格间距为 $a=10$ 的水平和竖直方向的直线将其划分为 200×200 的网格元胞，此时，起点和终点的网格坐标分别为（1，18）和（18，1），在施工现场没有障碍物和有障碍物的情况下，分别用如表 4-2 所示的 A-star 算法对路径进行规划并求解最短距离。

如图 4-12（1）和图 4-12（2）所示，当施工现场不存在障碍物时，算法寻得的最优路径仍然是两点之间的欧式距离，最短距离计算结果为 238；如图 4-12（3）和图 4-12（4）所示，当施工现场存在障碍物时，最优的运输路径发生变化，其最短距离计算结果为274。综上，无论施工现场中是否存在障碍物，该算法都能较为准确地计算出临时设施之间的实际运输距离；同时，当施工现场存在障碍物时，该算法计算的运输距离较欧氏距离和曼哈顿距离更具有实际意义，符合工程实践的需求。因此，采用A-star算法对施工现场布局优化中的运输路径进行规划并计算最短距离具有可靠性、可操作性和实际意义。

4.4 施工现场临时设施布局规划模型构建

在确定了施工现场各种临时设施的布局维度、材料在设施之间的运输频数和运输距离的基础上，本节对考虑施工现场混凝土模板临时设施的动态布局规划问题进行数学建模，并对构建数学模型的泛化能力进行了分析，以提升其在实际中的应用效果。

4.4.1 数学符号与定义

首先，假设施工现场每个临时设施在任何给定施工阶段只能存储或加工一种类型的材料，同理，每辆运输车辆也只能运送同一种类型的材料，避免材料混装。其次，表4-3、表4-4和表4-5分别对数学模型中使用的集合、参数以及变量符号进行了定义和解释。其中，$f_1(\cdot)$代表由A-star算法实现的距离计算函数；$f_2(\cdot)$ 代表根据运输频数分析，确定某个临时设施是否需要在施工阶段 s 进行布局和使用。

表 4–3　数学模型中使用的集合符号及其定义

集合符号	集合定义
I	固定式临时设施集合且 $I=\{i\mid i=1,2,3,\cdots\}$
J	材料临时存储设施集合且 $J=\{j\mid j=1,2,3,\cdots\}$
K	材料加工临时设施集合且 $K=\{k\mid k=1,2,3,\cdots\}$
Z	废弃物临时堆场设施集合且 $Z=\{z\mid z=1,2,3,\cdots\}$
S	施工阶段划分集合且 $S=\{s\mid s=1,2,3,\cdots\}$
M	材料类型集合且 $M=\{m\mid m=1,2,3,\cdots\}$
V	运输设备集合且 $V=\{v\mid v=1,2,3,\cdots\}$

表 4–4　数学模型中使用的参数符号及其定义

参数符号	参数定义
δ_s^{lw}	0~1 参数，表示在施工阶段 s 中，如果网格 (l,w) 在施工阶段开始时未被占用，则 $\delta_s^{lw}=1$，否则 $\delta_s^{lw}=0$
ζ_{ijmv}^{s}	0~1 参数，表示在施工阶段 s 中，如果第 m 种材料由运输设备 v 从临时设施 i 运输到临时设施 j，则 $\zeta_{ijmv}^{s}=1$，否则 $\zeta_{ijmv}^{s}=0$
L,W	表示与施工现场轮廓近似的矩形长度和宽度
F_{ijmv}^{s}	表示在施工阶段 s 中，第 m 种材料由运输设备 v 从临时设施 i 运输到临时设施 j 时，所需要的运输频数
d_{ij}^{s}	表示在施工阶段 s 中，临时设施 i 与临时设施 j 之间的实际运输距离
C_{mv}^{s}	表示在施工阶段 s 中，第 m 种材料由运输设备 v 运输的单位运输成本
A_i^s	表示在施工阶段 s 中，临时设施 i 的占地面积
L_i^s,W_i^s	表示在施工阶段 s 中，临时设施 i 占地面积的长度和宽度

表4-5　　　　数学模型中使用的决策变量符号及其定义

决策变量符号	决策变量定义
(α_i^s, β_i^s)	表示在施工阶段 s 中,临时设施 i 的左下角坐标
(η_i^s, ρ_i^s)	表示在施工阶段 s 中,临时设施 i 的右上角坐标
γ_j^s	0~1辅助决策变量,表示在施工阶段 s 中,如果设施 j 的转角为0°,则 $\gamma_j^s = 1$;如果转角为90°,则 $\gamma_j^s = 0$
π_{js}^{lw}	0~1辅助决策变量,表示在施工阶段 s 中,如果元胞 (l, w) 被设施 j 占用,则 $\pi_{js}^{lw} = 1$,否则 $\pi_{js}^{lw} = 0$

4.4.2　目标函数与约束条件

结合集合、参数和决策变量的定义,本小节以最小化施工现场材料运输成本（TC）为目标,对施工现场临时设施布局优化问题进行数学模型构建,具体如下。

$$\min TC = \sum_{s=1}^{S}\sum_{j=1}^{J}\sum_{k=1}^{K}\sum_{m=1}^{M}\sum_{v=1}^{V} d_{jk}^s \times F_{jkmv}^s \times \zeta_{jkmv}^s \times C_{mv}^s$$

$$+ \sum_{s=1}^{S}\sum_{k=1}^{K}\sum_{i=1}^{I}\sum_{m=1}^{M}\sum_{v=1}^{V} d_{ki}^s \times F_{kimv}^s \times \zeta_{kimv}^s \times C_{mv}^s$$

$$+ \sum_{s=1}^{S}\sum_{j=1}^{J}\sum_{i=1}^{I}\sum_{m=1}^{M}\sum_{v=1}^{V} d_{ji}^s \times F_{jimv}^s \times \zeta_{jimv}^s \times C_{mv}^s$$

$$+ \sum_{s=1}^{S}\sum_{k=1}^{K}\sum_{z=1}^{Z}\sum_{m=1}^{M}\sum_{v=1}^{V} d_{kz}^s \times F_{kzmv}^s \times \zeta_{kzmv}^s \times C_{mv}^s$$

$$+ \sum_{s=1}^{S}\sum_{i=1}^{I}\sum_{z=1}^{Z}\sum_{m=1}^{M}\sum_{v=1}^{V} d_{iz}^s \times F_{izmv}^s \times \zeta_{izmv}^s \times C_{mv}^s$$

$$+ \sum_{s=1}^{S}\sum_{i=1}^{I}\sum_{j=1}^{J}\sum_{m=1}^{M}\sum_{v=1}^{V} d_{ij}^s \times F_{ijmv}^s \times \zeta_{ijmv}^s \times C_{mv}^s$$

(4-20)

s. t.

$$d_{ij}^s = f_1\left[\left(\frac{\alpha_i^s + \eta_i^s - 1}{2}, \frac{\beta_i^s + \rho_i^s - 1}{2}\right), \left(\frac{\alpha_j^s + \eta_j^s - 1}{2}, \frac{\beta_j^s + \rho_j^s - 1}{2}\right)\right]$$

(4-21)

$$L_j^s - L \times (1 - \gamma_j^s) \leq \eta_j^s - \alpha_j^s + 1 \leq L_j^s + L \times (1 - \gamma_j^s)$$

(4-22)

$$W_j^s - W \times (1 - \gamma_j^s) \leq \rho_j^s - \beta_j^s + 1 \leq W_j^s + W \times (1 - \gamma_j^s)$$

(4-23)

$$W_j^s - L \times \gamma_j^s \leq \eta_j^s - \alpha_j^s + 1 \leq W_j^s + L \times \gamma_j^s \quad (4-24)$$

$$L_j^s - W \times \gamma_j^s \leq \rho_j^s - \beta_j^s + 1 \leq L_j^s + W \times \gamma_j^s \quad (4-25)$$

$$A_j^s \leq (\eta_j^s - \alpha_j^s + 1) \times (\rho_j^s - \beta_j^s + 1) \quad (4-26)$$

$$\pi_{js}^{lw} = \begin{cases} 1, & f_2(F_{jkmv}^s, F_{jimv}^s, F_{ijmv}^s) > 0 \\ 0, & \text{其他} \end{cases} \quad (4-27)$$

$$\pi_{ks}^{lw} = \begin{cases} 1, & f_2(F_{jkmv}^s, F_{kimv}^s, F_{kzmv}^s) > 0 \\ 0, & \text{其他} \end{cases} \quad (4-28)$$

$$\pi_{zs}^{lw} = \begin{cases} 1, & f_2(F_{kzmv}^s, F_{izmv}^s) > 0 \\ 0, & \text{其他} \end{cases} \quad (4-29)$$

$$\sum_{j=1}^{J} \pi_{js}^{lw} + \sum_{k=1}^{K} \pi_{ks}^{lw} + \sum_{z=1}^{Z} \pi_{zs}^{lw} \leq \delta_s^{lw} \quad (4-30)$$

$$\alpha_j^s, \beta_j^s \geq 1 \quad (4-31)$$

$$\eta_j^s \leq L, \rho_j^s \leq W \quad (4-32)$$

$$\gamma_j^s \in \{0, 1\} \quad (4-33)$$

$$\zeta_{ijmv}^s \in \{0, 1\} \quad (4-34)$$

$$\alpha_j^s, \beta_j^s, \eta_j^s, \rho_j^s \text{ 为正整数} \quad (4-35)$$

根据本书对施工现场中材料运输过程的分类，构建的数学模型中，其目标函数如式（4-20）所示，由六部分运输成本组成，包括临时存储设施与临时加工设施之间的运输成本、临时加工设施与建筑物（如固定式设施）之间的运输成本、临时存储设施与建筑物之间的运输成本、临时加工设施与废弃物堆场之间的运输成本、建筑物与废弃物堆场之间的运输成本以及建筑物与临时存储设施之间的运输成本。式（4-21）表示通过定义 A-star 算法运输距离计算函数 $f_1(\cdot)$，以两个设施的中心网格坐标为自变量，对实际运输距离进行计算，包括所有设施之间的运输距离。式（4-22）~式（4-25）则是分别对布局设施在布局时是否发生旋转进行约束，如果发生旋转，则需要交换其占地面积的长度和宽度值。网格系统直线间距 a 的值设定不同，可能导致布局设施并不能完全占用某些网格元胞，因此式（4-26）起到约束作用，即约束以网格表示设施长度和宽度时，网格元胞的面积应不小于设施所必须的占地面积。式（4-27）~式（4-30）则用于约束设施布局时出现的重叠或者交叉问题，其中，通过定义函数 $f_2(\cdot)$，以设施在施工阶段中存在的运输频数为自变量，对该设施是否存在于某个施工阶段进行约束，并保证可用网格大于设施布局需求的网格。式（4-31）~式（4-35）则分别对决策变量的定义域进行约束，同时，式（4-31）和式（4-32）还对设施布局的边界进行了约束。此外，由于建筑物等固定式设施在施工过程中不会发生位置变更，因此变量主要考虑临时设施和废弃物堆场的布局，在建模过程中，为了模型描述的便捷性，均以存储设施集合来表示。

4.4.3 数学模型泛化能力分析

在数学模型的能力领域，泛化能力可以被视为数学模型对新引入数据或新发生情况的适应性和预测能力（Kou & Zhang，2016）。具有良好泛化能力的数学模型不仅在理论分析中表现出色，更重要的是，在各种实际场景中都能保持稳定的性能。为了说明本章中构建的数学模型的适用性和泛化能力，本小节将对数学模型的决策变量和假设条件设置角度展开泛化能力分析。

首先，如表 4-5 所示，本章中建立的数学模型具有三种类型的决策变量，即临时设施布局的角坐标、表示临时设施是否旋转的指示变量，以及某个施工现场网格元胞网格的占用状态。这三类决策变量都已经在现有研究中广泛用于建模各种类型的施工现场布局优化问题（Sadeghpour & Andayesh，2015）。特别地，当用分配问题对施工现场布局优化问题进行刻画和建模时，即将具有预定尺寸的临时设施分配到预定的现场位置时，这些类型的决策变量可能无法满足建模需求（Xu et al.，2020）。然而，随着建设项目的复杂性增加，这类问题的建模与求解几乎无法在工程实践中应用，或者已不适合目前施工现场临时布局优化的应用需求。因此，从决策变量的角度来看，本章中所构建的数学模型具有广泛的适用性。

其次，为了充分地利用施工现场空间进行临时设施布局，在构建数学模型前先对施工现场空间进行网格化处理，将其划分为规格相同的网格元胞。基于这一假设，任何类型的施工现场，无论其轮廓形状是否规则,均可以被划分为具有精确坐标的网格元胞;此外,在此假设中,随着网格直线间距的缩小,划分后的施工现场空间也将逐渐逼近于完全连续的空间,保证了其应用符合工程实践需求。因此,基于网格元胞的施工现场网格化处理方法不仅适用于离散建模环境,也适用于连续建模环境下的施工现场布局优化问题。同理,通过将施工进度计划进行阶段化处理,当每个阶段的时间跨度足够小时,施工现场临时设施的布局结果可以视为是完全动态的。相反,当把整个施工进度计划划分为一个阶段时,其布局结果则是静态的。因此,基于该假设可以对不同时间维度的施工现场布局优化问题进行构建。

再次,为了确定最优的施工现场布局,对三种典型的临时设施维度进行计算,包括固定式临时设施、一般材料与周转材料的存储和加工临时设施,以及废弃物堆场临时设施。其中,固定式临时设施包括现场办公室、员工宿舍和施工工作区域等。在确定与其相关的临时设施维度时,需要考虑采用规则或不规则的堆垛形式的原材料。对于周转材料而言,混凝土模板是施工现场最常见且需求量最大的一类材料(Mei et al.,2022b),因此,以其为例来计算布局临时设施所需的维度。此外,在计算这些设施维度的过程中,充分使用了不同的变量来确定设施占地面积的长度、宽度和安全距离等指标,施工现场管理人员可以结合自身的管理经验、材料需求计划以及项目施工标准等,灵活地对这些变量或参数进行调整。然而,本章所构建的数学模型在处理某些临时设施的布局问题时仍然存在局限性,例如塔式起重机和现场临时道路的布局,因为它们并不在本书研究的范围内。

最后，本章构建的数学模型中采用的运输频数和运输距离计算是符合工程实际的。第一，运输频数的确定充分考虑了一般材料和周转材料等的处理过程，这与实际现场管理实践是相匹配的。例如，如图4-9（1）所示，当新采购的混凝土模板送达施工现场时，必须首先进行入库管理，即存入仓库中，随后根据施工任务需求对其进行按料领取、加工和使用。库存中可周转使用的混凝土模板将直接用于下一个施工阶段。不具备周转使用条件的混凝土模板，或在加工过程中产生的废弃混凝土模板将被视为废弃物处理掉。第二，与传统的欧氏距离相比，将施工现场存在障碍物的情况充分考虑到运输距离的计算过程中，能够为实际应用提供更加可靠的方案，依据它计算得到的运输成本更能为项目管理决策提供依据。综上所述，本章所构建的数学模型可用于施工现场临时设施布局规划的大多数实际场景，特别是需要考虑一般材料和周转材料管理的工程实践场景。

4.5 数学模型求解及结果可视化

运用建立的施工现场临时设施布局规划模型，能够实现施工现场各类临时设施的最优布局，最小化施工现场材料的运输成本。基于此，本节将进一步讨论如何设计合适的方法对构建的数学模型进行求解，并对求解后的最优结果进行3D可视化呈现。

4.5.1 启发式算法设计与验证

观察构建的数学优化模型不难发现,模型在对临时设施的运输距离进行计算时,是通过引入自定义函数 $f_1(\cdot)$,利用 A-star 算法进行求解的,此外,约束条件式(4-27)、式(4-28)、式(4-29)中也均包含了以运输频数为自变量的自定义函数 $f_2(\cdot)$。不仅如此,构建的数学模型中涉及的决策变量属于离散整数型变量,难以通过常见的混合整数规划求解器等进行求解。因此,本小节依据对施工现场可用空间的识别和贪婪算法的核心原理,设计了启发式算法来求解该问题,算法执行流程如图 4-13 所示。

如图 4-13 所示,启发式算法中引入的贪婪策略的实施包含三个关键步骤。首先,依据优先级对需要进行布局的临时设施进行排序;其次,为这些临时设施依次选择备选的布局位置;最后,评估并确定每个临时设施的最优布局位置和旋转角度。其中,在确定临时设施的布局优先级时,主要考虑设施间的运输频数。具体而言,由于运输频数对施工现场运输总成本具有显著影响,因此运输频数越高的临时设施,其布局优先级也相应越高。当多个需要进行布局的临时设施具有相同的运输频数时,则进一步根据它们的布局占地面积来确定优先级,占地面积越大的临时设施,其布局优先级也越高。此外,为了有效地实施贪婪策略,所设计的启发式算法需要在迭代过程中持续记录和更新可用于布局临时设施的元胞信息。

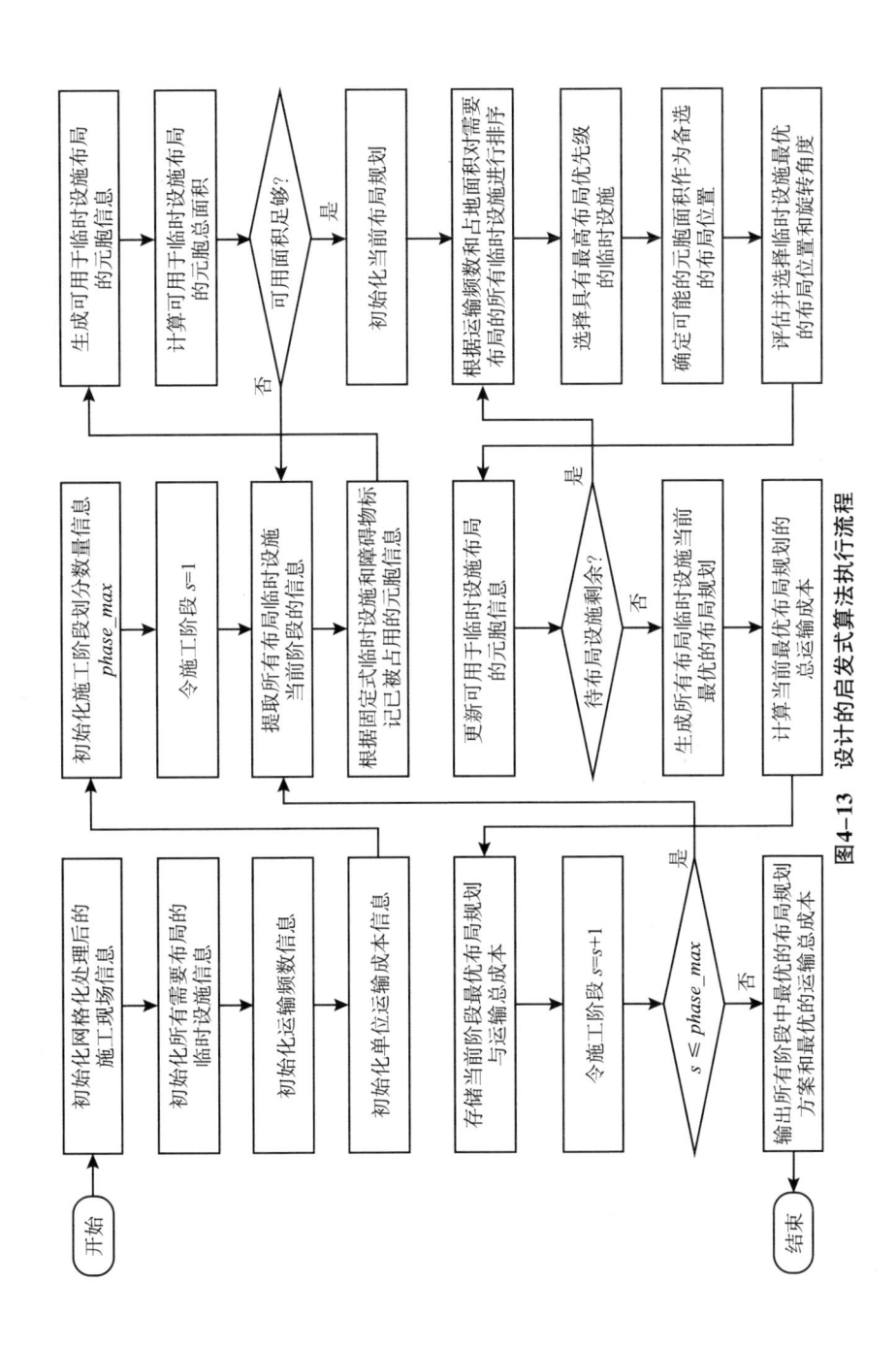

图4-13 设计的启发式算法执行流程

此外，为了评估并验证所设计的启发式算法的有效性，本小节采用了三种在已有研究中广泛应用的启发式算法对施工现场布局优化问题进行求解，即蚁群优化算法（ACO）、遗传算法（GA）和粒子群优化算法（PSO）（Xu et al., 2020），进而将它们与设计的启发式算法的优化结果进行对比分析。对比算例的数据来源于库马尔和郑（2015），ACO、GA 和 PSO 的算法设计思路则分别来源于宁等（Ning et al., 2019）与宁等（Ning et al., 2010）、李等（2019）与拉姆等（Lam et al., 2009）、徐和宋（Xu & Song, 2015）。这些算法的参数设置是基于文献中的通用建议以及表 4-6 中的初步实验结果进行配置与调整的，以确保算法性能的最优化。

对于 ACO 算法，验证实验中将其信息素系数设置为 3，以平衡路径选择过程中信息素的影响效应；将其启发式信息系数设置为 2，以此来刻画其在路径选择中的权重以及与信息系数的协同作用，从而决定蚂蚁的寻路行为；将其信息蒸发系数设置为 0.3，用于调节信息素的消散速度，从而防止算法过早收敛到局部最优解；考虑问题复杂度与可用计算资源之间的平衡，将种群中蚂蚁的数量设置为 50，以保持搜索效率的同时节约计算成本；最后，将该算法的迭代终止次数设置为 100 次，以确保算法在合理的时间内达到稳定状态。

对于 GA 算法，验证实验中将其种群规模设置为 50，在保证算法搜索能力的同时，尽量兼顾计算负载，以平衡计算资源与算法效能的关系；针对选择算子，实验中将选择概率设置为 0.6，并采用"轮盘赌"选择策略，以确保个体基因被选中并遗传给下一代

表4-6 算法对比参数配置初步实验结果

实验	ACO算法 α V	C	SD	β V	C	SD	ρ V	C	SD	GA算法 pc V	C	SD	pm V	C	SD	PSO算法 c_1 V	C	SD	c_2 V	C	SD	w V	C	SD
1	1.0	38 053	92	0.5	38 135	88	0.22	38 003	90	0.50	38 009	82	0.002	38 006	82	0.4	37 981	94	0.4	38 101	87	0.40	38 034	96
2	1.4	38 201	101	1.0	37 894	84	0.24	38 221	88	0.55	37 926	84	0.006	38 035	82	0.8	37 987	90	0.8	37 972	91	0.45	37 965	94
3	1.8	38 156	88	1.5	37 983	84	0.26	37 978	82	0.60	38 003	88	0.010	37 775	77	1.2	38 041	84	1.2	37 994	94	0.50	38 051	88
4	2.2	38 005	102	2.0	37 879	81	0.28	38 067	89	0.65	38 010	92	0.014	38 104	86	1.6	37 916	84	1.6	38 041	104	0.55	37 984	89
5	2.6	38 078	88	2.5	38 037	102	0.30	37 879	82	0.70	37 916	80	0.018	37 964	84	2.0	37 790	81	2.0	37 790	82	0.60	38 129	94
6	3.0	37 879	78	3.0	38 007	87	0.32	37 966	86	0.75	37 927	81	0.022	38 012	79	2.4	38 116	96	2.4	37 984	86	0.65	37 993	92
7	3.4	38 032	84	3.5	38 056	86	0.34	37 941	88	0.80	37 891	79	0.026	37 963	84	2.8	37 972	85	2.8	38 115	85	0.70	37 979	91
8	3.8	37 988	92	4.0	37 953	92	0.36	37 920	90	0.85	37 796	80	0.030	37 941	80	3.2	37 895	83	3.2	37 945	91	0.75	38 103	87
9	4.2	37 960	84	4.5	38 124	88	0.38	38 026	94	0.90	37 775	79	0.034	37 969	82	3.6	38 018	102	3.6	37 998	89	0.80	37 790	85
10	4.4	38 057	81	5.0	37 949	91	0.40	37 970	88	0.95	37 929	84	0.038	37 986	87	4.0	37 936	93	4.0	38 019	92	0.85	37 988	92

注：对于 ACO，其参数包括 α、β 和 ρ，分别代表信息素系数、启发式信息系数和信息蒸发系数；对于 GA，其参数包括 pc 和 pm，分别代表交叉操作和变异操作的概率；对于 PSO，其参数包括 c_1、c_2 和 w，分别代表两个学习因子和惯性权重。此外，符号 V、C 和 SD 分别是值（value）、成本（cost）和标准差（standard deviation）的缩写。

的机会是公平的;将父代个体基因的交叉概率设置为 0.9,以保证种群的多样性并提升其全局搜索能力;将基因变异概率设置为 0.01,该数值既能保证种群的稳定性,又能适当体现种群进化的不确定性,有助于避免算法陷入局部最优解;最后,根据算法的平均收敛速度和问题的复杂程度,将算法的终止迭代次数设置为 500,以确保算法有足够的时间收敛到全局最优解。

对于 PSO 算法,同样地,也是在考虑求解问题规模和计算资源平衡关系的基础上,将粒子群中的粒子数量设置为 50,从而确保算法的寻优能力;根据初步实验结果,将算法中的惯性权重系数值设置为 0.8,用于平衡粒子的全局与局部搜索能力;将算法中涉及的两个学习因子值均设置为 2,旨在保证粒子个体学习与粒子群体学习对粒子速度更新的影响达到平衡。

在确定了每种算法的参数值设置后,对每种算法分别独立运行 10 次,其计算结果如表 4-7 所示。根据以上四种算法的计算结果以及 t-检验与 p 值的计算分析可知,将本章中设计的启发式算法与 ACO、GA、PSO 等常用的元启发式算法进行比较时,其得到的施工现场临时设施布局总成本和计算时间存在显著差异。以计算结果平均值为例,一方面,在施工现场临时设施布局总成本计算结果方面,设计的启发式算法比其他三种算法的计算结果分别减少了 2.86%、2.53% 和 2.70%。另一方面,从算法计算与寻优时间角度,设计的启发式算法的平均计算时长最短,较其他三种算法分别减少了 5 秒、14 秒和 7 秒。因此,与已有研究中常采用的元启发式算法相比,本章设计的启发式算法能够快速有效地对施工现场临时设施布局规划问题进行求解。然而,本章设计的启发式算法也存在一个局限性,即,随着施工现场空间网格化处理的网格系统间距的减小,最优解的搜索空间会增大,进而会导致算法寻优时间的增加。

表 4-7　　启发式算法与三种对比算法的求解结果对比

实验	启发式算法		ACO 算法		GA 算法		PSO 算法	
	成本（元）	时间（秒）	成本（元）	时间（秒）	成本（元）	时间（秒）	成本（元）	时间（秒）
1	36 919	24	38 020	29	37 834	38	37 790	26
2	37 002	19	37 976	19	37 852	36	37 880	28
3	36 912	22	38 006	26	38 025	37	37 899	31
4	36 905	24	37 900	32	37 775	34	38 020	33
5	36 898	22	37 998	25	38 001	36	37 911	25
6	37 004	19	38 102	26	37 847	34	38 004	29
7	36 749	27	37 983	29	37 792	38	37 806	31
8	36 915	21	37 879	28	37 845	32	38 006	29
9	36 911	18	38 048	31	37 792	39	37 880	36
10	37 011	19	37 888	28	37 804	31	37 985	22
平均值	36 923	22	37 980	27	37 857	36	37 918	29
t-检验			-32.3182		-26.1335		-39.1969	
p 值			1.28E-10		8.49E-10		2.28E-11	

4.5.2 布局优化结果可视化

与传统的 2D 形式呈现施工现场临时设施布局优化结果不同，本章采用参数化建模方法，利用 Autodesk Revit 将优化后的临时设施布局结果以 3D 形式进行可视化呈现。值得注意的是，根据数学建模与求解得出的施工现场临时设施的最优布局结果是采用笛卡尔（Cartesian）坐标系进行表示的，这与 Autodesk Revit 中所使用的坐标系不同。因此，首先需要将笛卡尔坐标系统转换为 Autodesk Revit 中的坐标系统，进而进行参数化建模，图 4-14 对这两种坐标系统的差异进行了对比。

（1）计算坐标系统　　　　（2）Revit 坐标系统

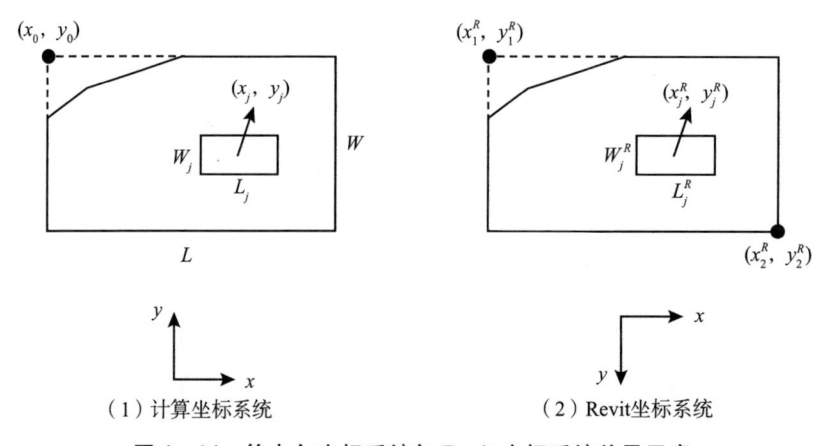

图 4-14　笛卡尔坐标系统与 Revit 坐标系统差异示意

为了将布局优化结果在 Autodesk Revit 平台中进行呈现，首先需要将基于笛卡尔坐标系的计算坐标系统转换为 Revit 坐标系统。如图 4-14 所示，施工现场的场地 BIM 模型可以在 Revit 中直接进行创建,并自动获取 Revit 中的虚拟点坐标。图 4-14(1) 对计算坐标系统进行了说明,图 4-14(2) 对本章中采用的 Revit 坐标系统进行了说明,不难发现,两个坐标系统在水平面投影上,x 轴的方向是一致的,但 y 轴方向是相反的。此外,由于在 Revit 系统中以标高系统对建筑物和临时设施的高度进行度量,以实际高度计算,因此不需要进行转换。因此,本章在对临时设施优化后的布局结果进行呈现时,需要使用式(4-36)、式(4-37)、式(4-38)和式(4-39)将优化后的实际坐标和设施维度转换为 Revit 坐标体系进行表达。

$$x_j^R = \frac{(x_j - x_0 + 1) \times (x_2^R - x_1^R)}{L} + x_1^R \qquad (4-36)$$

$$y_j^R = \frac{(y_0 - y_j - 2) \times (y_2^R - y_1^R)}{W} + y_1^R \qquad (4-37)$$

$$L_j^R = \frac{L_j \times (x_2^R - x_1^R)}{L} \qquad (4-38)$$

$$W_j^R = \frac{W_j \times (y_2^R - y_1^R)}{W} \qquad (4-39)$$

其中,L 和 W 分别表示在计算坐标系统中施工现场网格化处理后的长度和宽度;(x_0, y_0) 表示在计算坐标系统中选择的参照点坐标;L_j 和 W_j 分别表示在计算坐标系统中设施 j 占地面积的长度和宽度;(x_j, y_j) 表示在计算坐标系统中设施 j 的中心点坐标;(x_1^R, y_1^R) 和 (x_2^R, y_2^R) 是在 Revit 坐标系统中获取的两个参照点的坐标;(x_j^R, y_j^R)、L_j^R 和 W_j^R 则分别表示 Revit 系统中设施 j 的中心点坐标以及其占地面积的长度和宽度。

在确定并转换优化后的建筑施工场地与临时设施的坐标及维

度的基础上，可以进一步用 Autodesk Revit 中的应用程序 Dynamo 进行参数化建模与 3D 布局呈现。近年来，Dynamo 在参数化建模领域越来越受到欢迎并在学术领域和工程实践领域中得到推广，因为利用它进行参数化建模，不需要计划人员具备大量的专业编程知识，便于在工程实践中应用，同时，由于可视化技术的应用，建模的效率和准确度也大大提高（Cho et al.，2024；Menna-allah et al.，2024；张胜超等，2021）。综上所述，本节将在 Autodesk Revit 中利用参数化建模方法对考虑混凝土模板等一般材料和周转材料现场管理的施工现场临时设施布局规划结果进行 3D 可视化呈现。

  利用 Dynamo 对施工现场临时设施进行建模，可以根据其具体的参数变化，对不同形状的设施进行建模，但是相应的建模构件也需要选择不同的类别，因为不同类别的建模构件中包含或者需要输入的参数数目及类型不同。考虑上文中讨论的临时设施情况，且施工现场的尺寸均进行了网格化处理，均可以看作长方体或长方形，因此在参数化建模过程中，主要使用的建模构件为"Cuboid"。

  如图 4-15 所示，对于任意一个长方体的建模，选择"按照长度"进行创建，需要输入的参数包括"起始点、长度、宽度、高度"；其中，"长度、高度、宽度"等参数可以通过将计算坐标系统中得到的数值转换到 Revit 系统中获取，而"起始点"则需要选择"按照坐标"进行创建，并输入该点在 Revit 系统中的坐标。如图 4-16 所示，在 Dynamo 中对临时设施进行参数化建模后，可以直接在 Revit 环境中生成对应的 3D 可视化呈现结果。

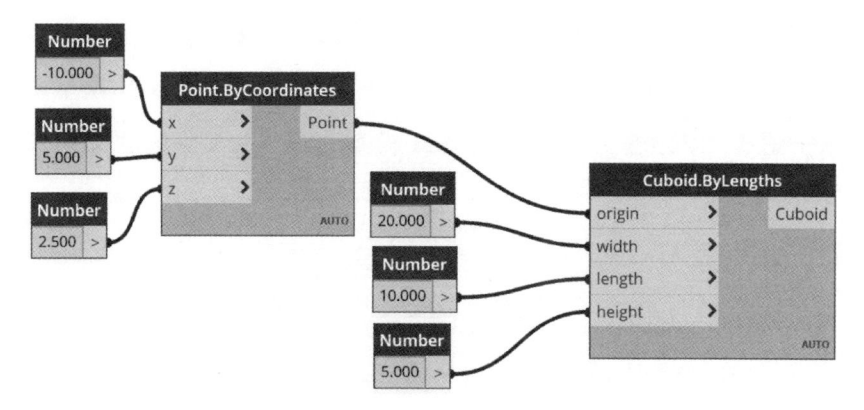

图 4-15　施工现场临时设施布局建模参数设置示意

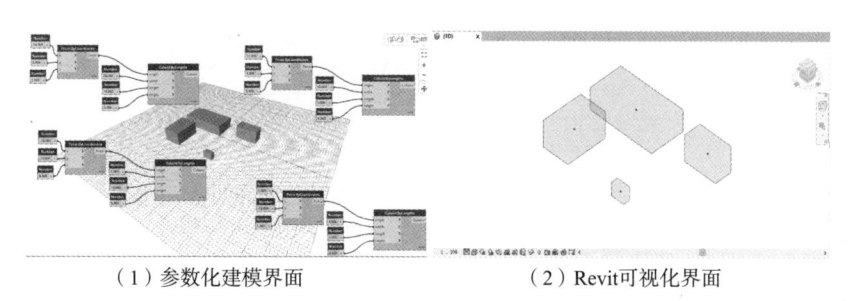

（1）参数化建模界面　　　　　　　（2）Revit可视化界面

图 4-16　参数化建模及对应的可视化结果呈现

4.6　案　例　研　究

4.6.1　案例数据来源与参数设置

鉴于本章是在前一章对混凝土模板在单个项目中进行周转使用计划的基础上，讨论混凝土模板现场临时设施布局优化问题，因此，沿用前一章案例中重庆市某项目施工中房屋建筑临时设施布局为案例进行研究。如图 4-17 所示，房屋建筑的 BIM 模型来源于图 3-12，施工现场场地 BIM 模型以图 4-4 所示的形状和尺寸进行建模。

图 4-17　案例中采用的建筑物与施工现场场地 BIM 模型

因此，计算坐标系统中施工现场网格化处理后的长度和宽度分别为 $L=170$ 米和 $W=100$ 米，此外，为了更加准确地对现场设施进行布局，划分施工现场的网格系统间距为 $a=1$ 米。在不考虑安全施工距离的情况下，建筑物长度、宽度和高度分别为 28.2 米、22 米和 31 米；根据国家标准（GB 3608-2008）文件要求，当建筑物高度超过 30 米时，需要设置安全施工距离 $w_s=6$ 米，因此可知，建筑物作为固定式设施，其在布局时占地面积的长度和宽度分别修正为 34.2 米和 28 米。基于以上分析和计算可知，此时建筑物在笛卡尔直角坐标系中，左下角和右上角坐标分别为（76，16）和（103，50）。

项目的施工进度计划如图3-14所示,由于建筑物进行逐层流水施工,混凝土结构浇筑采用整层统一浇筑,因此按照楼层数量将施工阶段划分为10个阶段,每个阶段的混凝土模板需求量和周转使用量如表3-5和表3-6所示。对于混凝土结构施工,除了混凝土模板,还需要对混凝土和钢筋用量进行计划。根据图4-17所示的BIM模型,对一般材料的需求量进行提取,可以分别得到水泥混凝土和钢筋的需求量;其中,根据项目施工要求,水泥混凝土采用C50强度等级,水、水泥、砂和石子的配合比为0.42∶1∶1.152∶2.449,其中,水不需要单独进行存储。因此,案例中需要考虑的一般材料包括水泥、砂、石子和不同直径的钢筋,具体型号和需求量如表4-8和表4-9所示。

表4-8　　　　施工现场水泥混凝土集料分阶段需求量　　　　单位:立方米

阶段	混凝土体积	水泥体积	砂体积	石子体积
1	135.75	27.04	31.15	66.21
2	229.38	45.68	52.63	111.88
3	157.95	31.46	36.24	77.04
4	170.30	33.92	39.07	83.06
5	169.68	33.79	38.93	82.76
6	169.68	33.79	38.93	82.76
7	169.68	33.79	38.93	82.76
8	169.68	33.79	38.93	82.76
9	169.68	33.79	38.93	82.76
10	169.68	33.79	38.93	82.76

表 4-9　　　　　　施工现场钢筋型号及分阶段需求量

阶段	直径（毫米）	重量（千克）	直径（毫米）	重量（千克）	直径（毫米）	重量（千克）	直径（毫米）	重量（千克）
1	8	516.60	10	7 620.20	20	13 632.65	22	5 106.53
2	8	872.93	10	12 876.19	20	23 035.70	22	8 628.73
3	8	601.11	10	8 866.65	20	15 862.58	22	5 941.82
4	8	648.10	10	9 559.84	20	17 102.71	22	6 406.35
5	8	645.74	10	9 524.97	20	17 040.32	22	6 382.98
6	8	645.74	10	9 524.97	20	17 040.32	22	6 382.98
7	8	645.74	10	9 524.97	20	17 040.32	22	6 382.98
8	8	645.74	10	9 524.97	20	17 040.32	22	6 382.98
9	8	645.74	10	9 524.97	20	17 040.32	22	6 382.98
10	8	645.74	10	9 524.97	20	17 040.32	22	6 382.98

其中，水泥采用52.5等级普通硅酸盐袋装水泥，按照《中华人民共和国国家标准：水泥包装袋（GB 9774-2020）》，以糊底袋包装，每袋水泥重量为50千克，体积为0.016立方米，包装长度、宽度和高度分别为640毫米、500毫米和50毫米。案例中使用钢筋包括直径为10毫米的细钢筋和直径为20毫米和22毫米的粗钢筋，为了便于计算且符合实际管理情况，在案例中均以直条形式进行交货和存储，且单根长度均为12米。混凝土模板、钢筋和水泥混凝土加工设备的基本参数如图4-18所示。施工现场材料运输均采用常见的四轮驱动运输车，车厢尺寸为2.1米×1.35米×0.45米，最大载重量为2吨，单位运输成本为20元。

基本参数：	基本参数：	基本参数：
长宽高：1.3米×0.6米×1.3米	长宽高：1.4米×0.8米×1.4米	长宽高：3.1米×1.85米×2.7米
功率： 7.5千瓦	功率： 3.0千瓦	功率： 5.5千瓦
（1）混凝土模板加工设备	（2）钢筋弯拉设备	（3）混凝土配料机

图4-18 施工现场加工设备相关参数信息

除了考虑建筑物施工过程中需要使用的周转材料（如混凝土模板）和一般材料（如水泥、砂石等），施工现场管理人员的办公室及生活区域临时设施的设置按照实际项目管理人员建议，采用项目管理人员 $N_p = 20$ 人，办公室等设施采用临时活动板房，人均面积 $A_0 = 2.5$ 平方米/人，板房楼层数为 $N_{le} = 2$ 层，每层净高为 $H_0 = 2.5$ 米，通道宽度为 $w_0 = 1$ 米。

4.6.2 布局优化与可视化结果

根据临时设施尺寸计算的相关公式和收集的项目实际数据，可以得到不同施工阶段中，各个设施的尺寸。案例中涉及的设施总共14个，其中2个为固定设施，即建筑物（F1）和现场办公区域（F2）；其余12个都是非固定临时设施，分别为混凝土模板存储仓库（F3）、混凝土模板加工工棚（F4）、8#钢筋存储仓库（F5）、10#钢筋存储仓库（F6）、20#钢筋存储仓库（F7）、22#钢筋存储仓库（F8）、钢筋加工工棚（F9）、水泥存储仓库（F10）、砂存储仓库（F11）、石子存储仓库（F12）、混凝土搅拌设施（F13）以及废弃物堆场（F14）。此外，临时设施的额外长度、宽度和高度分别为 $\Delta l = 1$ 米、$\Delta w = 1$ 米以及 $\Delta h = 1$ 米，且材料允许堆垛最大高度为 $H_{F0}=2$ 米。固定式临时设施与可移动式临时设施在施工现场各个阶段的布局维度如表 4-10 和表 4-11 所示。

由于案例中仅考虑使用后不再具备周转使用价值的混凝土模板为废弃物，因此废弃物堆场从第 5 个阶段开始使用，且废弃物堆场的大小随废弃混凝土模板的体积而发生变化；当项目完工时，所有的混凝土模板都被当作废弃物。如表 4-11 所示，对于一般的建筑材料，如钢筋、水泥等，在使用后直接构成建筑物的一部分，不需要继续存储，因此存储仓库和加工工棚的尺寸随每个施工阶段的材料需求量发生变化。对于混凝土模板，在允许的周转使用次数范围内，完成浇筑任务后仍然需要在现场进行存储；此外，当下一个施工阶段开始，库存混凝土模板不能满足施工需求，还需要采购、加工和存储新的混凝土模板，因此，在前五个施工阶段，混凝土模板存储仓库的用地面积逐渐增大，从第 6 个施工阶段开始，因为不具备周转使用价值的混凝土模板被当作废弃物处理，所以存储仓库的用地面积保持在一定水平，直到项目结束。结合上文描述的运输过程和运输频数计算公式，可以对不同施工阶段中设施之间材料运输的频数进行计算，计算结果如表 4-12 所示。

表 4-10　　施工现场固定式临时设施分阶段布局维度

设施	施工阶段	长度（米）	宽度（米）	高度（米）	占地面积（平方米）
F1	1~10	34.2	28	31	957.6
F2	1~10	7.25	5	5	36.25

表 4-11　施工现场可移动式临时设施分阶段布局维度

阶段	F3 维度(米)	F3 面积(平方米)	F4 维度(米)	F4 面积(平方米)	F5 维度(米)	F5 面积(平方米)	F6 维度(米)	F6 面积(平方米)	F7 维度(米)	F7 面积(平方米)	F8 维度(米)	F8 面积(平方米)	F9 维度(米)	F9 面积(平方米)	F10 维度(米)	F10 面积(平方米)	F11 维度(米)	F11 面积(平方米)	F12 维度(米)	F12 面积(平方米)	F13 维度(米)	F13 面积(平方米)	F14 维度(米)	F14 面积(平方米)
1	5 / 4 / 3	20	3.6 / 2.4 / 2.5	8.64	13 / 1.35 / 2	17.55	13 / 4.44 / 2.5	57.72	13 / 5.61 / 3	72.93	13 / 2.57 / 3	33.41	5.2 / 3.4 / 2.5	17.68	6.5 / 3.56 / 2	23.14	10.4 / 1.83 / 3	19.03	10.4 / 2.76 / 3	28.7	10.3 / 6.55 / 3.7	67.46	—	—
2	7 / 5.5 / 3	38.5	2.3 / 1.6 / 2.5	3.68	13 / 1.59 / 2	20.67	13 / 6.81 / 2.5	88.53	13 / 8.79 / 3	114.27	13 / 3.66 / 3	47.58	5.2 / 4.2 / 2.5	21.84	10 / 3.56 / 2	35.6	10.4 / 2.4 / 3	24.96	10.4 / 3.98 / 3	41.39	10.3 / 10.25 / 3.7	105.58	—	—
3	9 / 7 / 3	63	3.6 / 1.6 / 2.5	5.76	13 / 1.41 / 2	18.33	13 / 5 / 2.5	65	13 / 6.37 / 3	82.81	13 / 2.84 / 3	36.92	5.2 / 3.4 / 2.5	17.68	7.5 / 3.56 / 2	26.7	10.4 / 1.96 / 3	20.38	10.4 / 3.05 / 3	31.72	10.3 / 6.55 / 3.7	67.46	—	—
4	11 / 8.5 / 3	93.5	2.3 / 1.6 / 2.5	3.68	13 / 1.44 / 2	18.72	13 / 5.31 / 2.5	69.03	13 / 6.79 / 3	88.27	13 / 2.97 / 3	38.61	5.2 / 3.4 / 2.5	17.68	8 / 3.56 / 2	28.48	10.4 / 2.04 / 3	21.22	10.4 / 3.21 / 3	33.38	10.3 / 8.4 / 3.7	86.52	—	—
5	13 / 10 / 3	130	2.3 / 1.6 / 2.5	3.68	13 / 1.44 / 2	18.72	13 / 5.3 / 2.5	68.9	13 / 6.77 / 3	88.01	13 / 2.97 / 3	38.61	5.2 / 3.4 / 2.5	17.68	8 / 3.56 / 2	28.48	10.4 / 2.04 / 3	21.22	10.4 / 3.2 / 3	33.28	10.3 / 8.4 / 3.7	86.52	4 / 2 / 2.5	8

续表

阶段	F3		F4		F5		F6		F7		F8		F9		F10		F11		F12		F13		F14	
	维度（米）	面积（平方米）	维度（米）	面积（平方米）	维度（米）	面积（平方米）	维度（米）	面积（平方米）	维度（米）	面积（平方米）	维度（米）	面积（平方米）	维度（米）	面积（平方米）	维度（米）	面积（平方米）	维度（米）	面积（平方米）	维度（米）	面积（平方米）	维度（米）	面积（平方米）	维度（米）	面积（平方米）
6	5.5 4 3	22	3.6 1.6 2.5	5.76	13 1.44 2	18.72	13 5.3 2.5	68.9	13 6.77 3	88.01	13 2.97 3	38.61	5.2 3.4 2.5	17.68	8 3.56 2	28.48	10.4 2.04 3	21.22	10.4 3.2 3	33.28	10.3 8.4 3.7	86.52	2 1.5 2.5	3
7	4.5 3.5 3	15.75	2.3 1.6 2.5	3.68	13 1.44 2	18.72	13 5.3 2.5	68.9	13 6.77 3	88.01	13 2.97 3	38.61	5.2 3.4 2.5	17.68	8 3.56 2	28.48	10.4 2.04 3	21.22	10.4 3.2 3	33.28	10.3 8.4 3.7	86.52	2.5 2 2.5	5
8	4.5 3.5 3	15.75	3.6 1.6 2.5	5.76	13 1.44 2	18.72	13 5.3 2.5	68.9	13 6.77 3	88.01	13 2.97 3	38.61	5.2 3.4 2.5	17.68	8 3.56 2	28.48	10.4 2.04 3	21.22	10.4 3.2 3	33.28	10.3 8.4 3.7	86.52	2 1.5 2.5	3
9	4.5 3.5 3	15.75	2.3 1.6 2.5	3.68	13 1.44 2	18.72	13 5.3 2.5	68.9	13 6.77 3	88.01	13 2.97 3	38.61	5.2 3.4 2.5	17.68	8 3.56 2	28.48	10.4 2.04 3	21.22	10.4 3.2 3	33.28	10.3 8.4 3.7	86.52	2 1.5 2.5	3
10	4.5 3.5 3	15.75	2.3 1.6 2.5	3.68	13 1.44 2	18.72	13 5.3 2.5	68.9	13 6.77 3	88.01	13 2.97 3	38.61	5.2 3.4 2.5	17.68	8 3.56 2	28.48	10.4 2.04 3	21.22	10.4 3.2 3	33.28	10.3 8.4 3.7	86.52	5 2.5 2.5	15

注：表中"维度"包含了临时设施占地面积的长度和宽度，以及其高度，并按照该顺序罗列计算结果数值。

表 4 – 12　　　　　施工现场设施间运输频数分阶段计算结果

施工阶段 起点	终点	1	2	3	4	5	6	7	8	9	10
F1	F3	30	32	36	24	12	22	16	20	22	0
F1	F14	0	0	0	0	14	2	10	2	2	24
F3	F1	12	30	32	24	24	14	22	18	22	24
F3	F4	18	2	6	2	2	10	2	4	2	2
F4	F1	18	2	6	2	2	10	2	4	2	2
F5	F9	2	2	2	2	2	2	2	2	2	2
F6	F9	8	14	10	10	10	10	10	10	10	10
F7	F9	14	24	16	18	18	18	18	18	18	18
F8	F9	6	10	6	8	8	8	8	8	8	8
F9	F1	28	46	32	34	34	34	34	34	34	34
F10	F13	44	72	50	54	54	54	54	54	54	54
F11	F13	50	84	58	62	62	62	62	62	62	62
F12	F13	104	176	122	132	130	130	130	130	130	130
F13	F1	F	F	F	F	F	F	F	F	F	F

注：F 是一个足够大的正整数。

各个施工阶段中，不同设施间运输频数如表 4 – 12 所示，由于现场办公区域（F2）与其他设施之间不存在材料运输，因此没有运输过程和运输频数；对于搅拌完成的水泥混凝土运输过程，即 F13→F1，由于混凝土浇筑过程中以"泵送"的形式进行输送，不需要运输车辆，同时，水泥混凝土搅拌场地与建筑物场地越近越好，因此以一个足够大的正整数代替运输频数，以字母 F 表示，在案例中设该过程的运输频数为 2 000；在第 10 个施工阶段中，由于混凝土模板使用完成后，全部当作废弃物处理，因此 F1→F3 的运输频数为 0。

进一步，根据优化模型和设计的启发式算法，对临时设施进行布局规划，并计算每个设施在 Revit 坐标系统中的布局坐标。由于现场办公区域（F2）与其他设施之间不存在材料运输过程，而且，一般情况下施工现场项目部也不会随着施工阶段变化而发生变化，因此将 F2 视作固定设施，该设施设置为两层楼高的活动板房，占地面积为总需求面积的一半，并给定计算坐标系统中的左下角和右上角网格坐标分别为（141，16）和（145，23）。根据计算方法，可以得到不同施工阶段中，固定设施和临时设施在计算坐标系统和 Revit 坐标系统中的中心点坐标，分别如表 4-13 和表 4-14 所示。

表 4-13　　　固定式临时设施分阶段布局中心点坐标

设施	施工阶段	计算坐标系统	Revit 坐标系统
F1	1~10	(89, 33)	(640 000, -147 500)
F2	1~10	(143, 19)	(118 000, -98 500)

表 4-14　　　可移动式临时设施分阶段布局中心点坐标

阶段	F3		F4		F5	
	计算坐标	Revit 坐标	计算坐标	Revit 坐标	计算坐标	Revit 坐标
1	(113, 27)	(88 000, -126 500)	(112, 32)	(87 000, -144 000)	(82, 71)	(57 000, -280 500)
2	(113, 29)	(88 000, -133 500)	(112, 31)	(87 000, -140 500)	(72, 62)	(47 000, -249 000)

续表

阶段	F3		F4		F5	
	计算坐标	Revit坐标	计算坐标	Revit坐标	计算坐标	Revit坐标
3	(114, 30)	(89 000, −137 000)	(112, 36)	(87 000, −158 000)	(72, 62)	(47 000, −249 000)
4	(115, 31)	(90 000, −140 500)	(112, 39)	(87 000, −168 500)	(72, 62)	(47 000, −249 000)
5	(115, 32)	(90 000, −144 000)	(112, 40)	(87 000, −172 000)	(72, 62)	(47 000, −249 000)
6~10	(113, 27)	(88 000, −126 500)	(112, 31)	(87 000, −140 500)	(72, 62)	(47 000, −249 000)

阶段	F6		F7		F8	
	计算坐标	Revit坐标	计算坐标	Revit坐标	计算坐标	Revit坐标
1	(103, 62)	(78 000, −249 000)	(78, 62)	(53 000, −249 000)	(92, 64)	(67 000, −256 000)
2	(104, 62)	(79 000, −249 000)	(80, 62)	(55 000, −249 000)	(92, 67)	(67 000, −266 500)
3~10	(103, 62)	(78 000, −249 000)	(79, 62)	(54 000, −249 000)	(92, 67)	(67 000, −266 500)

阶段	F9		F10		F11	
	计算坐标	Revit坐标	计算坐标	Revit坐标	计算坐标	Revit坐标
1	(94, 57)	(69 000, −231 500)	(68, 49)	(43 000, −203 500)	(60, 28)	(35 000, −130 000)
2	(88, 58)	(63 000, −235 500)	(65, 42)	(40 000, −179 000)	(55, 29)	(35 000, −133 500)
3	(88, 57)	(63 000, −231 500)	(66, 42)	(41 000, −179 000)	(60, 29)	(35 000, −133 500)
4~10	(88, 57)	(63 000, −231 500)	(66, 42)	(41 000, −179 000)	(58, 29)	(33 000, −133 500)

续表

阶段	F12 计算坐标	F12 Revit 坐标	F13 计算坐标	F13 Revit 坐标	F14 计算坐标	F14 Revit 坐标
1	(60, 34)	(35 000, -151 000)	(72, 33)	(47 000, -147 500)	—	
2	(55, 33)	(30 000, -147 500)	(70, 33)	(45 000, -147 500)	—	
3	(60, 33)	(35 000, -147 500)	(72, 33)	(47 000, -147 500)	—	
4	(58, 33)	(33 000, -147 500)	(71, 33)	(46 000, -147 500)	—	
5~6	(58, 33)	(33 000, -147 500)	(71, 33)	(46 000, -147 500)	(89, 10)	(64 000, -67 000)
7~9	(58, 33)	(33 000, -147 500)	(71, 33)	(46 000, -147 500)	(90, 10)	(65 000, -67 000)
10	(58, 33)	(33 000, -147 500)	(71, 33)	(46 000, -147 500)	(90, 9)	(65 000, -63 500)

对案例中的设施进行布局规划与优化后,各个施工阶段中,总运输成本和混凝土模板、钢筋与水泥混凝土等分项运输成本如表4-15所示,各个分项运输成本分别占总运输成本的比例如图4-19所示。其中,水泥混凝土分项运输成本包含了水泥、砂、石子的运输成本,因此其成本占比高于另外两项分项运输成本。

表4-15　各个施工阶段中施工现场材料运输总成本　　　　单位:元

施工阶段	总运输成本	混凝土模板运输成本	钢筋运输成本	砼集料运输成本
1	105 271.89	31 031.34	21 680.70	52 559.85
2	159 859.85	31 183.42	34 970.11	93 706.32

续表

施工阶段	总运输成本	混凝土模板运输成本	钢筋运输成本	砼集料运输成本
3	116 739.71	37 786.25	24 183.84	54 769.62
4	114 618.71	26 326.39	25 987.32	62 305.10
5	114 529.69	26 477.27	25 987.32	61 785.10
6	111 946.22	24 173.80	25 987.32	61 785.10
7	112 266.52	24 494.10	25 987.32	61 785.10
8	109 671.44	21 899.02	25 987.32	61 785.10
9	111 551.68	23 779.26	25 987.32	61 785.10
10	112 265.36	24 492.94	25 987.32	61 785.10

如表4-15和图4-19所示，作为周转材料，混凝土模板在施工过程中的运输成本与作为一般材料的钢筋的运输成本十分接近。在第1、第3、第4和第5个施工阶段，其运输总成本甚至超过了钢筋的运输总成本。此外，对比施工阶段2和施工阶段3，当混凝土工程量减少时，钢筋和水泥混凝土分项运输成本降低，而混凝土模板分项运输成本却在增加，结合表4-12所示的运输频数变化可知，混凝土模板在施工现场的存储比一般材料受使用过程的影响更大，应引起管理人员的重视。

在优化布局结果的基础上，结合表4-10、表4-11、表4-13和表4-14中的数据，利用参数化建模方法，对不同施工阶段中各种设施的布局进行三维可视化呈现，在Autodesk Revit平台中生成的布局模型如图4-20所示。与传统的2D布局结果相比，3D布局能更好地呈现设施与设施之间的空间几何关系，能够帮助现场管理人员更加准确地实施现场布局计划，同时还能为材料吊装、空中运输、无人机路径规划等提供参考依据。

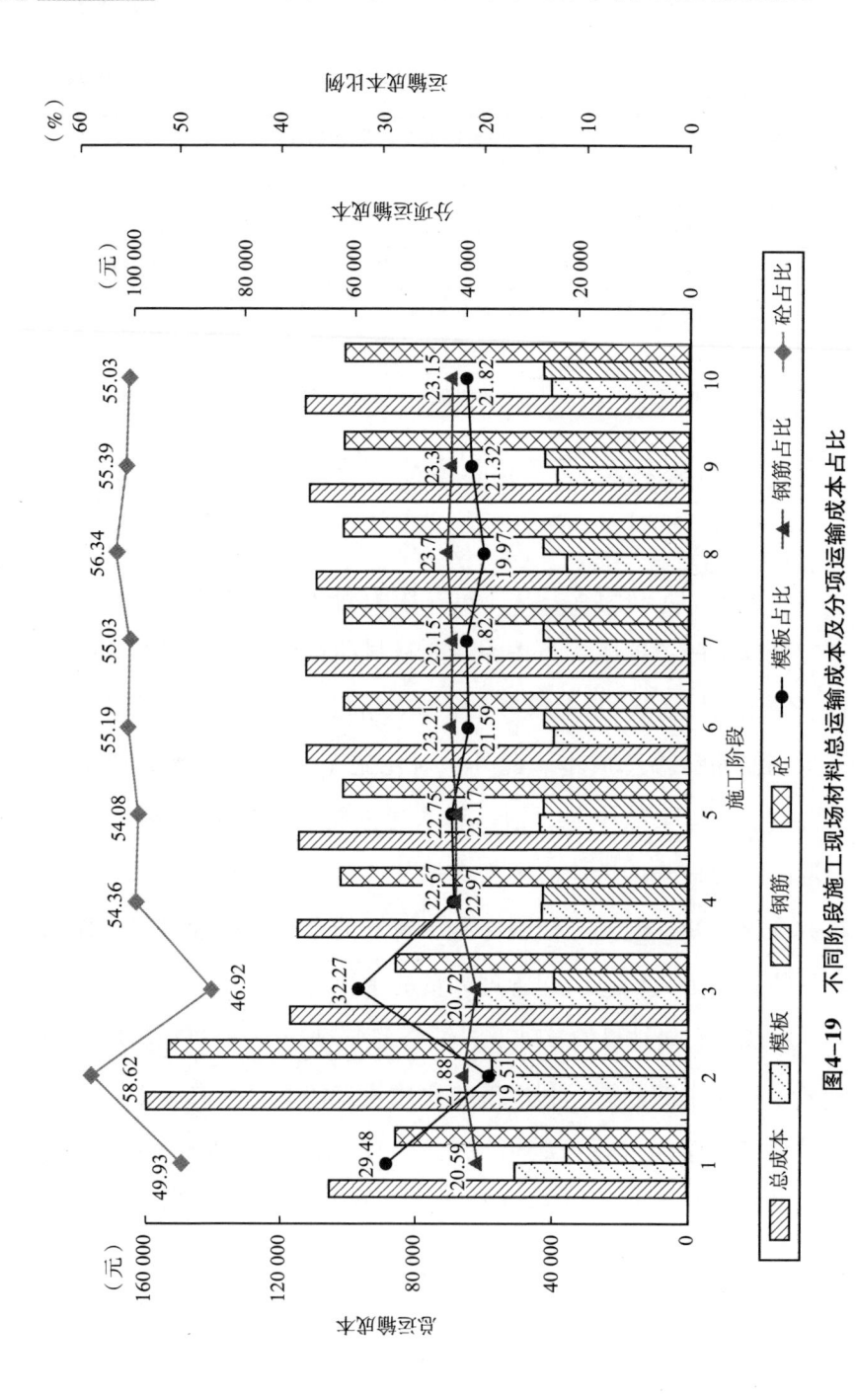

图4-19 不同阶段施工现场材料总运输成本及分项运输成本占比

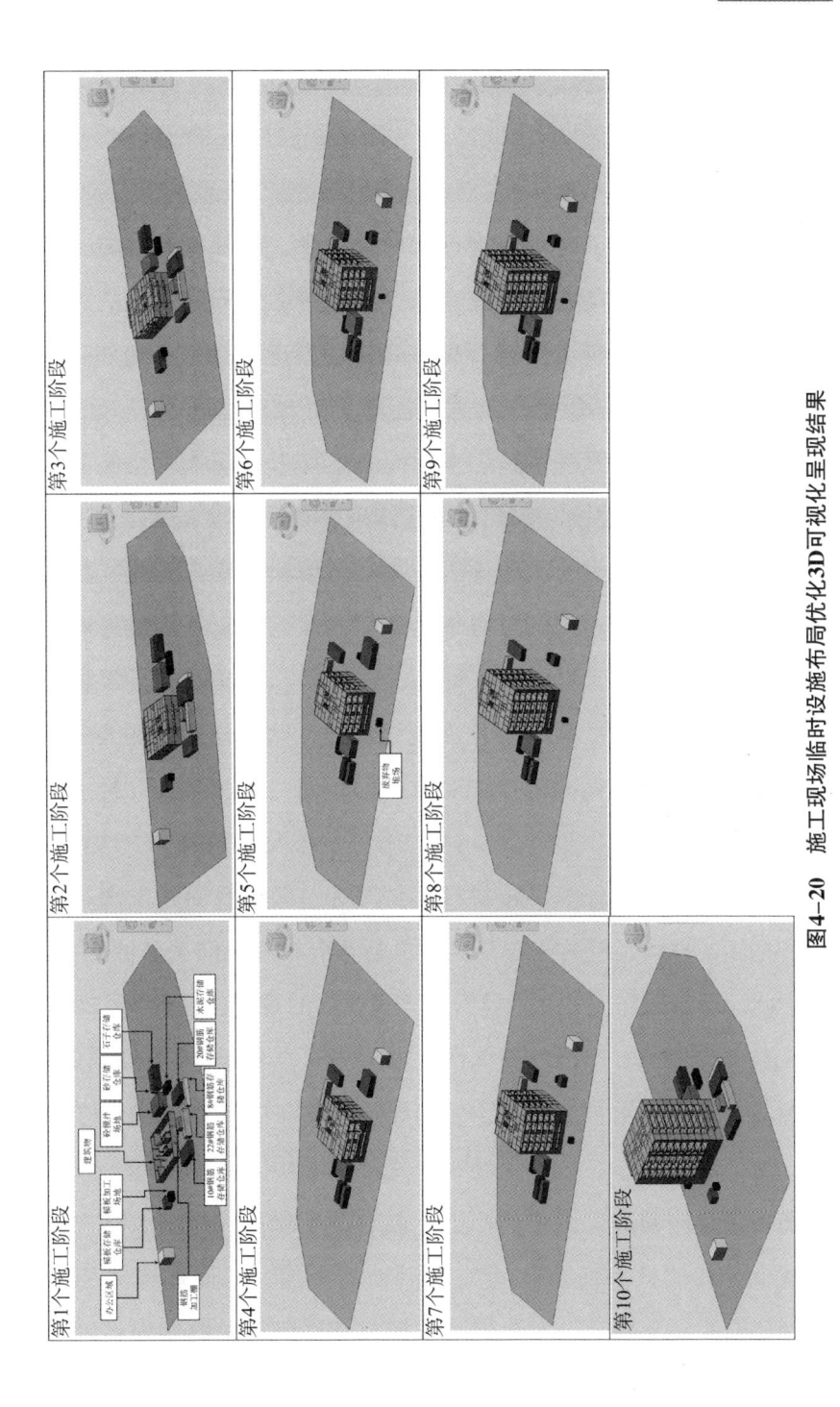

图4-20 施工现场临时设施布局优化3D可视化呈现结果

4.6.3　管理启示

在对施工现场临时设施进行布局优化时，充分考虑混凝土模板等周转材料的现场临时设施布局，能够帮助现场管理人员进行有效的混凝土模板现场库存管理并降低场内运输成本；此外，采用 3D 可视化布局结果呈现形式，能够更好地表达临时设施之间的空间关系，指导管理实践。考虑混凝土模板现场临时设施的施工现场布局动态优化，具体的收益体现在以下两个方面：首先，充分考虑了不同类型材料的施工现场临时设施布局，解决了传统施工现场布局优化中周转材料现场存储、加工设施经常被忽略的问题，使得布局结果更符合实际情况；其次，考虑混凝土模板与一般材料（如水泥、砂石等）在现场进行存储的差异，更准确地对混凝土模板现场存储与加工设施进行布局，能够降低混凝土模板的现场管理成本。近年来，随着施工精细化管理要求的提高，同时优化混凝土模板等周转材料和水泥等一般材料的施工现场布局，是施工现场管理的核心任务，也是政府有关部门关注的重点。基于此，针对研究人员和项目管理人员提出的管理建议如下。

鉴于工程项目建设的特殊性，如混凝土模板等周转材料在施工现场管理中经常被忽视，更多的研究聚焦于一般材料的现场存储、加工和使用。在施工现场布局优化问题中，考虑混凝土模板现场临时存储和加工设施的布局，能够最小化场内运输成本，同时减少对其他临时设施之间施工活动的影响，从而提高施工效率。如图 4-19 所示，对比混凝土模板和一般材料的场内运输成本可知，前者对成本的影响程度并不弱于后者，甚至在某些施工阶段中，更应得到管理人员的重视。此外，混凝土模板的周转使用特性，使得其对现场临时设施的尺寸和位置需求与一般材料不同，因此，在施工现场管理，特别是施工材料管理问题中，应充分考虑周转材料的现场存储、加工和使用，如混凝土模板、脚手架等。与此同时，随着建筑行业向智慧化、信息化的转型与发展，利用 BIM 技术对施工现场布局结果进行三维可视化呈现能够为施工现场无人机路径规划、塔式起重机运输路径规划以及数字孪生平台的搭建提供基础，弥补传统二维施工现场管理中存在的不足。

管理实践中，施工现场管理人员应更加重视如混凝土模板等周转材料在施工现场的存储和加工管理，从而降低现场管理成本。现场管理人员可采取的管理途径主要分为两个方面。其一，尽量进行翔实、准确地施工现场临时设施布局，保证布局规划切实可行，以理论指导实践，实现现场管理成本的降低。其二，观察图 4-20 易知，当施工过程有序开展时，一般材料的现场存储和加工设施布局变化不大，而混凝土模板的现场存储和加工设施则受到现场库存和施工需求的影响发生着变化，如前五个施工阶段中混凝土模板存储设施尺寸逐渐增加，而后五个施工阶段中又趋于稳定。不难发现，如果案例中建筑物楼层增加或者场地内同时还有其他在施工的建筑物，那么混凝土模板的存储和加工设施不仅尺寸会发生较大的变化，同时布局位置也会相应地发生变化。因此，施工现场可以通过与其他施工现场合作，减少闲置混凝土模板的现场库存，也可以通过向其他施工现场采购加工后的混凝土模板，尽量减少自身对混凝土模板现场存储和加工设施的需求，进一步实现现场管理成本的降低。特别地，对于城市内可用建设场地有限的建设项目，减少混凝土模板等周转材料的现场存储与加工设施需求，能够实现场地利用率的最大化。

4.7 本章小结

在讨论了施工现场混凝土模板采购、加工与周转使用计划的基础上，本章立足于混凝土模板现场存储管理，以优化混凝土模板现场临时设施动态布局为核心，考虑不同类型材料的临时设施尺寸计算、场内运输频数计算以及障碍物回避情况下的运输距离计算，提出了一种整合 BIM 和动态布局优化的施工现场临时设施布局优化与可视化方法。首先，结合 BIM 模型中存储的构件信息和施工进度计划，用于临时设施的几何尺寸和设施间运输频数的计算；其次，通过建立施工现场动态布局数学模型，利用 A - star 算法对现场实际运输距离进行计算，并设计启发式算法对模型进行求解，实现施工现场临时设施的布局优化；在此基础上，最后利用参数化建模的方法，在 BIM 模型中对布局优化结果进行三维可视化呈现。本章延续使用第 3 章中讨论的案例，验证提出方法的可行性和实用性。结果表明，考虑混凝土模板现场临时设施布局的三维可视化呈现，能够有效地降低施工现场材料运输成本，并指导实践管理工作的开展。此外，本章的研究结果还可以为单个施工现场在混凝土模板跨项目周转使用过程中采取最优的行为和策略提供决策参考。

尽管本章对混凝土模板和一般材料的现场临时设施布局优化和三维可视化呈现进行了讨论，并提出了有效的管理方法，能够为管理人员提供一定的决策参考，但是由于研究假设和研究内容的限定，该方法也存在一定的局限性。首先，立足于混凝土结构的施工管理，本书仅讨论了混凝土模板、水泥、钢筋、砂石等材料，并未对其他周转材料（如脚手架等）和一般材料（如装饰、机具设备）的现场临时设施布局进行讨论；其次，在进行三维可视化呈现时，也仅讨论了存储和加工设施为长方体的情况，对于不规则形状的临时设施未展开讨论。

第 5 章

混凝土模板跨项目周转使用动态供应链构建研究

根据本书第 3 章和第 4 章的研究结果可知，优化单个施工现场形成的混凝土模板周转使用系统，能够有效地降低施工总成本、减少施工过程中原材料的消耗和废弃物的生成。然而，考虑混凝土模板在单个施工现场内的周转使用，仍然无法完全发挥它们的潜在周转使用价值。通过构建混凝土模板跨项目周转使用供应链，能够实现闲置或者未充分使用的混凝土模板在多个施工现场周转使用，进一步减少建筑废弃物的生成，促进建筑行业的绿色转型。此外，单个施工现场的混凝土模板周转使用计划复杂程度较高，而对混凝土模板在多个施工现场组成的复杂系统中进行周转使用计划，其复杂程度将更显著增加。因此，本章旨在构建混凝土模板在多个施工现场周转使用的动态供应链，并对供应链中各个施工现场的行为进行分析，制定最优的混凝土模板周转使用策略，以最小化各个施工现场的总成本和供应链中混凝土模板的总消耗量。

首先，在对混凝土模板采购、加工和存储计划进行分析和优化的基础上，构建了单个施工现场混凝土模板周转使用的数学优化模型。其次，利用基于 Agent 的建模与仿真方法（agent-based modeling and simulation，ABMS）对多个施工现场组成的动态供应链进行分析，并给出各个施工现场的最优策略。其中，数学优化模型以最小化混凝土模板的总成本为目标，不仅可以帮助管理人员对单个施工现场的决策和行为进行分析，还为仿真模型的构建提供必要信息。本章建立的仿真模型主要包括四种具有独立决策能力的 Agent，分别是施工现场、混凝土模板商业供应商、混凝土模板回收商以及混凝土模板运输汽车。考虑到供应链中各个节点之间存在的不对称信息，本章通过引入谈判理论协助 Agent 进行信息传递。最后，通过构建重庆市内多个施工现场的混凝土模板周转使用动态供应链，对不同场景下的周转使用进行仿真分析，结果表明，运用提出的理论和方法，能够帮助建立的动态供应链节约 25.38% 的成本，减少 35.56% 的混凝土模板消耗，减少 73.18% 的混凝土模板未使用的周转使用价值。

5.1 概 述

在土木工程或者房屋建筑工程施工、整修与拆除过程中，会产生大量的固体废弃物，如废弃的混凝土块、木质构件、金属构件、沥青集料，以及无法再周转使用的混凝土模板等

(Shen et al.，2004）。由于缺乏有效的废弃物管理措施（如未能充分减少原材料消耗量、提高周转使用率，以及完善回收与再制造机制等），导致大量的土地、矿物和森林资源被浪费，同时也使得施工材料成本不断攀升。为了减少资源的消耗同时降低施工材料成本，现场管理人员采用了不同的方法和措施，以减少材料的消耗、促进材料的周转使用、加强材料的回收与再利用。大量的研究表明，减少原材料的消耗量和提高材料的周转可利用率给环境带来的负面效应最小（Huang et al.，2018；Yuan & Shen，2011）。

针对混凝土、沥青集料等直接构成建筑物主体的非周转性材料，如何减少其在施工过程中的消耗量和提高废弃物回收再利用绩效，是社会和行业关注的重点（Cha et al.，2020；Sun et al.，2020）。相比之下，混凝土模板作为周转性材料，当混凝土工程结束时，它们将不再具有使用价值，常常被当作固体施工废弃物并被处理给混凝土模板物回收商，因此，提高施工过程中混凝土模板的周转利用率，更需要引起管理人员的关注。提高施工过程中混凝土模板的周转利用率，不仅可以有效地减少施工成本，还可以促进自然资源的节约和减缓土地、森林资源的使用（Lo，2017）。

基于此，近年来，大量的学者开展了施工现场混凝土模板周转使用相关的研究工作（Mei et al.，2022b；Biruk & Jaskowshi，2017；Mansuri et al.，2017；Singh et al.，2017）。根据待浇筑混凝土构件的尺寸，从混凝土模板供应商处采购的标准板材可以在现场进行切割加工，生产出具有不同尺寸的非标准化混凝土模板拼板，当混凝土模板拼板的剩余周转使用价值（surplus reuse value，SRV）耗尽时，它们将作为废弃物被处理给回收商。根据第3章的研究结果可知，一方面，即使对单个施工现场的混凝土模板周转使用进行了充分地考虑和计划，仍然有大量的混凝土模板在被当作废弃物处理时具有一定的可周转使用价值，这些情形包括混凝土浇筑任务完成时、混凝土工程发生变更、施工现场空间狭小不适合存储等；另一方面，对于其他施工现场而言，它们可能正好需要这些闲置或者被当作废弃物的混凝土模板。因此，构建多个施工现场组成的混凝土模板周转使用供应链，促进闲置的或者未充分使用的混凝土模板在多个现场进行周转使用，能够有效地降低施工现场的总成本同时减少施工废弃物的生成量（Gan & Cheng, 2015; Akanle & Zhang, 2008）。除此之外，施工现场中常见的突发事件不仅使得现场管理较为复杂，同时也会给既定的混凝土模板跨项目周转使用计划带来巨大的不确定性。因此，促进混凝土模板的跨项目周转使用，并对动态的周转使用过程进行分析已经成为亟待解决的管理问题。

对于动态的、复杂的施工管理活动，仿真建模技术比一般的数学建模技术更有利于捕捉、描述和分析管理过程中的动态变化（Xu et al., 2020）。Agent建模与仿真技术能够较好地对复杂系统中不同决策个体的行为和决策进行建模，在供应链管理和交通运输网络设计与管理等领域得到了广泛的应用（Abar et al., 2017）。综上所述，在前两章研究的基础上，本章将利用ABMS技术构建混凝土模板跨项目周转使用供应链，并对不同仿真场景下的动态周转使用过程进行建模分析。

5.2 单个施工现场多阶段决策模型构建

针对单个施工现场混凝土模板使用过程中的决策问题，本章首先通过构建以总成本最小为目标的数学优化模型，对单个施工现场追求自身利益最大化的行为和决策进行分析。为了便于问题描述和优化模型的构建，数学模型中使用的参数、变量符号和具体的定义如表 5-1 所示。

表 5-1 单个施工现场多阶段决策模型参数及变量符号定义

参数及变量符号	定义
$s = 1, 2, \cdots, S$	施工阶段集合
$k = 1, 2, \cdots, K$	施工现场集合（construction site, CS）
$i = 1, 2, \cdots, I$ 且 $I \subset K$	需要采购混凝土模板的施工现场集合
$j = 1, 2, \cdots, J$ 且 $J \subset K$	需要处理混凝土模板的施工现场集合
$m = 1, 2, \cdots, M$	混凝土模板商业供应商集合（commercial supplier, C）
$n = 1, 2, \cdots, N$	混凝土模板回收商集合（waste disposal center, WD）
$f = 1, 2, \cdots, F$	加工标准板材得到的混凝土模板拼板集合
HC_k	混凝土模板在施工现场的单位库存成本
TC_k	混凝土模板场外运输单位运输成本
PC_k	混凝土模板标准板材单位加工成本
CP_m	混凝土模板的商业采购单位采购成本
WRC_n	混凝土模板回收商回收单位体积混凝土模板的回收成本
q_{s1}^m	在施工阶段 s 中从商业供应商 m 处采购标准板材的数量
q_{s2}	在施工阶段 s 中加工标准板材的数量

续表

参数及变量符号	定义
q_{s3}	在施工阶段 s 中混凝土模板拼板使用数量
q_{s4}	在闲置阶段 s 中混凝土模板拼板存储数量
q_{end}^{s}	在闲置阶段 s 开始前混凝土模板拼板处理数量
O_s	在施工阶段 s 中混凝土模板拼板的需求数量
V_{s4}	在闲置阶段 s 中混凝土模板拼板存储体积，$\forall s = 1, 2, \cdots, S-1$
$V_{end,n}^{s}$	在闲置阶段 s 开始前处理给回收商 n 的拼板数量
d_{km}	施工现场 k 和商业供应商 m 之间的往返运输距离
d_{kn}	施工现场 k 和回收商 n 之间的往返运输距离
Q	运输汽车最大装载量
l, w, h	混凝土模板商业供应商出售标准板材的长度，宽度，厚度
t	事件发生时间点
TN	运输汽车的数量
TFC_k	施工现场 k 的混凝土模板总成本
x_{kms}	在施工阶段 s 中施工现场 k 从商业供应商 m 采购混凝土模板标准板材，$x_{kms}=1$；否则，$x_{kms}=0$
y_{kns}	在闲置阶段 s 开始前施工现场 k 向混凝土模板回收商 n 处理混凝土模板拼板，$y_{kns}=1$；否则，$y_{kns}=0$
z_{ks}	在闲置阶段 s 中施工现场 k 存储混凝土模板拼板，$z_{ks}=1$；否则，$z_{ks}=0$

5.2.1　单个施工现场多阶段决策问题描述

由于混凝土模板对工程进度和成本有着较大的影响，因此现场管理人员需要对混凝土模板的采购、加工、存储、周转使用和回收处理等进行最优的决策。结合巴尔博萨等（Barbosa et al., 2014）的研究成果和实地调研结果，图 5-1 呈现了单个施工现场中混凝土模板多阶段管理决策过程。

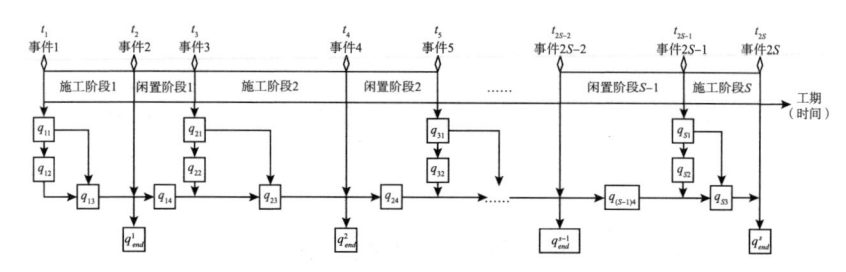

图 5-1　单个施工现场混凝土模板多阶段管理决策过程

如图 5-1 所示，"施工阶段"是指从安装混凝土模板开始，到混凝土构件浇筑完成并拆模为止的整个时间段；"闲置阶段"则代表了混凝土模板从浇筑完成的混凝土构件上拆除，到被周转使用到下一次浇筑任务开始为止的时间段。为了便于描述各个阶段和决策过程，每一个"施工阶段"和"闲置阶段"的开始与结束节点均由与工程进度相关的离散事件进行表示。当任意一个"施工阶段"开始时，现场管理人员需要对最优的混凝土模板采购数量 q_{s1}、加工数量 q_{s2} 和使用数量 q_{s3} 进行决策，以满足混凝土工程施工的需求；而当任意一个"闲置阶段"开始时，现场管理人员则需要根据成本、工期、现场存储条件以及后续施工需求等，决定现场存储 q_{s4} 和处理给混凝土模板回收商的混凝土模板拼板（面板）最优数量 q_{end}^s。根据以上一系列的管理决策，最终实现施工现场混凝土模板使用的成本最小。

5.2.2 单个施工现场多阶段决策数学模型构建

基于以上分析，以混凝土模板管理总成本最小为目标函数，单个施工现场混凝土模板多阶段管理决策数学模型构建如下：

$$\min TFC_k = \sum_{s=1}^{S}\sum_{m=1}^{M} CP_m \times q_{s1}^m \times x_{kms} + \sum_{s=1}^{S}\sum_{m=1}^{M} TC_k \times d_{km} \times q_{s1}^m$$

$$\times l \times w \times h \times x_{kms} + \sum_{s=1}^{S} PC_k \times q_{s2} + \sum_{s=1}^{S} HC_k \times q_{s4}$$

$$\times V_{s4} \times (t_{2s+1} - t_{2s}) \times z_{ks} + \sum_{s=1}^{S}\sum_{n=1}^{N} TC_k \times d_{kn}$$

$$\times V_{end,n}^s \times y_{kns} - \sum_{s=1}^{S}\sum_{n=1}^{N} WRC_n \times V_{end,n}^s \times y_{kns} \quad (5-1)$$

s.t.

$$q_{s1}^m \times l \times w \times h \times x_{kms} \leq Q \quad (5-2)$$

$$V_{end,n}^s \times y_{kns} \leq Q \quad (5-3)$$

$$q_{s3} \geq O_s \quad (5-4)$$

$$x_{kms} - x_{mks} = 0 \quad (5-5)$$

$$y_{kns} - y_{nks} = 0 \quad (5-6)$$

$$x_{kms} \in \{0, 1\} \quad (5-7)$$

$$y_{kns} \in \{0, 1\} \quad (5-8)$$

$$z_{ks} \in \{0, 1\} \quad (5-9)$$

式（5-1）为数学模型的目标函数，即以单个施工现场混凝土模板总成本最小为目标；混凝土模板总成本由六个部分组成，分别为混凝土模板采购成本、采购过程中的运输成本、混凝土模板加工成本、混凝土模板现场存储成本、混凝土模板处理过程中的运输成本以及处理给混凝土模板回收商获取的收益。式（5-2）和式（5-3）分别为混凝土模板采购与处理过程中运输汽车的载重量约束。式（5-4）保证每个施工阶段中的混凝土模板需求得到满足。式（5-5）和式（5-6）对运输汽车执行采购运输和处理运输任务的起始和终止节点进行约束，即任意一辆汽车从某个施工现场出发，在完成运输任务后必须返回该施工现场。式（5-7）~式（5-9）则分别对数学模型中各个决策变量的定义域进行约束。

通过构建的数学模型不难发现，模型中仅仅对经济指标（成本）进行了优化，近年来引起学者和行业从业人员关注的资源节约问题没有得到充分的考虑，如减少原材料消耗（Ding et al., 2018；Lo, 2017）。将多种优化指标考虑到数学模型中，则会增加模型求解的复杂程度，不仅如此，多个施工现场的多阶段动态决策，也会加大数学建模的难度。更重要的是，当每个施工现场执行如图5-1所示的决策过程时，所有的混凝土模板均来自商业供应商，闲置的或者不再需要的混凝土模板均处理给混凝土模板回收商，造成了大量资源的浪费。

5.3 基于 Agent 的动态供应链仿真模型构建

为了克服数学建模技术的不足，并充分考虑混凝土模板在多个施工现场组成的动态供应链中的周转使用，本节将利用基于 Agent 的建模与仿真技术对混凝土模板跨项目周转使用供应链进行构建，并对动态周转过程进行分析。下文将分别对混凝土模板动态周转过程、每种 Agent 的属性和行为、Agent 之间的交互作用以及仿真环境进行详细的介绍。

5.3.1 混凝土模板跨项目动态周转过程

结合开挖土石方动态供应链建模过程（Gan & Cheng, 2015），本节构建的离散事件驱动的混凝土模板跨项目周转供应链如图 5-2 所示。图 5-2 中的供应链包含三种类型的参与者，即 6 个施工现场、1 个混凝土模板商业供应商（C）和 1 个混凝土模板回收商（WD）。根据图 5-1 所示的单个施工现场多阶段决策过程，在混凝土工程进行过程中，混凝土模板要么处于施工阶段，要么处于闲置阶段。因此，在某一个时间节点 t，施工现场不是处于需要采购混凝土模板状态（P）就是处于需要处理混凝土模板状态（D）。为了不失一般性，根据施工进度计划，任意一个施工现场可以加入或者退出该供应链。

当建立的供应链处于时间节点 t，存在事件集合为 e 时，即施工现场 P_2、施工现场 P_4、施工现场 P_6 开始进行混凝土工程需要采购混凝土模板，施工现场 D_1、施工现场 D_3、施工现场 D_5 完成混凝土工程需要处理闲置的混凝土模板、供应链的架构及混凝土模板的供需关系，如图 5-2（1）所示。例如，施工现场 P_6 分别从施工现场 D_5 和商业供应商 C 处采购需要的混凝土模板；施工现场 D_3 将闲置的或者不再需要的部分混凝土模板出售给施

图 5-2 离散事件驱动的混凝土模板跨项目周转供应链

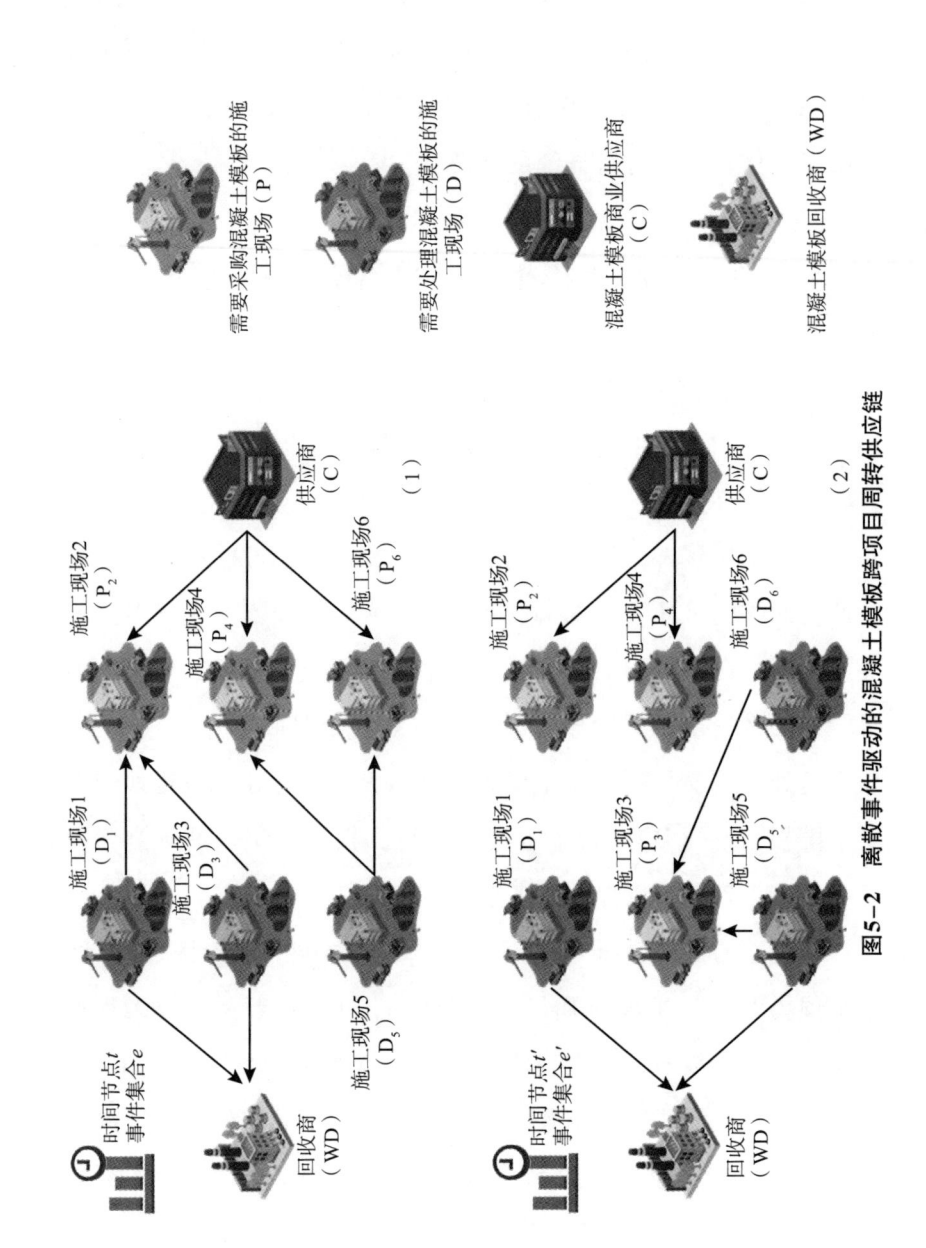

工现场 P_2，将另一部分混凝土模板处理给回收商 WD。随着时间的推移，当建立的供应链处于时间节点 t'，存在事件集合为 e' 时，供应链的架构及混凝土模板的供需关系变化如图 5-2（2）所示，例如，施工现场 C_6 的状态由需要采购混凝土模板 P_6 转换为需要处理混凝土模板 D_6。由此可见，在不同的时间节点和不同的事件驱动下，建立的混凝土模板跨项目周转供应链是处于动态变化的。

在此基础上，每一个施工现场根据自身利益最大化所作出的决策和采取的行为，包括混凝土模板的采购对象与数量、加工与存储数量、处理对象与数量等，都会对供应链中其他的参与者决策和行为产生影响。不仅如此，供应链中所有决策者的决策和行为结果将会对整个供应链中混凝土模板的消耗量和成本产生影响（Macal & North，2010）。因此，采用 ABMS 技术对混凝土模板跨项目周转供应链进行建模与仿真，能够有效地帮助现场管理人员制定最优的决策和采取最优行为。

5.3.2 Agent 属性及行为定义

为了对混凝土模板跨项目动态周转的过程进行刻画，本章采用具有独立决策能力的异质 Agent 进行仿真模型构建。这些 Agent 可以分为四类，包括施工现场、混凝土模板商业供应商、混凝土模板回收商以及混凝土模板运输汽车。每种 Agent 的属性及行为定义如下。

(1) 施工现场 Agent。

在建立的仿真模型中，施工现场 Agent 包含了6种静态属性和9种变量，如表5-2所示。静态属性对施工现场 Agent 的基本信息进行了界定，一般情况下，静态属性不会随着仿真的进行而改变。其中，"名称"和"地理位置"属性分别用来识别不同的施工现场和计算运输距离；"进度计划"和"混凝土模板拼板需求"属性由施工进度计划和材料需求计划（material requirement plan，MRP）进行确定；"单位成本"包括了混凝土模板的单位存储成本、单位加工成本、场外单位运输成本，"单位售价"则表示某个施工现场将闲置的或者不再需要的混凝土模板拼板出售给其他施工现场的价格，它们都与各个施工现场的运营管理水平相关。

表5-2 施工现场 Agent 属性定义

类型	定义	符号
静态属性	名称	施工现场（CS）
	地理位置	经度（$LONG$），纬度（LAT）
	进度计划	开始时间（ST），结束时间（FT），工期（DUR）
	混凝土模板拼板需求	长度（Fl），宽度（Fw），厚度（Fh），数量（FQ），使用次数（UTs）
	单位成本	库存成本（HC），运输成本（TC），加工成本（PC）
	单位售价	混凝土模板拼板销售单价（SP）
变量	周转次数	剩余周转次数（$RRTs$）
	剩余周转价值	剩余周转价值（SRV）
	商业采购	采购数量（CQ）
	现场加工	加工数量（PQ）
	现场存储	长度（Sl），宽度（Sw），厚度（Sh），数量（SQ）

续表

类型	定义	符号
变量	不可周转模板拼板	长度（El），宽度（Ew），厚度（Eh），数量（EQ）
	招标公告信息	长度（Al），宽度（Aw），厚度（Ah），数量（AQ）
	投标信息	长度（Bl），宽度（Bw），厚度（Bh），数量（BQ）
	交易信息	长度（Tl），宽度（Tw），厚度（Th），数量（TQ）

考虑混凝土模板动态周转过程中，模板拼板的几何尺寸（如长度和宽度）、数量以及剩余周转使用价值都在发生变化，而施工现场的每一个决策和行为都会对整个动态周转过程产生影响，因此模型中采用了 9 种变量对施工现场 Agent 的动态属性进行表示。其中，"周转次数"表示混凝土模板拼板的剩余周转次数，其数值等于前一阶段的"周转次数"与该阶段的"使用次数（UTs）"的差值；"剩余周转价值"与施工现场的混凝土模板拼板单位售价和拼板的"周转次数"相关，主要用来计算将混凝土模板拼板出售给其他施工现场而不是处理给回收商的期望收益；"商业采购""现场加工""现场存储""不可周转模板拼板"所表示的信息会随着施工现场制定的决策和采取的行为变化而变化，包括从商业供应商处采购的标准混凝土模板数量、根据 MRP 加工的混凝土模板数量、考虑施工现场存储空间等约束的混凝土模板拼板存储数量、处理给回收商的混凝土模板拼板数量等；"招标公告信息""投标信息""交易信息"描述了不同的施工现场 Agent 交互作用情况下的信息，将在后文中进行详细介绍。

仿真模型中建立的施工现场 Agent 需要对混凝土模板跨项目

周转供应链中各个施工现场的管理决策活动进行模拟。如上文所述，每个施工现场可以同时从商业供应商和其他施工现场处采购需求的混凝土模板，也可以将闲置的混凝土模板出售给其他施工现场或者处理给回收商。因此，为了便于对施工现场的决策过程进行模拟，在仿真模型中，为施工现场 Agent 定义了两种状态，即混凝土模板采购状态和混凝土模板处理状态。

为了实现施工现场需求混凝土模板的采购成本、加工成本和运输成本最小化，处于混凝土模板采购状态的施工现场 Agent 需要制定的决策主要包含两个：第一，决定是否需要采购混凝土模板拼板；第二，决定采购的对象（如商业供应商、其他施工现场）与采购的混凝土模板尺寸及数量。如图 5-3 所示，施工现场 Agent 首先需要将混凝土模板的现场库存与 MRP 进行对比，如果已有库存无法满足 MRP 的需求，Agent 将面向其他施工现场发布混凝土模板采购招标公告。其次，Agent 需要确定最终混凝土模板的采购对象和采购的混凝土模板数量及尺寸，如果没有其他的施工现场响应招标公告，或者从其他施工现场采购混凝土模板总成本高于从商业供应商处采购混凝土模板的总成本，Agent 将从商业供应商处采购混凝土模板标准板材，并按照施工需求进行加工和使用。重复以上过程，直到满足混凝土模板施工需求为止。"排序并评估收到的投标文件"行为是施工现场 Agent 交互作用的一个重要部分，将在后文引入的谈判理论中进行详细介绍。

当混凝土模板处于闲置状态时（即，未进行混凝土构件浇筑施工），施工现场需要考虑三个方面的决策问题：考虑下一个施工阶段的混凝土模板需求确定现场存储的最优数量，考虑现场存储空间和成本等约束确定出售给其他施工现场的最优数量,以及考虑废弃物回收收益确定处理给回收商的最优数量。

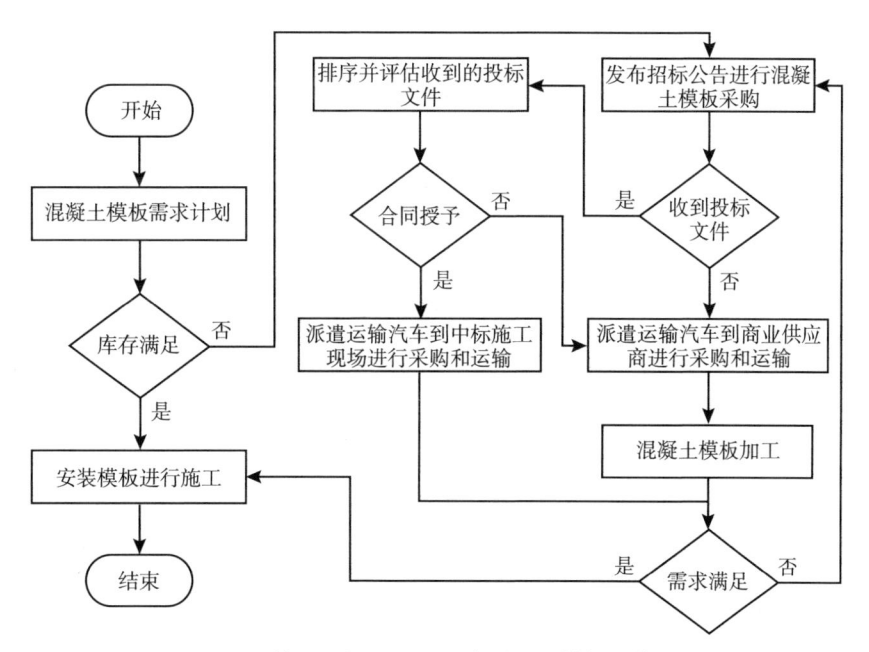

图 5-3 施工现场 Agent 采购混凝土模板决策过程

如图 5-4 所示,当施工现场 Agent 处于混凝土模板处理状态时,首先需要将不可再周转使用的混凝土模板（$SRV = 0$）处理给回收商,然后再根据不同决策下的期望收益最大化,决定如何处置闲置的混凝土模板拼板（$SRV > 0$）。特别地,如果此时 Agent 同时收到多个混凝土模板采购招标公告,它将会选择期望收益最高的一个开展投标活动。如果施工现场 Agent 选择不参与投标,则会进一步对混凝土模板拼板现场存储期望收益（ESR）和混凝土模板回收处理期望收益（EDR）进行比较,从而制定最优的决策。

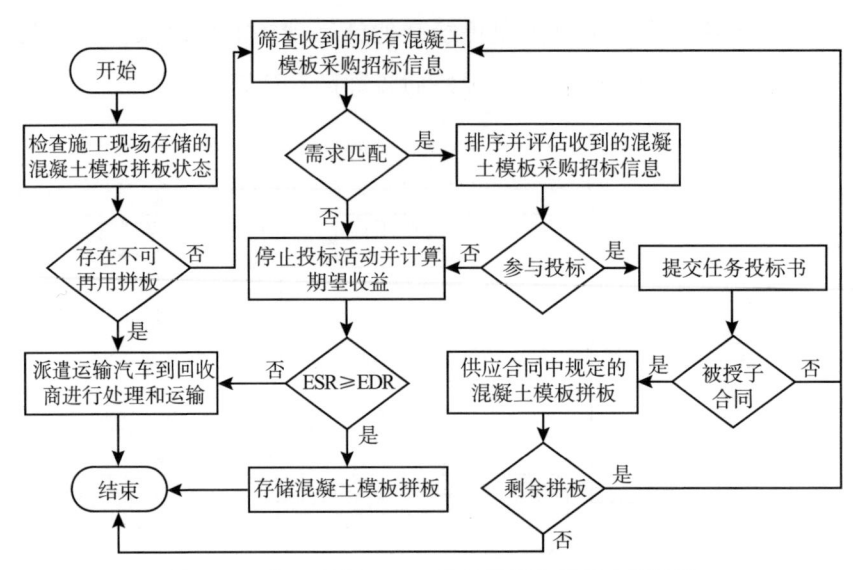

图 5-4　施工现场 Agent 处理混凝土模板决策过程

（2）混凝土模板商业供应商 Agent。

在混凝土模板跨项目周转供应链中，商业供应商在接到施工现场提供的采购订单后，为它们提供具有标准尺寸的混凝土模板，即混凝土模板标准板材。考虑到工程项目建设的一次性，本章在进行模型构建时并未考虑施工现场与商业供应商之间的合作关系，同时，假定每个商业供应商拥有足够的混凝土模板库存。因此，商业供应商 Agent 在完成施工现场的采购订单时，不存在偏好问题，而是以最大化利润为目标。如表 5-3 所示，商业供应商 Agent 具有 5 种静态属性和 2 种变量。前两种静态属性对商业供应商的基本信息进行描述，后三种静态属性则表示了混凝土模板标准板的尺寸和最大周转使用次数。为了追踪和记录供应链中混凝土模板标准板材的消耗量随时间推移的变化情况，商业供应商 Agent 的变量包括"销售数量"和"销售总量"。

表 5-3　　　　　　　　商业供应商 Agent 属性定义

类型	定义	符号
静态属性	名称	混凝土模板商业供应商（C）
	地理位置	经度（$LONG$），纬度（LAT）
	单位售价	商业单价（CP）
	标准板材尺寸	长度（l），宽度（w），厚度（h）
变量	周转次数	最大周转次数（$MRTs$）
	销售数量	标准板材数量（SQ）
	销售总量	标准板材总数量（TSQ）

（3）混凝土模板回收商 Agent。

一般地，施工现场中产生的废弃物可以运输至指定的地点进行填埋处理，或者经过回收商专业的回收处理，再生产成为新的建筑材料（Rahimzadeh et al.，2018）。当生成的施工废弃物进行填埋处理时，施工现场必须支付一定的填埋处理费用，这将直接导致工程成本的增加，同时也会造成环境污染和土地资源浪费等问题（Yuan & Wang，2014）。当施工现场将产生的废弃物处理给废弃物回收商，不仅可以从回收商处获取一定的报酬，还有利于资源的再利用。因此，本章构建的混凝土模板跨项目周转供应链中，混凝土模板回收商主要负责对废弃的混凝土模板进行回收处理，并支付给施工现场回收报酬（WRC），如表 5-4 所示。对于混凝土模板回收商而言，他们可以通过出售回收材料和政府给予的补贴来获取利润（Huang et al.，2018）。由于研究问题和范畴的界定，本章中未对回收商的运营问题进行讨论，构建的回收商 Agent 仅负责与施工现场 Agent 之间的交互活动。同时，与商业供应商 Agent 类似，为了追踪和记录供应链中处理的废弃混凝土模板量和剩余的周转使用价值，该类型的 Agent 也具有 2 种变量，即"回收体积"和"总回收体积"。

表5-4　　　　　　　　　回收商 Agent 属性定义

类型	定义	符号
静态属性	名称	混凝土模板回收商（WD）
	地理位置	经度（$LONG$），纬度（LAT）
	单位成本	混凝土模板回收单位成本（WRC）
变量	回收体积	混凝土模板拼板体积（WDV）
	总回收体积	混凝土模板拼板总体积（$TWDV$）

（4）混凝土模板运输汽车 Agent。

由于场外运输成本对混凝土模板总成本有着较大的影响，因此在仿真模型中，通过构建混凝土模板运输汽车 Agent 对运输过程中实际的运输距离进行记录，并计算实际的运输汽车数量需求。一方面，在传统的运输网络设计与运营研究问题中，通常用欧氏距离代替实际的运输距离，虽然该方法有助于减少计算复杂度，但却与实际情况相差较大，对于复杂的交通运输网络，还可能使得优化结果无效；另一方面，由于运输汽车载重量的限制，通常一辆运输汽车无法完成指派的运输任务。因此，建立的运输汽车 Agent 需要对指派运输任务进行划分，合理分配最优的运输汽车数量，并在完成运输任务后对实际的运输距离进行记录。运输汽车 Agent 的属性和决策过程如表5-5和图5-5所示。

表 5–5　　　　　　　　运输汽车 Agent 属性定义

类型	定义	符号
静态属性	名称	混凝土模板运输汽车（TT）
	初始地理位置	初始经度（$OLONG$），初始纬度（$OLAT$）
	载重量	最大载重量（Q）
变量	运输汽车数量	数量（TN）
	运输任务	体积（VF），目的地经度（$DLONG$），目的地纬度（$DLAT$）
	运输距离	往返运输距离（TTD）

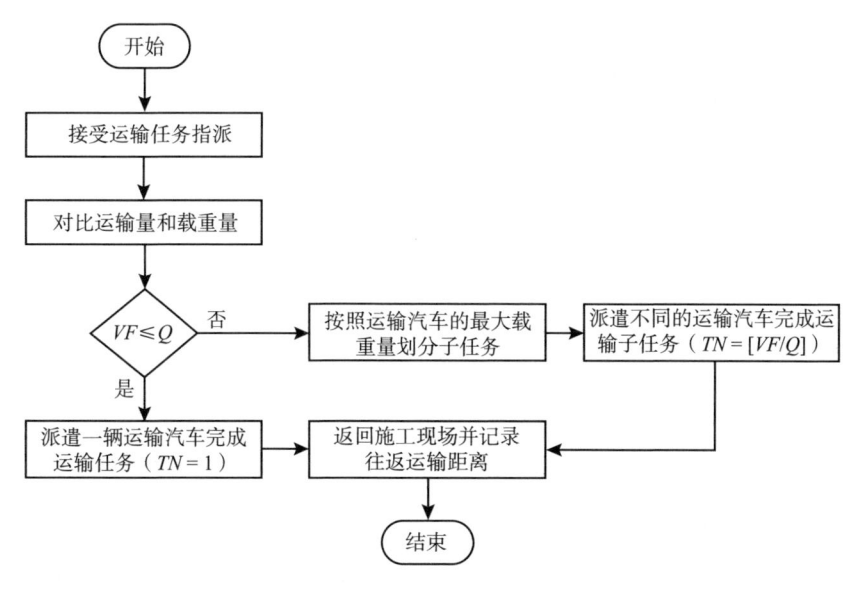

图 5–5　混凝土模板运输汽车 Agent 决策过程

类似地，静态属性"名称""初始地理位置"和"载重量"表示了运输汽车 Agent 的基本信息。在建立的仿真模型中，运输汽车必须从施工现场出发，在完成运输任务后返回该施工现场，每一辆运输汽车的最大载重量都相同。当运输汽车 Agent 收到它所在的施工现场指派的运输任务时，首先需要比较任务中的混凝土模板运输量与运输汽车最大载重量，如果运输任务无法由一辆运输汽车完成，则该 Agent 需要按照运输汽车的最大载重量将该运输任务划分成多个子任务，其次确定需要指派的运输汽车数量。最后，运输汽车完成运输任务返回施工现场，并记录下实际的运输距离。

5.3.3 交互形式与仿真环境构建

利用 ABMS 方法，不同的 Agent 可以根据静态属性进行识别，不同的变量能够对仿真模型中 Agent 的状态变化进行记录和反馈。根据 Agent 独有的决策制定过程，每种 Agent 都能选择符合自身利益最大化的策略和行为。不仅如此，作为一种自下而上的仿真方法，整个供应链的动态属性还会随着不同的个体行为和行为之间的交互作用，以及个体与环境之间的交互作用发生改变（Zhang et al.，2019）。因此，Agent 之间的交互形式和仿真环境构建对仿真结果至关重要，后文将基于谈判理论中的协商协议和地理信息系统（GIS）拓扑结构，对 Agent 交互形式和仿真环境构建进行讨论。

（1）协商协议。

竞争与合作是贸易中不同参与者之间通常讨论的话题，而参与者之间的谈判与协商更是必不可少的交流与交互环节。对已有研究进行分析不难发现，Agent 之间的交流与交互也可以分为竞争和合作两种类型（Barbati et al.，2012；Macal & North，2010）。在史密斯（Smith，1980）提出的合同网协议（contract net protocol，CNP）基础上，学者们又提出了协商协议（negotiation protocol）并在 Agent 交互研究中进行了广泛的应用。与竞争的交互形式相比，合作的交互形式能够有效地减少资源冲突，实现系统的总体目标。为了同时最小化施工现场混凝土模板总成本和供应链中混凝土模板的消耗量，本章将协商协议引入 Agent 的决策过程中。

考虑 Agent 之间的信息不对称情况，如本章讨论施工现场之间的信息不对称，协商协议能够有效地促进施工现场 Agent 之间的交流与交互。在仿真模型中使用协商协议，大多是采用双向"信息发送"的形式，而传递的信息主要包括"任务招标""任务投标"和"合同授予"三种类型。图 5-3 和图 5-4 对建立的仿真模型中信息发布行为和过程进行了呈现，图 5-6 对传递信息的具体内容进行了说明。

类型	混凝土模板采购招标
收件人	潜在的混凝土模板供应现场 D_j
发件人	施工现场 P_i
任务编号	i-s-1
招标信息摘要	任务类型→混凝土模板采购 采购方名称→P_i 采购方地理位置→（$LONG_i$, LAT_i） 采购需求→AD_f^s, AQ_f^s
资格审查	与招标需求混凝土模板尺寸匹配 模板可用于周转使用（$RRTs>0$）
投标要求信息	地理位置 单位售价 投标模板剩余周转次数 投标模板尺寸与数量
有效期	结束时间→t_{2s-1}

（1）任务招标相关信息

类型	混凝土模板采购投标
收件人	施工现场P_i
发件人	施工现场D_j
任务编号	i-s-1
投标信息摘要	投标方名称→D_j 投标方地理位置→($LONG_j$, LAT_j) 单位售价→SP_j 投标模板剩余周转次数→$RRTs_f^s$ 投标模板尺寸与数量→BD_f^s, BQ_f^s

（2）任务投标相关信息

类型	合同授予
收件人	施工现场D_j
发件人	施工现场P_i
合同编号	i-j-s-1
合同规定内容	交易混凝土模板尺寸与数量 →TD_f^s, TQ_f^s

（3）合同授予相关信息

图5-6 仿真模型中协商协议具体信息设置

当任务招标发布方（即某个需要采购混凝土模板的施工现场）同时收到多个任务投标文件时，需要对收到的所有投标文件进行排序和评估，再将合同授予期望收益最高的投标方。在评价多个投标文件的优先级时，本章采用从潜在合作方（即参与投标的施工现场）采购混凝土模板的总成本与运输成本的比值作为参考依据。任务招标方将进一步对具有最高优先级的投标文件进行评估，即比较从该投标方处采购混凝土模板拼板的总成本和从商业供应商处采购混凝土模板标准板材的总成本，并选择成本较低的一方授予合同。上文提到的投标文件排序比值（BRR）和采购成本差额（CD）的具体计算方法如下。

$$TTC_{ij} = TC_i \times d_{ij} \times TN_j \times \sum_{f=1}^{F}(Bl_f^s \times Bw_f^s \times Bh_f^s \times BQ_f^s)$$

$$(5-10)$$

$$TSP_{ij} = SP_j \times \sum_{f=1}^{F}(RRTs_f^s \times BQ_f^s \times \varepsilon_f^s) \quad (5-11)$$

$$BBR = TSP_{ij}/TTC_{ij} \quad (5-12)$$

$$TFC_{ij} = TSP_{ij} + TTC_{ij} \quad (5-13)$$

$$TTC_{im} = TC_i \times d_{im} \times TN_m \times \sum_{f=1}^{F}(Bl_f^s \times Bw_f^s \times Bh_f^s \times BQ_f^s)$$

$$(5-14)$$

$$TCP_{im} = CP_m \times CQ^s \quad (5-15)$$

$$TPC_i = PC_i \times \sum_{f=1}^{F} BQ_f^s \quad (5-16)$$

$$TFC_{im} = TTC_{im} + TCP_{im} + TPC_i \quad (5-17)$$

$$CD = TFC_{ij} - TFC_{im} \quad (5-18)$$

其中，ε_f^s 表示在施工阶段 s 中，第 f 类混凝土模板拼板与标准板材面积的比值。

参与投标的施工现场中，如果某个施工现场被授予了任务合同，即成为混凝土模板的供应商，那么式（5-10）和式（5-11）分别表示混凝土模板拼板的采购运输成本和采购成本；式（5-12）和式（5-13）则分别计算了投标文件排序比值（BBR）和混凝土模板的总成本。当任务招标方选择商业供应商授予合同，式（5-14）~式（5-16）则分别对混凝土模板运输成本、采购成本和加工成本进行计算，式（5-17）表示以上三项成本的总和。式（5-18）则表示了从施工现场采购混凝土模板和从商业供应商采购混凝土模板的成本差额。为了最大化混凝土模板的周转利用率，当且仅当成本差额为正数时，商业供应商被授予合同。除此之外，本章还设计了三个参考依据，即 ERD_1、ERD_2 和 TSP_i，帮助需要处理混凝土模板拼板的施工现场进行决策，即是否参与投标活动，具体的计算方法如下。

$$THC_j = HC_j \times \sum_{f=1}^{F}(Sl_f^s \times Sw_f^s \times Sh_f^s \times SQ_f^s) \times [\min(t_{2s-1}^i, t_{2s+1}^j) - t_{2s}^j]$$

$$(5-19)$$

$$SRV_j = SP_j \times \sum_{f=1}^{F}(RRTs_f^s \times SQ_f^s \times \varepsilon_f^s) \quad (5-20)$$

$$ESR_j = SRV_j - THC_j \quad (5-21)$$

$$TTC_{jn} = TC_j \times d_{jn} \times TN_n \times \sum_{f=1}^{F}(Sl_f^s \times Sw_f^s \times Sh_f^s \times SQ_f^s)$$

$$(5-22)$$

$$TWRC_n = WRC_n \times \sum_{f=1}^{F} SQ_f^s \quad (5-23)$$

$$EDR_j = TWRC_n - TTC_{jn} \quad (5-24)$$

$$ERD_1 = EDR_j - ESR_j \quad (5-25)$$

$$TSP_j = SP_j \times \sum_{f=1}^{F}[RRTs_f^s \times \min(AQ_f^s, SQ_f^s) \times \varepsilon_f^s]$$

$$(5-26)$$

$$ERD_2 = \begin{cases} TSP_j - ESR_j, & ERD_1 \leqslant 0 \\ TSP_j - EDR_j, & 其他 \end{cases} \quad (5-27)$$

其中，ε_f^s 表示在施工阶段 s 中，第 f 类混凝土模板拼板与标准板材面积的比值；ERD_1 表示混凝土模板拼板在施工现场存储和处理给回收商的期望收益差额；ERD_2 表示施工现场参与投标的期望收益差额；TSP_j 表示施工现场 j 出售混凝土模板拼板可获得的总收益。

式（5-19）对混凝土模板拼板在施工现场的存储成本进行计算；其中，存储时间的计算以当前施工阶段结束为起点，以如图5-6所示的合同结束时间和下一个施工阶段开始时间中的较小者为终点。式（5-20）对施工现场混凝土模板拼板的剩余周转总价值进行了计算，在此基础上，式（5-21）计算了施工现场混凝土模板拼板的存储期望收益。混凝土模板拼板的处理运输成本、处理回收收益和期望处理收益分别由式（5-22）~式（5-24）进行计算。式（5-25）用于计算混凝土模板拼板在施工现场存储和处理给回收商的期望收益差额，当且仅当期望收益差额为正数时，施工现场选择处理闲置的混凝土模板拼板。式（5-26）计算了施工现场出售混凝土模板拼板的总收益，主要用来对收到的多个任务招标文件进行排序，出售混凝土模板拼板的收益越高，施工现场参与该任务招标的优先级越高。式（5-27）根据计算得到的 ERD_1 值，分别计算不同情况下施工现场参与投标的期望收益 ERD_2。同理，当且仅当 ERD_2 非负时，施工现场会参与投标活动。

（2）仿真环境构建。

在 ABM 仿真模型中，每一个 Agent 在创建时都只具备自己的私有信息和个体行为，仿真环境的构建则为 Agent 之间的交流与交互提供了途径。一般地，在描述 Agent 之间的信息传递时，需要对 Agent 拓扑结构进行合理的设计。根据不同的建模与仿真目标，常见的 Agent 拓扑结构有以下五种（Macal & North, 2010），即欧几里得二维/三维空间、元胞自动机、关系网络、地理信息系统（GIS）和"汤"模型。本章讨论的施工现场、混凝土模板商业供应商和混凝土模板回收商等，都具有真实的地理位置信息，不仅如此，为了保证仿真结果的有效性，还需要对混凝土模板运输汽车真实的运输距离进行计算。因此，本节采用 GIS 拓扑结构对仿真环境进行构建。利用 GIS 地图构建的仿真环境中，每一个创建的 Agent 都具有特定的经度与纬度坐标，同时，连接它们之间的路径也存在于现实中的道路网络。

施工现场发生的各种离散事件也会对仿真结果造成影响，因此，本节采用两种类型的离散事件来刻画仿真过程中动态变化。第一种离散事件基于各个施工现场的进度计划，如开工、竣工等，如图 5-1 所示，与仿真时间的流逝密切相关，施工现场会在这些离散事件发生时，作出与混凝土模板管理相关的决策。第二种离散事件用于表示施工现场发生的突发事件，如施工进度和混凝土模板需求量的变更等。基于可视化的 Anylogic 仿真平台（Abar et al., 2017; Jabri & Zayed, 2017），本节对基于 GIS 拓扑结构的仿真环境进行构建，并设置了相应的离散事件触发器，对仿真过程中发生的离散事件进行模拟。

5.4　案例研究

为了对构建的混凝土模板跨项目周转供应链和提出的 ABMS 方法进行应用和验证，本节通过构建重庆市内多个施工现场的混凝土模板周转使用动态供应链，对不同场景下的周转使用动态过程进行仿真分析。案例中采用了三种仿真场景，并分别对每个施工现场在不同决策时点的决策与行为，以及相应的混凝土模板总成本和消耗量进行了对比分析。案例中构建的仿真模型通过 Anylogic 软件进行构建和运行，相关的数据来源于重庆市内六个在建项目的施工现场实地调研。

5.4.1 仿真模型参数与场景设置

案例中构建的基于 Agent 的仿真模型如图 5-7 所示，包括基于 GIS 的仿真环境和四种具有独立决策能力的 Agent，即施工现场（CS）、混凝土模板商业供应商（C）、混凝土模板回收商（WD）和混凝土模板运输汽车。

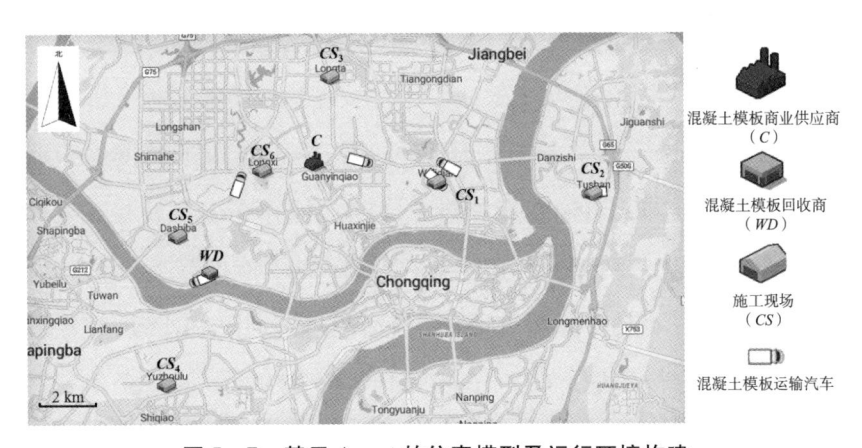

图 5-7 基于 Agent 的仿真模型及运行环境构建

表 5-6 中列出了案例中 6 个在建项目施工现场、商业供应商和回收商的实际地理位置信息，用于在 GIS 环境中对不同类别的

Agent 进行定位。相应地，案例中分别构建了 6 个施工现场 Agent、1 个商业供应商和 1 个回收商，混凝土模板运输汽车 Agent 以"智能体群"类型进行创建，然后通过它们的"初始地理位置"与施工现场"地理位置"属性匹配，分配给不同的施工现场。

表 5–6　　仿真环境中创建的 Agent 真实地理位置信息

Agent	标签	经度	纬度
商业供应商	C	106°31′27.69″E	29°35′22.70″N
回收商	WD	106°26′53.91″E	29°33′43.85″N
施工现场 1	CS_1	106°33′20.76″E	29°35′1.13″N
施工现场 2	CS_2	106°35′45.80″E	29°34′51.03″N
施工现场 3	CS_3	106°31′41.55″E	29°36′24.86″N
施工现场 4	CS_4	106°29′6.13″E	29°32′18.79″N
施工现场 5	CS_5	106°29′18.01″E	29°34′17.69″N
施工现场 6	CS_6	106°30′37.17″E	29°35′10.12″N

结合图 5–7 所示的 GIS 环境可知，由于城市道路网络设计和通行需求不同，运输起点和终点之间可能存在多条路径，甚至有些路径属于"单行道"，传统的直线距离不能度量实际的运输距离，因此需要对实际运输距离进行计算。利用 Anylogic 建模的优势，案例中构建的运输汽车 Agent 能够选择最短的路径执行运输任务，并记录实际的往返运输距离。

除了不同种类 Agent 的地理位置信息，仿真模型中还需要对其他静态属性参数进行设置。表 5–7 列举了案例中不同施工现场的单位库存成本、单位运输成本、单位加工成本和单位销售价格，由于不同施工现场的运营与管理水平不同，现场可用空间存在差异，以及施工现场的周围环境迥异，每个施工现场的成本参数不尽相同。例如，由于施工现场 CS_1 处于繁华的商业中心区，其单位库存成本明显高于其他的施工现场。表 5–8 ~ 表 5–9 则分别对案例中商业供应商、回收商和运输汽车的静态属性参数进行说明。

表 5–7　　　　　　　施工现场 Agent 静态属性参数值设置

标签	单位库存成本 [元/(立方米·天)]	单位运输成本 [元/(立方米·千米)]	单位加工成本 （元/块）	单位销售价格 [元/(块·次)]
CS_1	10.37	76.29	1.91	6.29
CS_2	4.48	78.12	2.14	6.30
CS_3	3.86	62.54	1.72	5.88
CS_4	4.38	78.26	0.84	6.10
CS_5	4.35	72.65	1.47	6.05
CS_6	3.71	61.95	0.98	6.20

表 5–8　　　　混凝土模板商业供应商 Agent 静态属性参数值设置

标签	商业单价 （元/块）	标准板材尺寸 （毫米）	最大周转次数 （次）
C	65.26	1 830 × 915 × 13	5

表 5–9　混凝土模板回收商 Agent 和运输汽车 Agent 静态属性参数值设置

标签	回收单位成本 （元/立方米）	标签	最大载重量 （立方米）
WD	40	混凝土模板运输汽车	19.475

案例中6个施工现场关于混凝土模板使用的施工进度计划如图5-8所示，在每一个施工阶段和闲置阶段的开始与结束时间处，由离散事件触发器产生第一类基于时间的离散事件，在这些时间节点，施工现场Agent会相应地作出最优的决策并执行。

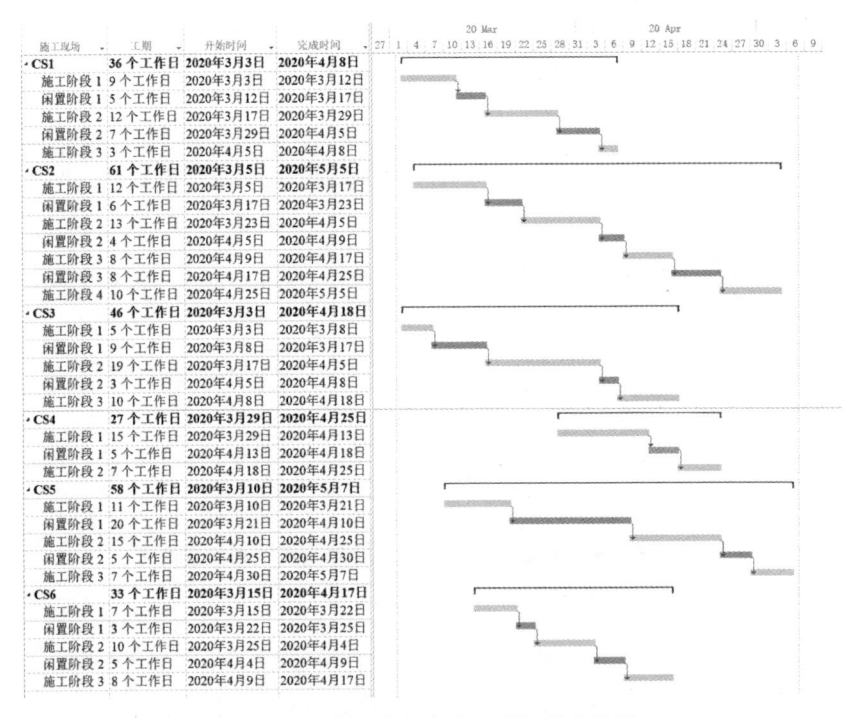

施工现场	工期	开始时间	完成时间
▾CS1	36个工作日	2020年3月3日	2020年4月8日
施工阶段1	9个工作日	2020年3月3日	2020年3月12日
闲置阶段1	5个工作日	2020年3月12日	2020年3月17日
施工阶段2	12个工作日	2020年3月17日	2020年3月29日
闲置阶段2	7个工作日	2020年3月29日	2020年4月5日
施工阶段3	3个工作日	2020年4月5日	2020年4月8日
▾CS2	61个工作日	2020年3月5日	2020年5月5日
施工阶段1	12个工作日	2020年3月5日	2020年3月17日
闲置阶段1	6个工作日	2020年3月17日	2020年3月23日
施工阶段2	13个工作日	2020年3月23日	2020年4月5日
闲置阶段2	4个工作日	2020年4月5日	2020年4月9日
施工阶段3	8个工作日	2020年4月9日	2020年4月17日
闲置阶段3	8个工作日	2020年4月17日	2020年4月25日
施工阶段4	10个工作日	2020年4月25日	2020年5月5日
▾CS3	46个工作日	2020年3月3日	2020年4月18日
施工阶段1	5个工作日	2020年3月3日	2020年3月8日
闲置阶段1	9个工作日	2020年3月8日	2020年3月17日
施工阶段2	19个工作日	2020年3月17日	2020年4月5日
闲置阶段2	3个工作日	2020年4月5日	2020年4月8日
施工阶段3	10个工作日	2020年4月8日	2020年4月18日
▾CS4	27个工作日	2020年3月29日	2020年4月25日
施工阶段1	15个工作日	2020年3月29日	2020年4月13日
闲置阶段1	5个工作日	2020年4月13日	2020年4月18日
施工阶段2	7个工作日	2020年4月18日	2020年4月25日
▾CS5	58个工作日	2020年3月10日	2020年5月7日
施工阶段1	11个工作日	2020年3月10日	2020年3月21日
闲置阶段1	20个工作日	2020年3月21日	2020年4月10日
施工阶段2	15个工作日	2020年4月10日	2020年4月25日
闲置阶段2	5个工作日	2020年4月25日	2020年4月30日
施工阶段3	7个工作日	2020年4月30日	2020年5月7日
▾CS6	33个工作日	2020年3月15日	2020年4月17日
施工阶段1	7个工作日	2020年3月15日	2020年3月22日
闲置阶段1	3个工作日	2020年3月22日	2020年3月25日
施工阶段2	10个工作日	2020年3月25日	2020年4月4日
闲置阶段2	5个工作日	2020年4月4日	2020年4月9日
施工阶段3	8个工作日	2020年4月9日	2020年4月17日

图5-8 案例中各个施工现场进度计划

表5-10则列举了各个施工现场在各个施工阶段的混凝土模板需求计划，包括需求的混凝土模板拼板长度、宽度、厚度、数量以及使用次数。

表 5－10　案例中各个施工现场混凝土模板需求计划

现场	阶段	Fl	Fw	Fh	FQ	UTs	现场	阶段	Fl	Fw	Fh	FQ	UTs
CS_1	1	200	40	13	28	3	CS_4	1	200	40	13	18	4
		600	80	13	36	3			400	150	13	32	2
		1830	915	13	32	2			800	250	13	22	5
	2	200	40	13	20	2			1 830	915	13	12	3
		600	200	13	35	2		2	400	150	13	32	1
		800	250	13	18	2			600	80	13	35	2
		1 830	915	13	25	3			600	200	13	20	2
	3	600	80	13	36	2			800	250	13	16	1
		600	200	13	20	1			1 830	915	13	8	2
		1 830	915	13	32	1	CS_5	1	200	40	13	12	2
CS_2	1	200	40	13	30	2			600	200	13	35	3
		800	250	13	20	2			1 830	915	13	25	2
		1 830	915	13	15	3		2	305	40	13	20	2
	2	305	40	13	22	2			800	250	13	35	1
		800	250	13	35	1			915	600	13	27	2
		915	600	13	27	2		3	305	40	13	16	1
	3	305	40	13	16	1			800	250	13	35	3
		600	80	13	35	2			915	600	13	27	1
		1 220	225	13	10	1	CS_6	1	200	40	13	10	2
	4	400	150	13	32	2			600	80	13	20	1
		800	250	13	16	4			600	200	13	22	2
CS_3	1	200	40	13	12	1			1 830	915	13	17	3
		600	200	13	35	2		2	200	40	13	12	1
		1 830	915	13	25	1			600	200	13	35	2
	2	600	80	13	30	2			1 830	915	13	25	2
		600	200	13	25	3		3	305	40	13	22	1
		800	250	13	20	2			800	250	13	35	1
	3	600	80	13	36	2			915	600	13	27	1
		600	200	13	20	2							
		1 830	915	13	32	3							

与形式固定的数学模型不同,构建的仿真模型能够对混凝土模板跨项目周转供应链所处的不同场景进行仿真和分析。在混凝土模板跨项目周转计划与管理过程中,各个施工现场制定的策略会随着仿真场景的变化而变化,例如,当供应链中施工现场的决策和发生的离散事件出现变化时,施工现场会根据自身利益最大化的目标调整制定的策略和采取的行为。因此,案例中设置了三种不同的仿真场景对各个施工现场的策略进行对比分析。在仿真场景 1 中,混凝土模板只能在单个施工现场中进行周转使用;在仿真场景 2 中,混凝土模板将会在构建的动态供应链中进行跨项目周转使用;仿真场景 3 在仿真场景 2 的基础上,触发第二类离散事件,即施工现场 CS_5 由于突发事件发生施工进度变更,其施工阶段 2 的开始时间由原计划的 4 月 10 日提前到 3 月 29 日。

5.4.2 仿真结果与分析

将设计的三种仿真场景分别在 Anylogic 里面运行,得到的结果如图 5-9 所示,包括在不同仿真场景中,每个施工现场的混凝土模板总成本、混凝土模板标准板材消耗量以及未使用的混凝土模板剩余周转使用价值。

粗略地观察柱状图可知,与仿真场景 1 相比,仿真场景 2 中各个施工现场的混凝土模板总成本和未使用的混凝土模板剩余周转使用价值均大幅减少;不仅如此,施工现场 CS_3、CS_5 和 CS_6 采购和消耗的混凝土模板标准板材也得到了显著的节约。由于仿真场景 3 与仿真场景 2 类似,都考虑了混凝土模板跨项目周转使用，因此各个施工现场的总成本、混凝土模板标准板材的消耗量以及未使用的剩余周转使用价值都只存在较小的差异或者未发生改变，而差异则主要是由突发的离散事件引起的。

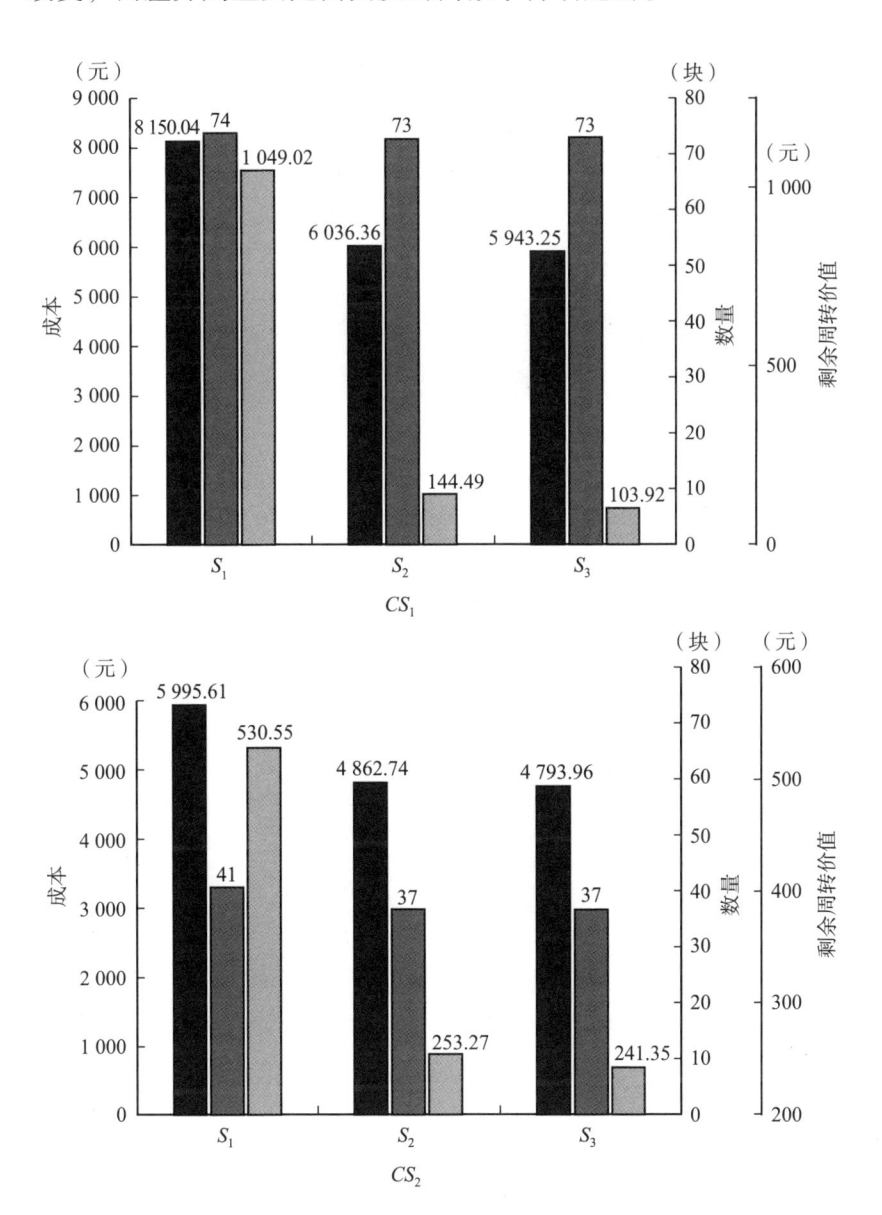

CS_3

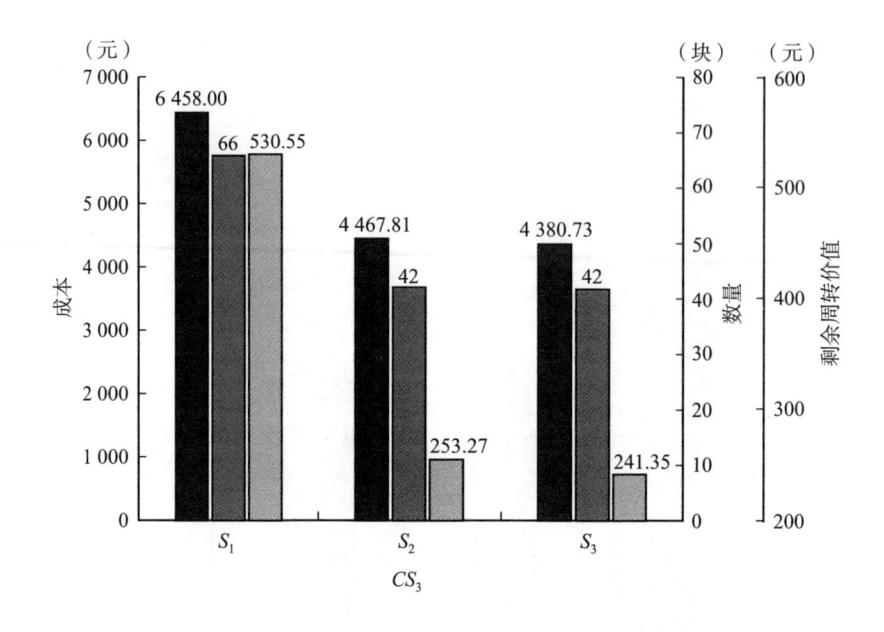

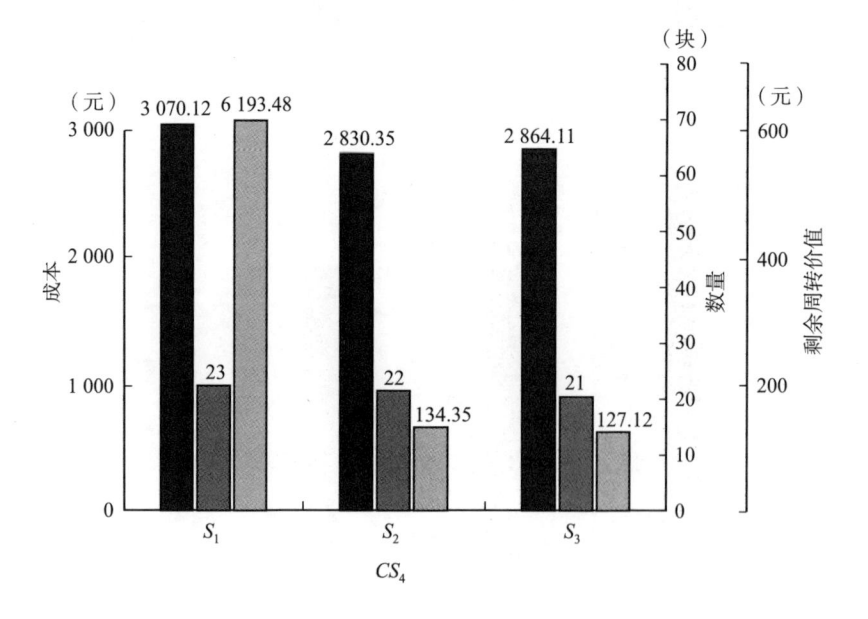

CS_4

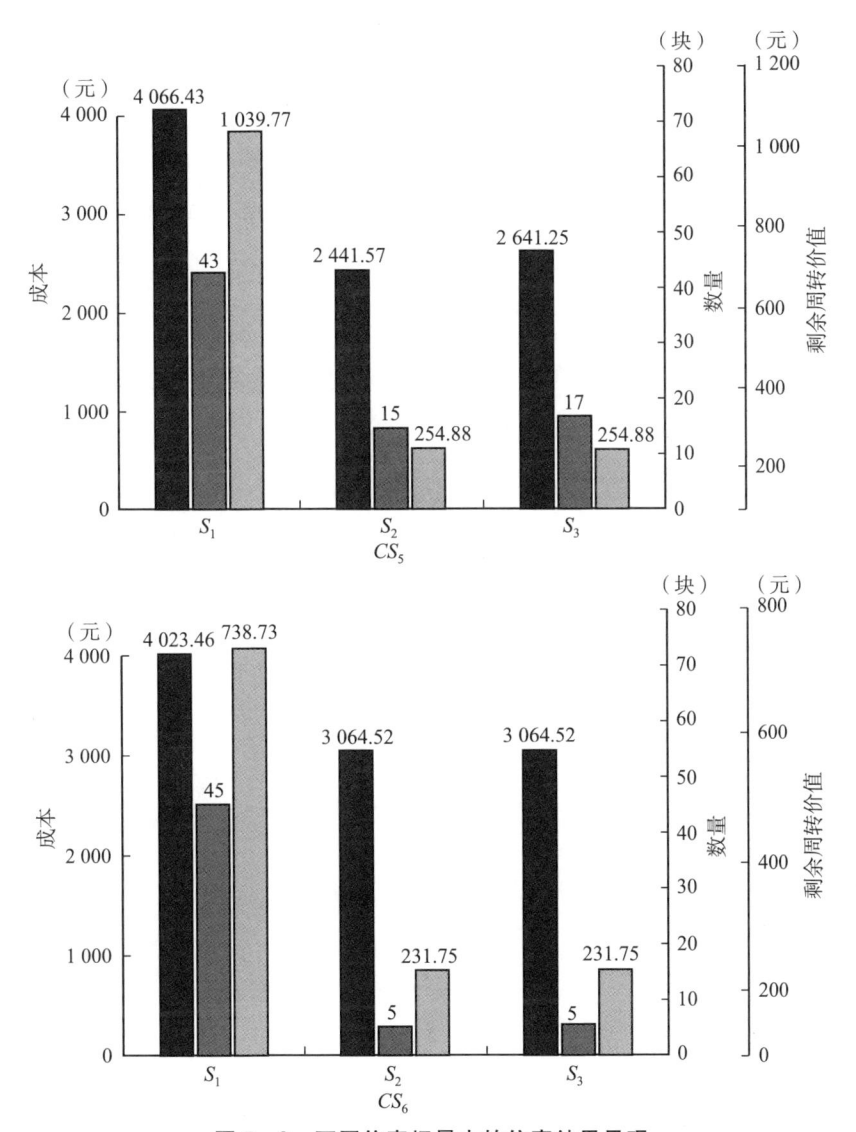

图 5-9　不同仿真场景中的仿真结果呈现

如表 5-11 所示，与混凝土模板仅在单个项目周转使用（仿真场景 1）相比，考虑混凝土模板跨项目周转使用时（仿真场景 2），从施工现场管理视角出发，案例中 6 个施工现场的成本节约比例分别为 25.93%、18.89%、30.82%、7.81%、39.96%、23.83%；混凝土模板标准板材消耗量的节约分别为 1 块、4 块、24 块、1 块、28 块、40 块；混凝土模板未使用价值的减少比例分别为 86.23%、52.26%、75.49%、42.25%、78.31%、68.63%。值得注意的是，由于施工现场混凝土模板总成本不仅与混凝土模板标准板材的采购和消耗量相关，还和采购与处理过程中的运输成本相关。因此，案例中混凝土模板标准板材消耗量节约比例低，并不代表施工现场节约的成本少，如施工现场 CS_1。从混凝土模板跨项目周转供应链管理视角出发，供应链中混凝土模板总成本减少比例为 25.38%，混凝土模板标准板材消耗量减少比例为 33.56%，未使用周转使用价值减少比例为 73.18%。

表 5-11　　　仿真场景 2 较仿真场景 1 优化结果分析

施工现场	成本		数量		未使用价值	
	节约值	比例（%）	减少值	比例（%）	减少值	比例（%）
CS_1	2 113.68	25.93	1	1.35	904.53	86.23
CS_2	1 132.87	18.89	4	9.76	277.28	52.26
CS_3	1 990.19	30.82	24	36.36	784.89	75.49
CS_4	239.77	7.81	1	4.35	65.51	42.25
CS_5	1 624.86	39.96	28	65.12	485.13	78.31
CS_6	958.94	23.83	40	88.89	506.98	68.63
供应链	8 060.31	25.38	98	33.56	3 024.32	73.18

除了对案例中施工现场的总成本节约、混凝土模板消耗量减少和未使用的周转使用价值减少进行分析，通过仿真模型的运行，还能得出不同仿真场景中各个施工现场在决策时点作出的最优决策，如表 5-12～表 5-17 所示。由于在设置仿真场景时，第二类离散事件发生在施工现场 CS_5，下文将着重对施工现场 CS_5 在不同仿真场景的不同决策时点制定的策略进行分析。

表 5–12 不同仿真场景中施工现场 CS_1 制定的管理策略结果

仿真场景 1

阶段	决策时点	行为	Agent	尺寸（毫米）	数量（块）
施工 1	3月3日	采购	C	1 830×915×13	34
闲置 1	3月12日	存储	CS_1	200×40×13	20
				1 830×915×13	25
		回收	WD	200×40×13	8
				600×80×13	36
				1 830×915×13	7
施工 2	3月17日	采购	C	1 830×915×13	6
闲置 2	3月29日	存储	CS_1	600×200×13	20
				200×40×13	20
		回收	WD	600×200×13	15

仿真场景 2

决策时点	行为	Agent	尺寸（毫米）	数量（块）
3月3日	采购	C	1 830×915×13	34
3月12日	存储	CS_1	200×40×13	28
			600×80×13	36
			1 830×915×13	32
3月15日	出售	CS_6	200×40×13	10
			600×80×13	20
			1 830×915×13	17
3月17日	出售	CS_3	600×80×13	16
			200×40×13	2
3月17日	采购	C	1 830×915×13	16
3月29日	回收	WD	200×40×13	18
			1 830×915×13	15
	存储	CS_1	200×40×13	2

仿真场景 3

决策时点	行为	Agent	尺寸（毫米）	数量（块）
3月3日	采购	C	1 830×915×13	34
3月12日	存储	CS_1	200×40×13	28
			600×80×13	36
			1 830×915×13	32
3月15日	出售	CS_6	200×40×13	10
			600×80×13	20
			1 830×915×13	17
3月17日	出售	CS_3	600×80×13	16
			200×40×13	2
3月17日	采购	C	1 830×915×13	16
3月29日	回收	WD	200×40×13	18
			1 830×915×13	15
	存储	CS_1	200×40×13	2

续表

阶段	仿真场景1					仿真场景2					仿真场景3				
	决策时点	行为	Agent	尺寸（毫米）	数量（块）	决策时点	行为	Agent	尺寸（毫米）	数量（块）	决策时点	行为	Agent	尺寸（毫米）	数量（块）
施工3	4月5日	采购	C	800×250×13	18				600×200×13	35				600×200×13	35
				1830×915×13	25				800×250×13	18				1830×915×13	10
						4月5日	回收	WD	1830×915×13	10	4月5日	出售	CS_5	800×250×13	18
						4月5日	采购	CS_3	200×40×13	2	4月5日	回收	WD	200×40×13	2
									600×200×13	15				600×200×13	15
									800×250×13	18	4月5日	采购	CS_3	600×80×13	14
完成	4月8日	回收	WD	1830×915×13	34	4月8日	回收	C	600×80×13	14				1830×915×13	23
									1830×915×13	23	4月8日	回收	WD	600×80×13	14
				600×80×13	36	4月8日	回收	WD	600×80×13	14				600×200×13	20
				600×200×13	20				600×200×13	20				1830×915×13	10
				1830×915×13	32		出售	CS_3	1830×915×13	10		出售	CS_3	600×80×13	22
									600×80×13	22				1830×915×13	22
									1830×915×13	22					

表 5-13　不同仿真场景中施工现场 CS_2 制定的管理策略结果

阶段	决策时点	行为	仿真场景 1			决策时点	行为	仿真场景 2			决策时点	行为	仿真场景 3		
			Agent	尺寸（毫米）	数量（块）			Agent	尺寸（毫米）	数量（块）			Agent	尺寸（毫米）	数量（块）
施工 1	3 月 5 日	采购	C	1 830×915×13	20	3 月 5 日	采购	C	1 830×915×13	20	3 月 5 日	采购	C	1 830×915×13	20
闲置 1	3 月 17 日	存储	CS_2	800×250×13	20	3 月 17 日	存储	CS_2	200×40×13	28	3 月 17 日	存储	CS_2	200×40×13	28
				200×40×13	30				1 830×915×13	15				1 830×915×13	15
				1 830×915×13	15		出售	CS_1	200×40×13	2		出售	CS_1	200×40×13	2
						3 月 23 日	回收	CS_3	800×250×13	20	3 月 23 日	回收	CS_3	800×250×13	20
								WD	200×40×13	28			WD	200×40×13	28
施工 2	3 月 23 日	采购	C	1 830×915×13	14	3 月 23 日	采购	C	1 830×915×13	14	3 月 23 日	采购	C	1 830×915×13	14
闲置 2	4 月 5 日	存储	CS_2	305×40×13	16	4 月 5 日	存储	CS_2	305×40×13	22	4 月 5 日	存储	CS_2	305×40×13	22
		回收	WD	305×40×13	6				800×250×13	35				800×250×13	35
				800×250×13	35				915×600×13	27				915×600×13	27
				915×600×13	27	4 月 9 日	出售	CS_6	305×40×13	6	4 月 9 日	出售	CS_6	305×40×13	6
									800×250×13	35				800×250×13	35

续表

阶段	仿真场景 1					仿真场景 2					仿真场景 3				
	决策时点	行为	Agent	尺寸（毫米）	数量（块）	决策时点	行为	Agent	尺寸（毫米）	数量（块）	决策时点	行为	Agent	尺寸（毫米）	数量（块）
施工 3														$915 \times 600 \times 13$	27
	4 月 9 日	采购	C	$1\,830 \times 915 \times 13$	3	4 月 9 日	采购	C	$1\,830 \times 915 \times 13$	3	4 月 9 日	采购	C	$1\,830 \times 915 \times 13$	3
闲置 3	4 月 17 日	回收	WD	$305 \times 40 \times 13$	16	4 月 17 日	存储	CS_2	$305 \times 40 \times 13$	16	4 月 17 日	存储	CS_2	$305 \times 40 \times 13$	16
				$600 \times 80 \times 13$	35				$600 \times 80 \times 13$	35				$600 \times 80 \times 13$	35
				$1\,220 \times 225 \times 13$	10				$1\,220 \times 225 \times 13$	10				$1\,220 \times 225 \times 13$	10
											4 月 18 日	出售	CS_4	$600 \times 80 \times 13$	22
						4 月 25 日	回收	WD	$305 \times 40 \times 13$	16	4 月 25 日	回收	WD	$305 \times 40 \times 13$	16
														$600 \times 80 \times 13$	13
														$1\,220 \times 225 \times 13$	10
施工 4	4 月 25 日	采购	C	$1\,830 \times 915 \times 13$	4	4 月 25 日	采购	CS_4	$400 \times 150 \times 13$	32	4 月 25 日	采购	CS_4	$400 \times 150 \times 13$	32
									$800 \times 250 \times 13$	16			CS_5	$800 \times 250 \times 13$	16
完成	5 月 5 日	回收	WD	$400 \times 150 \times 13$	32	5 月 5 日	回收	WD	$400 \times 150 \times 13$	32	5 月 5 日	回收	WD	$400 \times 150 \times 13$	32
				$800 \times 250 \times 13$	16				$800 \times 250 \times 13$	16				$800 \times 250 \times 13$	16

表5-14 不同仿真场景中施工现场 CS_3 制定的管理策略结果

阶段	仿真场景1					仿真场景2					仿真场景3				
	决策时点	行为	Agent	尺寸（毫米）	数量（块）	决策时点	行为	Agent	尺寸（毫米）	数量（块）	决策时点	行为	Agent	尺寸（毫米）	数量（块）
施工1	3月3日	采购	C	1 830×915×13	28	3月3日	采购	C	1 830×915×13	28	3月3日	采购	C	1 830×915×13	28
闲置1	3月8日	存储	CS_3	600×200×13	25	3月8日	存储	CS_3	200×40×13	12	3月8日	存储	CS_3	200×40×13	12
		回收	WD	200×40×13	12				600×200×13	35				600×200×13	35
				600×200×13	10	3月10日	出售	CS_5	1 830×915×13	25	3月10日	出售	CS_5	1 830×915×13	25
									200×40×13	12				200×40×13	12
									600×200×13	35				600×200×13	35
施工2	3月17日	采购	C	1 830×915×13	25	3月17日	采购	CS_1	1 830×915×13	25	3月17日	采购	CS_1	1 830×915×13	25
					4			CS_2	600×80×13	16			CS_2	600×80×13	16
									800×250×13	20				800×250×13	20
闲置2	4月5日	存储	CS_3	600×80×13	30	4月5日	回收	C	1 830×915×13	3	4月5日	回收	C	1 830×915×13	3
		回收	WD	600×200×13	25			WD	600×80×13	16			WD	600×80×13	16
									800×250×13	20				800×250×13	20

续表

阶段	仿真场景 1					仿真场景 2					仿真场景 3				
	决策时点	行为	Agent	尺寸（毫米）	数量（块）	决策时点	行为	Agent	尺寸（毫米）	数量（块）	决策时点	行为	Agent	尺寸（毫米）	数量（块）
施工3	4月8日	采购	C	800×250×13	20		存储	CS_3	600×200×13	25		存储	CS_3	600×200×13	25
							出售	CS_1	600×80×13	14		出售	CS_1	600×80×13	14
	4月8日	采购	C	1830×915×13	34	4月8日	回收	WD	600×200×13	5	4月8日	回收	WD	600×200×13	5
						4月8日	采购	CS_1	600×80×13	22	4月8日	采购	CS_1	600×80×13	22
									1830×915×13	22				1830×915×13	22
								C	1830×915×13	11			C	1830×915×13	11
完成	4月18日	回收	WD	600×80×13	36	4月18日	出售	CS_4	600×80×13	14	4月18日	出售	CS_4	600×80×13	14
				600×200×13	20		回收	WD	600×80×13	22		回收	WD	600×80×13	22
									600×200×13	20				600×200×13	20
				1830×915×13	32				1830×915×13	32				1830×915×13	32

表 5-15　不同仿真场景中施工现场 CS_4 制定的管理策略结果

阶段	仿真场景 1					仿真场景 2					仿真场景 3				
	决策时点	行为	Agent	尺寸（毫米）	数量（块）	决策时点	行为	Agent	尺寸（毫米）	数量（块）	决策时点	行为	Agent	尺寸（毫米）	数量（块）
施工 1	3 月 29 日	采购	C	1 830×915×13	17	3 月 29 日	采购	C	1 830×915×13	17	3 月 29 日	采购	C	1 830×915×13	17
闲置 1	4 月 13 日	存储	CS_4	400×150×13	32	4 月 13 日	存储	CS_4	200×40×13	18	4 月 13 日	存储	CS_4	200×40×13	18
				1 830×915×13	8				400×150×13	32				400×150×13	32
				200×40×13	18				1 830×915×13	12				1 830×915×13	12
		回收	WD	800×250×13	22	4 月 18 日	回收	WD	800×250×13	22	4 月 18 日	回收	WD	800×250×13	22
				1 830×915×13	4				200×40×13	18				200×40×13	18
									1 830×915×13	4				1 830×915×13	4
施工 2	4 月 18 日	采购	C	400×150×13	6	4 月 18 日	采购	CS_3	600×80×13	14	4 月 18 日	采购	CS_3	600×80×13	22
				600×80×13	32			C	1 830×915×13	5				600×80×13	14
				600×200×13	36								C	1 830×915×13	4
完成	4 月 25 日	回收	WD	800×250×13	20	4 月 25 日	回收	WD	600×80×13	36	4 月 25 日	回收	WD	600×80×13	36
				1 830×915×13	16				600×200×13	20				600×200×13	20
		出售	CS_2		8				1 830×915×13	8				800×250×13	16
							出售	CS_2	400×150×13	32		出售	CS_2	1 830×915×13	8
									800×250×13	16				400×150×13	32

207

表 5-16　不同仿真场景中施工现场 CS_5 制定的管理策略结果

阶段	仿真场景1					仿真场景2					仿真场景3				
	决策时点	行为	Agent	尺寸（毫米）	数量（块）	决策时点	行为	Agent	尺寸（毫米）	数量（块）	决策时点	行为	Agent	尺寸（毫米）	数量（块）
施工1	3月10日	采购	C	1 830×915×13	28	3月10日	采购	CS_3	200×40×13	12	3月10日	采购	CS_3	200×40×13	12
									600×200×13	35				600×200×13	35
									1 830×915×13	25				1 830×915×13	25
闲置1	3月21日	回收	WD	200×40×13	12	3月21日	存储	CS_5	200×40×13	12	3月21日	存储	CS_5	200×40×13	12
				600×200×13	35				1 830×915×13	25				1 830×915×13	25
				1 830×915×13	25	3月25日	回收	WD	600×200×13	35	3月25日	回收	WD	600×200×13	35
							出售	CS_6	200×40×13	12		出售	CS_6	200×40×13	12
									1 830×915×13	25				1 830×915×13	25
施工2	4月10日	采购	C	1 830×915×13	15	4月10日	采购	C	1 830×915×13	15	3月29日	采购	CS_1	1 830×915×13	18
													C	1 830×915×13	14
闲置2	4月25日	存储	CS_5	305×40×13	16	4月25日	存储	CS_5	305×40×13	20	4月13日	存储	CS_5	305×40×13	20
				800×250×13	35				800×250×13	35				800×250×13	35
				915×600×13	27				915×600×13	27				915×600×13	27
	4月30日	回收	WD	305×40×13	4	4月30日	回收	WD	305×40×13	4	4月18日	回收	WD	305×40×13	4

续表

阶段	仿真场景 1					仿真场景 2					仿真场景 3				
	决策时点	行为	Agent	尺寸（毫米）	数量（块）	决策时点	行为	Agent	尺寸（毫米）	数量（块）	决策时点	行为	Agent	尺寸（毫米）	数量（块）
施工 3	4 月 30 日	-*	-	-	-	-	-	-	-	-	4 月 18 日	采购	C	1 830×915×13	3
完成	5 月 7 日	回收	WD	305×40×13	16	5 月 7 日	回收	WD	305×40×13	16	4 月 25 日	出售	CS_2	800×250×13	16
				800×250×13	35				800×250×13	35		回收	WD	305×40×13	16
				915×600×13	27				915×600×13	27				800×250×13	37
														915×600×13	27

注：符号"-"代表没有采取行动或者混凝土模板需求完全由该施工现场前一阶段的现场库存满足。

表 5 - 17 不同仿真场景中施工现场 CS_6 制定的管理策略结果

阶段	仿真场景 1					仿真场景 2					仿真场景 3				
	决策时点	行为	Agent	尺寸（毫米）	数量（块）	决策时点	行为	Agent	尺寸（毫米）	数量（块）	决策时点	行为	Agent	尺寸（毫米）	数量（块）
施工 1	3 月 15 日	采购	C	1 830×915×13	20	3 月 15 日	采购	CS_1	200×40×13	10	3 月 15 日	采购	CS_1	200×40×13	10
									600×80×13	20				600×80×13	20

续表

阶段	仿真场景1					仿真场景2					仿真场景3				
	决策时点	Agent	行为	尺寸（毫米）	数量（块）	决策时点	行为	Agent	尺寸（毫米）	数量（块）	决策时点	行为	Agent	尺寸（毫米）	数量（块）
闲置1	3月22日	CS_6	存储	200×40×13	10	3月22日	存储	C	1 830×915×13	17				1 830×915×13	17
				600×200×13	22			CS_6	600×80×13	2	3月22日	存储	C	1 830×915×13	2
				1 830×915×13	17				600×200×13	20			CS_6	600×80×13	20
		WD	回收	600×80×13	20		回收	WD	200×40×13	22				600×200×13	22
施工2	3月25日	C	采购	1 830×915×13	10	3月25日	回收	WD	1 830×915×13	10		回收	WD	200×40×13	10
闲置2	3月25日	WD	回收	200×40×13	12	3月25日	采购	C	600×80×13	17		回收	WD	1 830×915×13	17
				600×200×13	35				200×40×13	20				600×80×13	20
				1 830×915×13	25			CS_5	1 830×915×13	12	3月25日	采购	CS_5	200×40×13	12
	4月4日									25	3月25日			1 830×915×13	25
						4月4日	存储	C	200×40×13	2			C	1 830×915×13	2
								CS_6	200×40×13	12	4月4日	存储	CS_6	200×40×13	12
									600×200×13	35				600×200×13	35
							回收	WD	1 830×915×13	25		回收	WD	1 830×915×13	25

续表

阶段	仿真场景1 决策时点	行为	Agent	尺寸（毫米）	数量（块）	仿真场景2 决策时点	行为	Agent	尺寸（毫米）	数量（块）	仿真场景3 决策时点	行为	Agent	尺寸（毫米）	数量（块）
施工3	4月9日	采购	C	$1\,830 \times 915 \times 13$	15	4月9日	回收	WD	$200 \times 40 \times 13$	12	4月9日	回收	WD	$200 \times 40 \times 13$	12
									$600 \times 200 \times 13$	35				$600 \times 200 \times 13$	35
						4月9日	采购	CS_2	$305 \times 40 \times 13$	6	4月9日	采购	CS_2	$305 \times 40 \times 13$	9
									$800 \times 250 \times 13$	35				$800 \times 250 \times 13$	35
									$915 \times 600 \times 13$	27				$915 \times 600 \times 13$	27
								C	$1\,830 \times 915 \times 13$	1			C	$1\,830 \times 915 \times 13$	1
完成	4月17日	回收	WD	$305 \times 40 \times 13$	22	4月17日	回收	WD	$305 \times 40 \times 13$	22	4月17日	回收	WD	$305 \times 40 \times 13$	22
				$800 \times 250 \times 13$	35				$800 \times 250 \times 13$	35				$800 \times 250 \times 13$	35
				$915 \times 600 \times 13$	27				$915 \times 600 \times 13$	27				$915 \times 600 \times 13$	27

如表 5-16 所示，在施工阶段 1 开始时（3 月 10 日），仿真场景 1 中的施工现场 CS_5 从商业供应商处采购 28 块混凝土模板标准板材以满足混凝土工程任务需求，而在仿真场景 2 中则是从施工现场 CS_3 处采购三种混凝土模板拼板进行周转使用。在闲置阶段 1 开始时（3 月 21 日），仿真场景 1 中的施工现场 CS_5 将不需要的混凝土模板拼板全部处理给了混凝土模板回收商 WD；当仿真场景 2 中考虑混凝土模板跨项目周转时，只有尺寸为 600×200×13 毫米的混凝土模板拼板被处理给了回收商 WD，尺寸为 200×40×13 毫米和 1 830×915×13 毫米的混凝土模板则是在施工现场中进行存储，存储时间从 3 月 21 日到 3 月 25 日，然后出售给施工现场 CS_6 进行周转使用。当第二类离散事件发生前，施工现场 CS_5 在仿真场景 2 和仿真场景 3 中的决策和行为是一致的。当施工阶段 2 开始时（4 月 10 日），由于没有潜在的施工现场供应商，混凝土模板只能在单个施工现场进行周转使用，因此，施工现场 CS_5 在仿真场景 1 和仿真场景 2 中制定了相同的策略。然而，在仿真场景 3 中，由于第二类离散事件的发生和影响，施工现场 CS_5 的施工阶段 2 开始时间提前到了 3 月 29 日，此时它的混凝土模板需求可以由从施工现场 CS_1 和商业供应商处采购的混凝土模板进行满足。当施工阶段 3 完成时，仿真场景 1 和仿真场景 2 中，施工现场 CS_5 选择将所有的混凝土模板拼板处理给回收商 WD，而在仿真场景 3 中，则是将 16 块尺寸为 800×250×13 毫米的混凝土模板拼板出售给施工现场 CS_2 进行周转使用，其余的混凝土模板处理给回收商 WD。

基于不同仿真场景中施工现场在各个决策时点制定的最优策略，不难发现，构建混凝土模板跨项目周转供应链有助于混凝土模板总成本的降低和混凝土模板标准板材消耗量的减少；不仅如此，构建基于 Agent 的仿真模型也能够有效地对施工现场内部和外部的动态变化进行仿真和描述。

5.5 管理启示

通过构建混凝土模板跨项目周转使用供应链，促进闲置的混凝土模板在多个施工现场进行周转使用，能够有效地提升混凝土模板的利用率，同时为施工企业和社会带来效益。具体的效益提升体现在以下两个方面：首先，混凝土模板跨项目周转使用不仅能够为各个施工现场带来成本的节约，还能降低整个供应链的运营成本；其次，混凝土模板跨项目周转使用还能减少未使用的周转使用价值，并减少供应链中混凝土模板标准板材的消耗量。混凝土模板利用率的提升和消耗量的减少是推动建筑行业绿色转型和发展的动力源泉。基于以上分析，为研究人员、从业人员和政府有关部门提出的研究、运营和战略管理见解如下。

建筑材料在多个施工现场进行周转使用，能够有效地避免闲置的或者当前任务不再需要的材料出现未充分使用的问题，从而降低施工现场的成本并促进资源的利用与保护。在充分考虑混凝土模板在单个施工现场周转使用的情况下，虽然管理人员可以通过优化混凝土模板的采购、加工及周转使用计划降低相关成本，但是仍然有部分闲置的或者未充分使用的混凝土模板被当作施工废弃物进行了回收处理。而通过多个施工现场的合作，构建混凝土模板跨项目周转供应链，能够更加合理地利用混凝土模板，进一步降低施工总成本。

此外，ABMS 方法能够对混凝土模板跨项目周转进行动态的呈现和可靠的分析，协商协议也是促进信息不对称的施工现场之间进行交流和交互的有效途径。一般地，每一个施工现场都有特定的施工进度计划和混凝土模板需求计划，为了实现自身利益的最大化，也会根据实际的管理问题制定最优的策略。然而，每一个施工现场独立作出的决策和采取的行为，又会对供应链中其他施工现场的决策和行为产生影响。由于 ABMS 方法自下而上执行仿真模型的特性，研究人员只需要对个体决策和行为进行界定，便能够通过具有独立决策能力的 Agent 之间的交互，对模型整体的动态变化进行描述。在大多数合作与竞争问题中，不对称信息往往是阻碍个体进行最优决策的主要因素，合理地运用协商协议促进合作方之间的交流与交互，是解决不对称信息的有效途径。因此，对于复杂程度较高的施工现场管理问题，合理地集成与应用 ABMS 方法和协商协议，能够帮助研究人员更好地了解和分析管理实践中的决策制定过程。

管理实践中，每个施工现场都会追求施工成本的有效性，这也是施工现场会加入构建的供应链进行混凝土模板跨项目周转使用的动因；再者，施工企业能够在其管理的各个施工现场实现成本节约的基础上，获取更大的利益。一般情况下，施工现场隶属于某一个施工企业，通过与其他施工现场合作进行混凝土模板周转使用，能够为企业获取更多的利益。不仅如此，对于同时管理多个施工现场的大型施工企业或者集团企业而言，进一步促进区域内多家施工企业管理的不同施工现场之间的合作，能够进一步促进成本的节约。因此，施工企业有必要采取合理的合作机制，促进混凝土模板跨项目周转使用。此外，如图 5-9 所示，在混凝土模板跨项目周转的情形下，构建的供应链和参与的施工现场均实现了成本的节约和混凝土模板标准板材消耗量的减少，但是不难发现，有的施工现场成本的节约和混凝土模板消耗量的减少较多，而有的则较少。因此，设计利润分配机制，将供应链中获取的利益合理地分配给不同的施工现场，有利于保证供应链中施工现场间合作的稳定性。

在政府管理层面，有关部门可以通过颁布相关的政策、法规，激励施工现场进行混凝土模板跨项目周转使用，并鼓励施工企业采取新兴的智能技术和设备以促进建筑行业绿色转型与发展。政府有关部门可以通过设立区域内的合作机制，或者采取有效的激励措施，鼓励施工企业、施工现场主动地进行混凝土模板跨项目周转使用。此外，由 BIM 技术、物联网技术（internet of things，IoT）、计算机视觉（computer vision，CV）、传感器技术（sensor-based technology）、无人机技术（unmanned aerial vehicles，UAV）等组建的智能技术服务体系，是智慧工地管理模式实施的基础（Xu et al.，2022），也是促进施工信息实时共享和施工材料实时追踪与定位的前提，能够全方位提高施工现场的运营与管理水平。

5.6 本章小结

在对施工现场混凝土模板采购、加工和存储计划优化的基础上，考虑混凝土模板跨项目周转使用，本章旨在提出一种恰当的方法对混凝土模板跨项目周转供应链进行构建并对动态周转过程进行分析，以实现施工现场混凝土模板总成本的节约和供应链中混凝土模板标准板材消耗量的减少。首先，通过构建单个施工现场混凝土模板使用数学模型，对施工现场的个体行为进行分析。其次，利用基于 Agent 的建模与仿真方法构建混凝土模板跨项目周转供应链，并对施工现场个体行为和交互作用进行分析。构建的混凝土模板跨项目周转供应链仿真模型包含施工现场、商业供应商、回收商和运输汽车四种 Agent，并采用协商协议促进 Agent之间的交流与交互，供应链中的突发事件均由模型中的离散事件进行描述。最后，以重庆市内多个施工现场混凝土模板跨项目周转使用为案例，通过设计三种仿真场景对构建的供应链和仿真模型进行应用与验证。仿真结果表明，该仿真模型能够有效地对混凝土模板跨项目周转供应链中的动态变化及施工现场的最优策略进行分析，同时，构建的周转供应链体系能帮助施工现场实现混凝土模板总成本的节约和标准板材消耗量的减少；其中，供应链中总成本降低 25.38%，标准板材消耗量减少 33.56%，未使用的周转价值减少 73.18%。综上所述，通过研究混凝土模板跨项目周转使用，能够提高施工材料的利用率，为施工企业合作并建立长期战略合作关系提供理论基础,并且很好地促进了建筑行业绿色转型与发展。

虽然本章构建的混凝土模板跨项目周转供应链和仿真模型具有一定的可靠性和应用价值,但是由于研究假设和内容的限定,也存在一定的局限性。首先,模型构建过程中并未对混凝土模板在施工现场的存储和维护水平展开讨论。施工现场的存储和维护水平因施工现场的管理水平不同而不同,但却直接影响混凝土模板的剩余周转使用价值的高低。其次,案例中各个 Agent 的静态属性值来源于重庆市内 6 个在建项目的实地调研,不能代表所有的实际管理情形。因此,在实际应用中,需要根据具体的管理情形进行参数调整。最后,通过设计合理的合作机制,如利润分配机制,能够保证施工企业和施工现场之间合作的稳定性。

第 6 章

混凝土模板跨项目协同周转合作优化方法研究

供应链管理问题中,跨企业合作是实现整体利润最大化的有效途径。已有研究多利用基于博弈论建模的方法对供应链中不同链节企业集中与分散决策下的不同成本和利润进行分析,并设计合理的契约对供应链链节企业的成本进行分担,或对供应链整体收益进行共享。但是,已有研究中大多假定链节企业之间的合作是稳定的,对存在违约行为的合作模式少有研究。根据第 5 章的研究内容和研究结果可知,促进混凝土模板跨项目周转使用能够有效地降低施工现场成本,并减少混凝土模板的消耗量。不难发现,在混凝土模板跨项目周转过程中,由于不同施工现场对跨项目周转使用的混凝土模板采购成本的贡献不同,实现的成本节约量存在差异。不仅如此,施工过程中的不确定性,常常引起施工任务的变更,从而导致施工现场必须退出混凝土模板周转供应任务。因此,本章通过对混凝土模板跨项目协同周转合作进行优化,促进混凝土模板跨项目周转供应链中利润的合理分配,并讨论违约情况下的补偿分摊,从而保证混凝土模板跨项目周转的可行性并提高其稳定性。

　　本章中提出的混凝土模板跨项目协同周转优化方法主要包含三个部分，即合作联盟的建立、合作利润的分配和违约补偿的分摊。首先，在考虑不同施工现场施工进度计划和混凝土模板需求计划的基础上，构建施工现场混凝土模板总成本最小化和混凝土模板消耗量最小化的双目标数学优化模型，并利用改进的非支配排序遗传算法-Ⅱ（improved non-dominated sorting genetic algorithm-Ⅱ，Im-NSGA-Ⅱ）进行求解，建立混凝土模板跨项目周转使用合作联盟；其次，在合作联盟的基础上，运用夏普利（Shapley）值模型将合作中的利润按照合作成员的贡献度进行合理分配；再次，对于合作联盟中出现的违约行为，运用逆向夏普利值模型对违约施工现场应支付的违约补偿用进行合理分摊；最后，通过算例对提出的合作模式进行应用与验证。

6.1　概　　述

　　随着市场竞争的日趋激烈，大中小型企业都面临着市场份额竞争、利润空间挤压和运营效率急需提升等问题。企业之间的合作能够有效地促进闲置资源的整合，在增加自身收益的同时提高客户的服务满意度（Chen et al.，2021；王勇和罗思妤，2021；汪峻萍等，2019）。例如，对于一般的制造业供应链管理，链节企业通过合作进行信息共享，能够有效地应对"牛鞭效应"导致的库存积压问题（何彦东等，2019）；建筑供应链（construction supply chain，CSC）中的利益相关者，也可以通过合作实现信息共享，以提高建筑供应链的管理效率（李梅芳等，2020）。在此基础上，通过对跨企业合作时产生的成本和合作过程中获取的收益进行合理的分担和共享，是实现供应链协调的主要途径。

一般地，CSC 中链节企业多通过签订合同（契约）或者建立联合体进行合作，主要采用的成本共担和收益分配方法可以分为两种，即基于固定比例系数和基于博弈论方法。针对重大工程中，总承包商与分包商的合作创新问题，朱建波等（2016）利用演化博弈建模对两者的创新成本分担和溢出效应共享进行分析，并确定了最优的分配比例系数实现两者合作的共赢；在此基础上，朱建波等（2018）用同样的方法讨论了具有公平偏好的设计单位和施工单位联合体对于工程变更的合作收益分配问题。在水电站建设项目中，刘澈和胡志根（2014）基于合作博弈中的最小核心法，实现了上下游水电站与调峰电站之间的横向协同与收益分配，降低了施工过程中的导流风险。综上所述，通过构建不同施工企业（施工现场）之间的合作关系，并设计合理的利润分配机制，有助于实现链节企业个体利润和供应链整体利润的最大化。

然而，在管理实践中，并不是所有的企业之间都能够达成并执行合理的收益分配协议（柳丽娟等，2016），又或者，合作者之间存在合作事实，但却不存在为合作缔结的契约，如社会公共性服务项目中的政府与服务提供商（Gong et al.，2022）。此时，给予履约者（损益方）一定的经济补偿或者补贴，能够实现合作关系的可持续发展（Wang et al.，2022）。经济补偿作为新兴的交叉学科研究领域，已经在解决合作可靠性和稳定性问题中得到了广泛的应用。如上文所述，经济补偿通常有两个作用，即完善不合理的利润分配机制和补偿合同违背时损益方的损失。

在讨论不合理的利润分配机制完善问题时，已有研究多讨论政府或者第三方对损益方的经济补偿。例如，在交通运输服务领域中，王等（Wang et al., 2018）讨论了绿色收集与配送服务中，政府给予物流企业的补偿，以激励碳排放量的减少；类似于铁路运输服务等的公益服务项目，则可以通过其他非公益服务项目的收益进行补偿（Gong et al., 2022）。在绿色建造和绿色工业废弃物处理问题中，袁红平和王焯平（2017）、马和张（Ma & Zhang, 2020）与金等（Jin et al., 2020）则分别讨论了政府给予履行绿色义务的施工企业、建材生产企业、废弃物回收企业、制造商和再加工企业等的经济补贴。相比之下，关于各个合作主体之间补偿问题的相关研究，则多集中讨论合作联盟中的利润分配问题（刘潋等，2017；2016）。

已有研究中，常见的合同违背形式可以划分为隐性违背和显性违背；隐性合同违背多是由于合作者的不道德行为造成的（如共谋、欺诈等），而显性合同违背则具体表现在服务中断等方面（如产品质量不合格、产品交付延期、退出合作等）。对于隐性合同违背中的补偿问题，景等（Jing et al., 2021）针对制造供应链中异质零售商之间的共谋行为，设置共谋发现概率和共谋惩罚成本，对应支付给制造商的经济补偿进行研究，并给出了共谋惩罚成本的阈值。在建筑行业绿色转型相关研究中，政府给建筑企业、建材企业与业主或消费者提供经济补贴，是促进行业绿色转型的激励措施之一。然而，为了获取更多的政策支持和经济补偿，企业可能会采取不诚信行为（Yin et al.，2019），业主也可能存在"搭便车"现象（郭汉丁等，2019），这些都会给政府管理和行业转型带来巨大的阻力。

在发生显性合同违背时，各个参与方可能并不存在合作关系，如制造商与消费者。为了优化供应商库存管理，阿利姆和贝伦斯（Alim & Beullens，2022）针对产品延期交付的问题，以价格折扣的形式为消费者提供经济补偿；针对绿色产品生产中断的问题，在充分考虑"从众心理"的情况下，李和何（Li & He，2021）为消费者提供了定额经济补偿，并制定对应的接受补偿人数公布策略，以最小化供应链的损失。如果存在合作关系，那么补偿通常取决于合作的形式和合同约定的责任。对于原始设备制造商（original equipment manufacturer，OEM），例如波音公司，它们不仅制造、组装和销售产品给消费者，同时也从其他供应商处定制并采购半成品构件，当产品发生停机事故时，OEM需要根据事故原因和处理事故给消费者带来的损失，给予消费者约定的补偿，并向供应商进行索赔（Li & Mishra，2021）。工程项目建设过程中，由于施工任务的变更引起的违约问题，通常是以合同价款为基础进行补偿计算（许仁杰等，2019）。

综上所述，利润分配与经济补偿是保证供应链链节企业合作可行性和稳定性的必要手段，也是目前学者和从业人员关注的重点。但是，对于动态供应链中链节企业合作，特别是存在违约情况时企业之间的违约补偿分摊有关的研究较为有限。尽管刘等（Liu et al.，2017）利用夏普利值模型对动态供应链中链节企业的协调问题（包括利润分配和补偿机制）进行了讨论，但是该研究中讨论的经济补偿旨在促进供应链中利润的合理分配,与本章讨论的问题存在差异。首先,本章研究的利润分配与补偿分摊均考虑合作施工现场出现违约的情况;其次,上述研究中供应链链节企业的角色不会发生变化,而本章讨论的施工现场在进行混凝土模板跨项目周转时,会在供应方和需求方两个角色之间进行转换。

基于此,在构建的混凝土模板跨项目周转使用供应链的基础上,提出混凝土模板跨项目协同周转合作优化方法,通过构建最优的合作联盟,对供应链中的总利润进行分配,并对施工现场因为突发事件出现违约情况时,需要支付的违约补偿成本进行分摊,从而保证混凝土模板跨项目周转的可行性并提高供应链链节企业合作的稳定性。

6.2 混凝土模板跨项目周转问题描述与合作模式建立

在建筑施工领域,成本控制与资源高效利用始终是行业关注的焦点。混凝土模板作为施工现场不可或缺的关键材料,其总成本的节约与消耗量的降低,对于提升项目经济效益、推动行业可持续发展具有至关重要的意义。为达成这一目标,在特定区域内,隶属于不同施工企业的多个施工现场可积极探索并建立一种恰当且行之有效的合作模式,以实现混凝土模板的跨项目周转使用。

这种跨项目周转使用的合作模式,有助于打破施工企业之间的关系壁垒,通过资源的共享与优化配置,提高混凝土模板的利用率，减少不必要的重复采购和浪费。然而，在实际的合作过程中，施工现场面临着诸多不确定性因素。施工任务的变更便是其中较为突出的问题之一，由于各种内外部原因，如设计变更、业主需求调整等，施工现场可能不得不临时调整施工计划，进而无法继续履行混凝土模板周转供应任务，出现违约情况。此类合作与违约问题不仅会影响混凝土模板跨项目周转使用供应链的稳定性和效率，还可能引发施工企业之间的纠纷和利益冲突。

因此，深入研究该供应链中各个施工现场的合作机制和违约行为具有重要的现实意义。本章将聚焦于某个区域内构建的混凝土模板跨项目周转使用供应链，运用科学的方法对各个施工现场的合作和违约问题进行全面、系统的建模与分析，以期为解决实际问题提供理论依据和决策参考。

6.2.1 混凝土模板跨项目周转问题描述

为了不失一般性，假定在某一个区域内同时存在隶属于不同施工企业的在建项目施工现场（CS）、混凝土模板商业供应商和混凝土模板回收商。其中，混凝土模板商业供应商负责销售具有标准尺寸的混凝土模板，而回收商则负责对各个施工现场处理的混凝土模板进行回收，供应商和回收商的业务处理能力不受限制。每个施工现场都有固定的施工进度计划和混凝土模板需求计划，而且某个施工现场所需的混凝土模板，既能够通过其它施工现场的调配来满足，也可以由混凝土模板商业供应商予以供应。各个施工现场、供应商和回收商均不存在偏好，且以自身利益最大化为目标。图 6-1 对构建的区域内混凝土模板使用和周转使用供应网络进行了描述,包括不同的供应链链节企业和它们之间的材料流,图中实线箭头表示材料流的方向,箭头上的数值表示链节企业之间的运输距离。

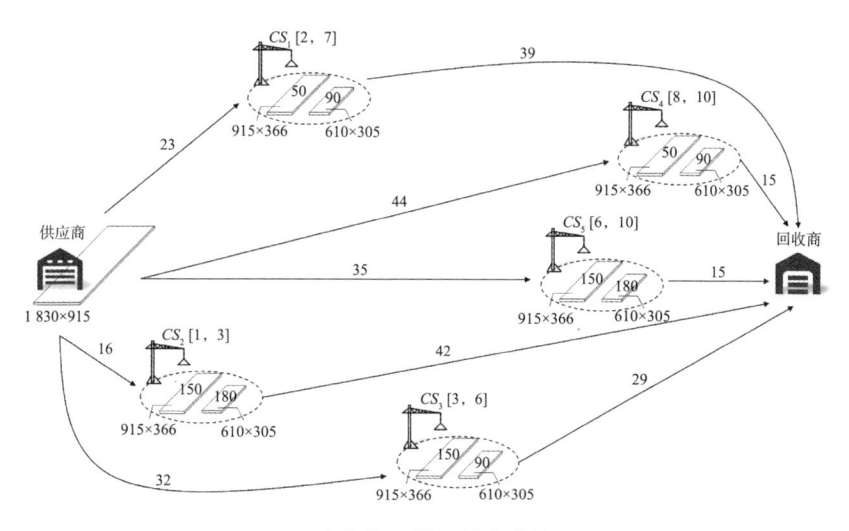

(1) 施工现场不进行合作

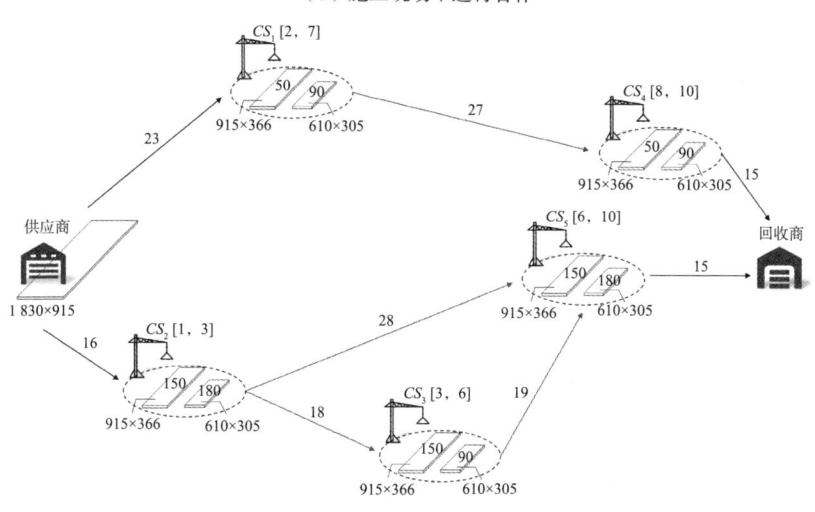

(2) 施工现场建立合作联盟进行合作

（3）CS_2 退出合作联盟

图例：

混凝土模板商业供应商

施工现场

施工进度计划 [·, ·]

混凝土模板回收商

混凝土模板（尺寸及数量） 长度×宽度 数量

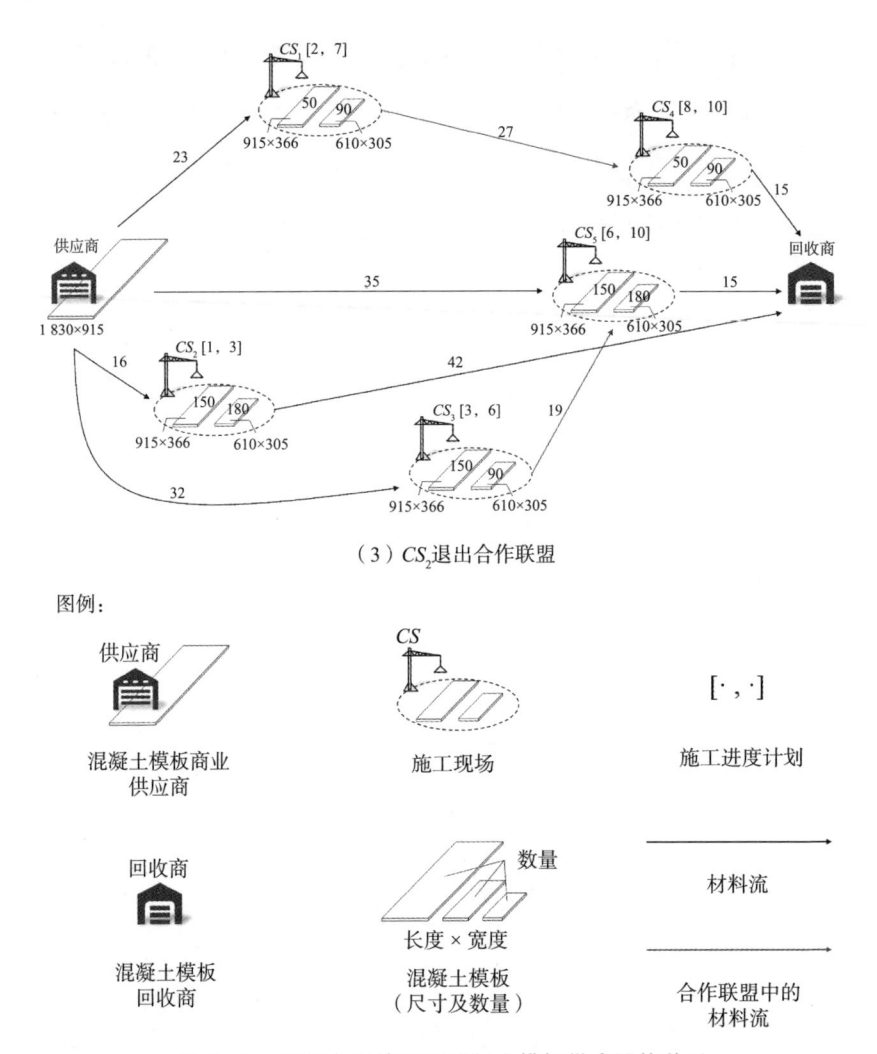

材料流

合作联盟中的材料流

图 6-1 不同合作情况下混凝土模板供应网络关系

如图 6-1（1）所示，在区域内施工现场不进行合作的情况下，原始的网络结构中包含 1 个混凝土模板商业供应商，5 个在建项目施工现场和 1 个混凝土模板回收商。在该网络（即非合作混凝土模板供应网络）中，每一个施工现场都独立地对混凝土模板的采购、加工、存储、使用和周转使用等进行计划和管理，即，从混凝土模板商业供应商处采购标准数量的混凝土模板，并按照混凝土模板需求计划对它们进行加工，在混凝土工程任务结束后，处理给混凝土模板回收商。该网络结构是目前管理实践中最常见的情形。如图 6-1（2）所示，此时区域内的施工现场开展全面合作，通过成立合作联盟，综合考虑各个施工现场的进度计划和混凝土模板需求计划，构建混凝土模板跨项目周转使用供应链。例如，在恰当的合作模式和合作机制下，施工现场 CS_1 和 CS_4 成立合作联盟并进行混凝土模板周转使用；其中，施工现场 CS_1 从混凝土模板商业供应商处采购混凝土模板标准板，并按照其混凝土模板需求计划进行加工，在施工任务完成后，出售混凝土模板拼板给施工现场 CS_4，而施工现场 CS_4 在完成施工任务后，直接将不再需要的混凝土模板处理给混凝土模板回收商。该网络（即合作混凝土模板供应网络）中的另外一个合作联盟由施工现场 CS_2、施工现场 CS_3 和施工现场 CS_5 组建。由于施工现场的不确定性，在合作联盟建立后，混凝土模板开始跨项目周转使用前，施工现场 CS_2 退出了合作联盟，得到的区域内新的混凝土模板使用和周转使用供应网络如图 6-1（3）所示。

初步观察图 6-1（1）和图 6-1（2）易知，与各个施工现场独立计划和管理混凝土模板相比，合作情况下，网络中的混凝土模板运输成本得到了大幅度的节约。例如，在施工现场 CS_1 和施工现场 CS_4 组建合作联盟的情况下，前者处理混凝土模板的运输成本和后者采购混凝土模板的运输成本都分别得到了优化。不仅如此，由于混凝土模板跨项目周转使用，施工现场 CS_4 的混凝土模板采购和加工成本，以及混凝土模板标准板材的总消耗量也得到了优化。对图 6-1（2）和图 6-1（3）进行对比，也能得到类似的结论，但由于施工现场 CS_2 的违约，后者的优化程度明显劣于前者。

为了进一步说明非合作、合作和有施工现场违约的混凝土模板供应网络间存在的差异，就图 6-1 所示的三种情形进行算例分析。每个施工现场的施工进度计划和混凝土模板需求计划、供应链链节企业之间的直线运输距离以及混凝土模板商业供应商销售的混凝土模板标准板材尺寸如图 6-1 所示。假定，混凝土模板标准板材的单位采购成本和最大周转使用次数分别为 65 元/块和 5 次；每个施工现场参与组建合作联盟的固定成本和废弃混凝土模板拼板单位处理回收收益分别为 50 元和 40 元/立方米；施工现场单位库存成本、单位加工成本、单位运输成本和单位混凝土模板拼板售价分别为 35 元/（立方米·天）、2 元/块、40 元/（立方米·千米）和 6 元/（块·次）。结合第 5 章中的计算公式，对算例进行计算，结果如表 6-1 所示。

表 6-1　非合作、合作与违约下混凝土模板供应网络计算结果对比

场景	标准板材（块）	采购成本（元）	运输成本（元）	加工成本（元）	库存成本（元）	处理收益（元）	合作成本（元）	总成本（元）
非合作	180	11 700	8 933.53	2 360	0	156.73	0	22 836.80
合作	70	4 550	4 013.99	940	38.09	60.95	250	9 731.14
违约	120	7 800	6 391.04	1 600	15.24	104.49	250	15 951.79

非合作、合作和施工现场 CS_2 违约的混凝土模板供应网络相关成本和收益计算结果如表 6-1 所示。与非合作的供应网络相比，区域内的施工现场实现全面合作，网络中混凝土模板标准板材的总消耗量减少了 110 块，总成本节约了 13 105.66 元。然而，在合作联盟成立后，施工现场 CS_2 违约并退出合作联盟时，违约供应网络中混凝土模板标准板材的总消耗量增加了 50 块，同时总成本增加了 6 220.66 元。由此可知，区域内施工现场合作进行混凝土模板跨项目周转使用，能够有效地促进网络中的成本降低和资源节约，而合作过程中施工现场的违约行为，会给整个供应网络带来成本和资源消耗量的增加，不利于绿色建造的推进与发展。

施工现场的独立计划与管理、合作周转使用混凝土模板以及违约退出联盟等行为，不仅会对整个混凝土模板供应网络造成影响，也会对单个施工现场的成本和收益造成影响。根据上述算例结果，进一步对施工现场 CS_3 在非合作、合作和违约供应网络中的成本与收益进行对比分析，如图 6-2 所示。

在以上三种情形中，施工现场 CS_3 在合作网络中所承担的总成本最低；当施工现场 CS_2 退出合作时，由于施工现场 CS_3 和施工现场 CS_5 组建的合作联盟仍然存在，因此违约网络中施工现场 CS_3 的总成本还是低于非合作网络中的总成本。同时，在该算例中，混凝土模板供应网络总成本主要受混凝土模板采购、加工和运输成本的影响；由于不同的施工现场对以上成本影响因素的贡献程度不同，所以当不同的施工现场退出合作联盟时，对供应网络整体和履约施工现场的影响也存在差异。

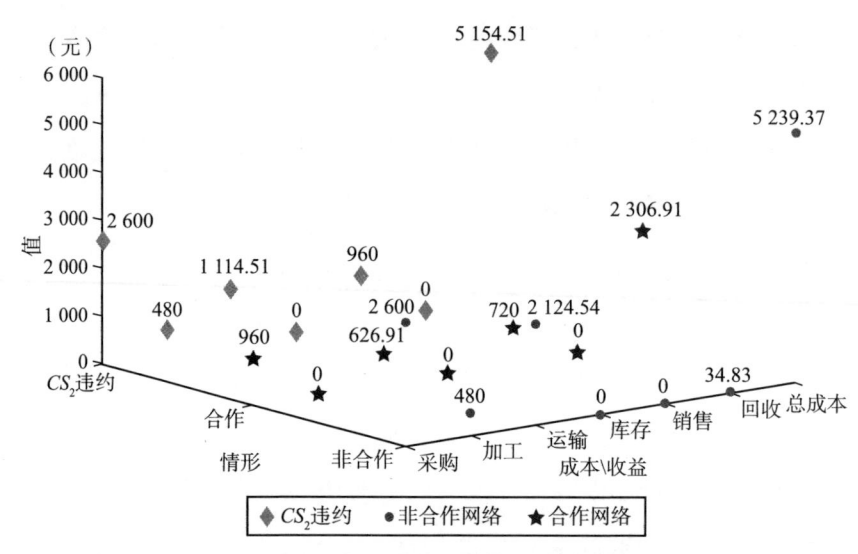

图 6-2 施工现场 CS_3 在不同合作情境下的成本与收益对比分析

综上所述，为了促进区域内施工现场进行混凝土模板跨项目周转使用，实现成本的节约和混凝土模板消耗量的减少，必须解决以下三个问题：第一，组建合适的合作联盟进行混凝土模板跨项目周转；第二，采用合理的方法对合作网络中的利润进行分配；第三，设计有效的违约补偿机制保证履约施工现场的应得利益。

6.2.2 混凝土模板跨项目周转合作模式建立

为了解决以上三个问题，本章构建了区域内混凝土模板跨项目周转使用合作模式，如图 6-3 所示。该合作模式包含三个部分，即合作联盟建立（部分 1）、合作利润分配（部分 2）和违约补偿分摊（部分 3）。

```
┌─────────────────────────────┐
│ 部分1 合作联盟建立           │
│ ┌─────────────────────────┐ │
│ │ 施工现场相关信息整合     │ │
│ │ ·施工进度计划           │ │
│ │ ·混凝土模板需求计划     │ │
│ └──────────┬──────────────┘ │
│ ┌──────────▼──────────────┐ │
│ │ 组建多个施工现场合作联盟│ │
│ │ ·最小化施工现场混凝土  │ │      ┌────────────────────────────────────────────────────┐
│ │   模板成本             │ │      │ 部分3 违约补偿分摊                                │
│ │ ·最小化混凝土模板标准板│ │      │ ┌────────────────────────┐                        │
│ │   消耗量               │ │      │ │ 合作联盟中施工现场分类 │                        │
│ └──────────┬──────────────┘ │      │ │ ·违约施工现场         │                        │
│ ┌──────────▼──────────────┐ │      │ │ ·履约施工现场         │                        │
│ │   拟定初步合作契约      │─┼──┐   │ └──────────┬─────────────┘                        │
│ └──────────┬──────────────┘ │  │   │            │                                      │
│         ╱契约╲是            │  │   │ ┌──────────▼─────────────┐  ┌──────────────────┐ │
│        ╱违背  ╲─────────────┼──┤   │ │根据合作联盟中履约施    │  │计算由于施工现场违约│ │
│        ╲      ╱             │  └──▶│ │工现场的相关信息,重     │  │给原始合作联盟造成的│ │
│         ╲    ╱              │      │ │新制订混凝土模板跨项    │  │成本增加量          │ │
│          ╲否╱               │      │ │目周转使用计划          │  └─────────┬────────┘ │
│           ▼                 │      │ └──────────┬─────────────┘            │          │
│ ┌─────────────────────────┐ │      │ ┌──────────▼─────────────┐  ┌────────▼─────────┐ │
│ │ 部分2 合作利润分配      │ │      │ │计算重新组建的合作联    │  │计算违约施工现场对原│ │
│ │ ┌─────────────────────┐ │ │      │ │盟中履约施工现场的混    │  │始合作联盟成本增加量│ │
│ │ │计算不同合作情形下施 │ │ │      │ │凝土模板总成本          │  │的贡献度            │ │
│ │ │工现场的相关成本和收 │ │ │      │ └──────────┬─────────────┘  └─────────┬────────┘ │
│ │ │益                   │ │ │      │ ┌──────────▼─────────────┐  ┌────────▼─────────┐ │
│ │ │·非合作供应网络     │ │ │      │ │根据合作联盟收益差      │  │根据总补偿费用和贡献│ │
│ │ │·合作供应网络       │ │ │      │ │额,计算契约违背的       │  │度,计算每个违约施工 │ │
│ │ └──────────┬──────────┘ │ │      │ │总补偿费用              │  │现场应支付的补偿费用│ │
│ │ ┌──────────▼──────────┐ │ │      │ └──────────┬─────────────┘  └─────────┬────────┘ │
│ │ │计算成本差额并根据合 │ │ │      └────────────┼──────────────────────────┼──────────┘
│ │ │作贡献度,对合作联盟  │ │ │                   │                          │
│ │ │中合作利润进行分配   │ │ │                   ▼                          │
│ │ └──────────┬──────────┘ │ │            ┌──────────────┐                  │
│ │ ┌──────────▼──────────┐ │ │            │形成最终的合作│◀─────────────────┘
│ │ │计算合作供应网络中   │─┼─┼───────────▶│联盟合作契约  │
│ │ │每个施工现场的混凝   │ │ │            └──────────────┘
│ │ │土模板总成本         │ │ │
│ │ └─────────────────────┘ │ │
│ └─────────────────────────┘ │
└─────────────────────────────┘
```

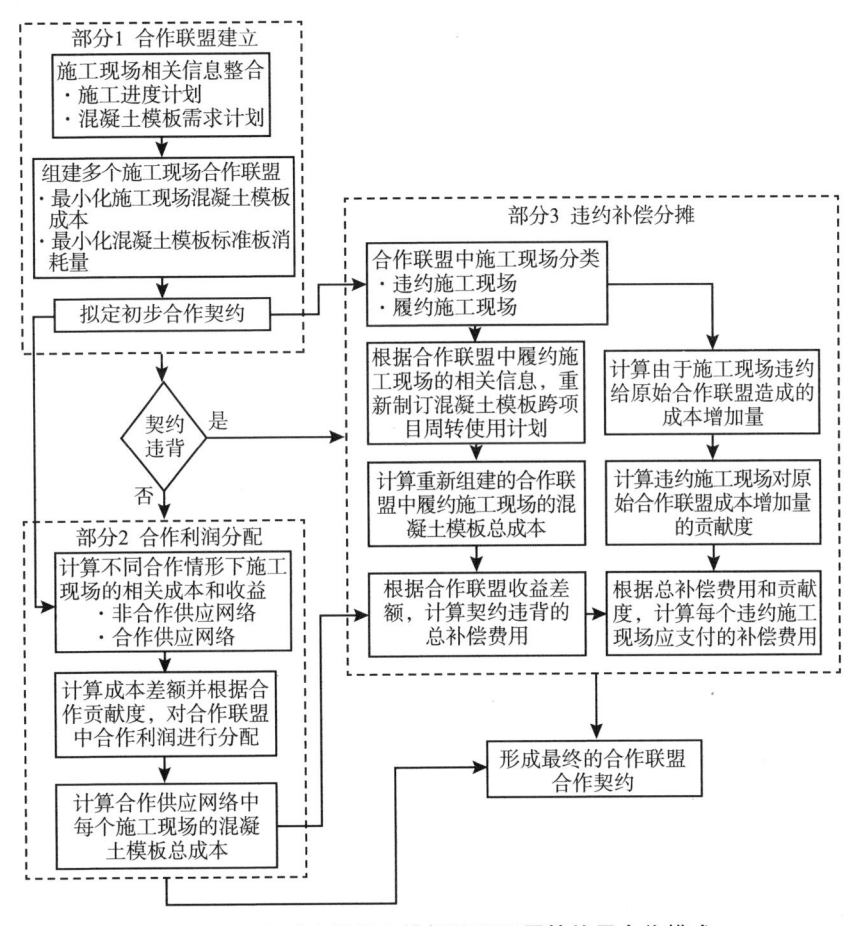

图 6-3 区域内混凝土模板跨项目周转使用合作模式

在合作联盟建立部分,首先对区域内可能进行合作的施工现场的施工进度计划和混凝土模板需求计划信息进行整合,例如以第三方采购平台的形式(Mei et al.,2019)。相应地,参与合作的施工现场需要支付给该平台一定的合作成本,如信息共享的服务成本(李梅芳等,2020)。其次,以最小化施工现场混凝土模板总成本和混凝土模板标准板材消耗量为目标,在区域内建立不同的混凝土模板跨项目周转使用合作联盟。最后，针对组建的合作联盟，初步拟定合作联盟中合作契约包含的内容，如联盟参与者（即施工现场或施工企业）和具体合作信息（如混凝土模板供应方、需求方和混凝土模板交易数量等）。

当拟定了合作联盟合作契约后，如在执行过程中没有发生施工现场违约退出合作联盟的情况，合作利润分配部分则根据各个施工现场对合作联盟成本优化的贡献度，对节约的成本进行合理的分配。首先，根据非合作供应网络和建立的合作供应网络中的混凝土模板使用情况，对每个施工现场的混凝土模板总成本进行计算。其次，计算两种混凝土模板供应网络中的混凝土模板总成本差额，并根据施工现场的贡献度进行利润分配。在合理地分配了合作利润后，可以得到合作供应网络中各个施工现场实际应承担的混凝土模板总成本，以及区域内施工现场全面合作情况下，最优的混凝土模板跨项目周转使用方案。

如果合作开始前，混凝土模板合作供应网络中发生了契约违背的情况，违约补偿分摊部分则负责计算合作联盟中履约施工现场应获得的经济补偿，和违约施工现场应该承担的违约责任。首先，根据部分1中建立的合作联盟，将联盟中的施工现场划分为两个类别，即履约施工现场和违约施工现场。对于履约施工现场类别，根据它们的施工进度计划和混凝土模板需求计划重新生成混凝土模板跨项目周转使用计划，并计算对应的混凝土模板总成本。此时，履约施工现场应得的违约补偿总费用可以通过前后两个合作联盟的成本差额进行计算。对于违约施工现场类别，由于它们的违约行为，给其他履约施工现场和原始合作联盟造成了经济损失，因此需要对这部分经济损失进行补偿，并按照相应的贡献度进行分摊。

6.3 混凝土模板跨项目周转合作模型构建与求解

6.3.1 混凝土模板跨项目周转合作联盟建立

根据混凝土模板跨项目周转使用合作模式中的合作联盟建立部分，组建的区域内施工现场合作联盟需要实现施工现场混凝土模板总成本和混凝土模板标准板材消耗量的最小化。因此，通过构建双目标数学优化模型和设计改进的非支配排序遗传算法－Ⅱ（improved non-dominated sorting genetic algorithm－Ⅱ，Im－NSGA－Ⅱ）对优化问题进行建模和求解，以建立区域内施工现场混凝土模板跨项目周转使用合作联盟。

（1）双目标优化模型构建。

构建的数学优化模型中涉及的符号及定义如表6－2~表6－4所示。表6－2对优化模型中使用的混凝土模板商业供应商集合、回收商集合、施工现场集合以及混凝土模板拼板类型集合进行了定义；表6－3和表6－4则分别对优化模型中使用的参数和决策变量进行了定义。此外，为了便于混凝土模板加工成本的计算，引入第3章中采用的二维板材下料函数$f(\cdot)$，根据混凝土模板需求计划对需要采购和加工的标准板材数量进行计算（Mei et al., 2022b）。在模型中混凝土模板采购过程中的运输成本由需求方施工现场承担，而回收处理过程中的运输成本由混凝土模板处理施工现场承担。

表 6-2　　　　数学优化模型中涉及的集合及其定义

集合符号	定义
S	区域内混凝土模板商业供应商集合，$s = 1, 2, \cdots, S$
R	区域内混凝土模板回收商集合，$r = 1, 2, \cdots, R$
I	施工现场（CS）集合，$i = 1, 2, \cdots, I$
J	混凝土模板拼板类别集合，$j = 1, 2, \cdots, J$
I'	施工进度计划的结束时间（FT）早于或等于施工现场 CS_i 的开始时间（ST）的施工现场集合，$i' = 1, 2, \cdots, I'$ 且 $I' \subset I$
I''	施工进度计划的开始时间（ST）等于或晚于施工现场 CS_i 的结束时间（FT）的施工现场集合，$i'' = 1, 2, \cdots, I''$ 且 $I'' \subset I$

表 6-3　　　　数学优化模型中涉及的参数及其定义

参数符号	定义
$L \times W \times H$	混凝土模板标准板材的长度、宽度和厚度
$RRTs$	混凝土模板标准板材的最大周转使用次数
CP	混凝土模板标准板材的单位采购成本
WRC	混凝土模板拼板回收处理单位收益
a_{ij}	施工现场 CS_i 需求的第 j 类混凝土模板拼板的数量
$l_{ij} \times w_{ij}$	施工现场 CS_i 需求的第 j 类混凝土模板拼板的长度和宽度
RA_{ij}	第 j 类混凝土模板拼板与标准板材的面积占比，$RA_{ij} = (l_{ij} \times w_{ij})/(L \times W)$
$rrts_{ij}$	施工现场 CS_i 需求的第 j 类混凝土模板拼板的剩余周转使用次数
$d_{ii'}$	施工现场 CS_i 和 $CS_{i'}$ 之间的运输距离
$[ST_i, FT_i]$	施工现场 CS_i 的施工进度计划的开始和结束时间

续表

参数符号	定义
PC_i	施工现场 CS_i 混凝土模板的单位加工成本
HC_i	施工现场 CS_i 混凝土模板的单位库存成本
TC_i	施工现场 CS_i 混凝土模板的单位运输成本
SP_i	施工现场 CS_i 混凝土模板的单位销售收益

表6-4　　数学优化模型中涉及的决策变量及其定义

变量符号	定义
a_{ijS}	整数型决策变量，表示施工现场 CS_i 需求的第 j 类混凝土模板拼板由混凝土模板商业供应商 S 满足的数量
$a_{iji'}$	整数型决策变量，表示施工现场 CS_i 需求的第 j 类混凝土模板拼板由施工现场 $CS_{i'}$ 满足的数量
a_{Rji}	整数型决策变量，表示施工现场 CS_i 使用的第 j 类混凝土模板拼板处理给混凝土模板回收商 R 的数量
$a_{i''ji}$	整数型决策变量，表示施工现场 CS_i 使用的第 j 类混凝土模板拼板出售给施工现场 $CS_{i''}$ 的数量

以最小化施工现场混凝土模板总成本和标准板材消耗量为目标，建立的区域内施工现场合作联盟数学优化模型的目标函数如式（6-1）和式（6-2）所示。

$$\min \sum_{i=1}^{I} (C_{i1} + C_{i2} + C_{i3}) \quad (6-1)$$

$$\min \sum_{i=1}^{I} \sum_{j=1}^{J} f(a_{ijS}) \quad (6-2)$$

其中，C_{i1} 表示混凝土模板采购、加工和运输的总成本；C_{i2} 表示混凝土模板库存和运输总成本与出售和处理总收益之和；C_{i3}表示施工现场跨项目组建合作联盟的固定成本。

混凝土模板采购、加工和运输总成本C_{i1}由五个部分组成，即混凝土模板标准板材采购成本C_{i11}、标准板材采购运输成本C_{i12}、标准板材加工成本C_{i13}、混凝土模板拼板施工现场采购成本C_{i14}和运输成本C_{i15}，它们的计算方式如式（6.3）~式（6.8）所示。

$$C_{i1} = C_{i11} + C_{i12} + C_{i13} + C_{i14} + C_{i15} \qquad (6-3)$$

$$C_{i11} = \sum_{j=1}^{J} CP \times f(a_{ijS}) \qquad (6-4)$$

$$C_{i12} = \sum_{j=1}^{J} TC_i \times (L \times W \times H) \times f(a_{ijS}) \times d_{iS} \qquad (6-5)$$

$$C_{i13} = \sum_{j=1}^{J} PC_i \times a_{ijS} \qquad (6-6)$$

$$C_{i14} = \sum_{i'=1}^{I'} \sum_{j=1}^{J} SP'_i \times a_{iji'} \times rrts_{i'j} \times RA_{ij} \qquad (6-7)$$

$$C_{i15} = \sum_{i'=1}^{I'} \sum_{j=1}^{J} TC_i \times (l_{ij} \times w_{ij} \times H) \times a_{iji'} \times d_{ii'} \qquad (6-8)$$

而混凝土模板库存和运输总成本与出售和处理总收益之和C_{i2}则由两种成本和两种收益构成，包括混凝土模板现场库存成本C_{i21}、回收处理过程中的运输成本C_{i23}、混凝土模板拼板出售收益C_{i22}和回收处理收益C_{i24}，具体的计算方式如式（6-9）~式（6-13）所示。

$$C_{i2} = C_{i21} - C_{i22} + C_{i23} - C_{i24} \qquad (6-9)$$

$$C_{i21} = \sum_{i''=1}^{I''} \sum_{j=1}^{J} HC_i \times (l_{ij} \times w_{ij} \times H) \times a_{i''ji} \times (ST_i'' - FT_i)$$

$$(6-10)$$

$$C_{i22} = \sum_{i''=1}^{I''} \sum_{j=1}^{J} SP_i \times a_{i''ji} \times rrts_{ij} \times RA_{ij} \quad (6-11)$$

$$C_{i23} = \sum_{j=1}^{J} TC_i \times (l_{ij} \times w_{ij} \times H) \times a_{Rji} \times d_{iR} \quad (6-12)$$

$$C_{i24} = \sum_{j=1}^{J} WRC \times (l_{ij} \times w_{ij} \times H) \times a_{Rji} \quad (6-13)$$

此时,数学优化模型的约束条件如式(6-14)~式(6-24)所示。

$$a_{ijS} + \sum_{i'=1}^{I'} a_{iji'} = a_{ij}, \forall i, i' \in I, i \neq i', \forall j \in J \quad (6-14)$$

$$a_{Rji} + \sum_{i''=1}^{I''} a_{i''ji} = a_{ij}, \forall i, i'' \in I, i \neq i'', \forall j \in J \quad (6-15)$$

$$ST_i - FT_i' \geq 0, \quad \forall i, i' \in I, i \neq i' \quad (6-16)$$

$$ST_i'' - FT_i \geq 0, \quad \forall i, i'' \in I, i \neq i'' \quad (6-17)$$

$$a_{iji'} = \begin{cases} a_{iji'}, & rrts_{i'j} > 0 \\ 0, & rrts_{i'j} \leq 0 \end{cases}, \forall i, i' \in I, i \neq i', \forall j \in J \quad (6-18)$$

$$a_{i''ji} = \begin{cases} a_{i''ji}, & rrts_{ij} > 0 \\ 0, & rrts_{ij} \leq 0 \end{cases}, \forall i, i'' \in I, i \neq i'', \forall j \in J \quad (6-19)$$

$$0 \leq a_{ijS} \leq a_{ij}, \quad \forall i \in I, \forall j \in J \quad (6-20)$$

$$0 \leq a_{iji'} \leq \min(a_{ij}, a_{i'j}), \forall i, i' \in I, i \neq i', \forall j \in J \quad (6-21)$$

$$0 \leq a_{Rji} \leq a_{ij}, \quad \forall i \in I, \forall j \in J \quad (6-22)$$

$$0 \leq a_{i''ji} \leq \min(a_{ij}, a_{i''j}), \forall i, i'' \in I, i \neq i'', \forall j \in J \quad (6-23)$$

$$a_{ijS}, a_{iji'}, a_{Rji}, a_{i''ji} \text{为非负整数} \quad (6-24)$$

式(6-14)和式(6-15)分别对施工现场 CS_i 输入和输出

的混凝土模板总量进行约束，也就是说，施工现场 CS_i 的混凝土模板需求可以完全由商业供应商和其他施工现场满足，而通过出售混凝土模板拼板给其他施工现场和通过回收商对混凝土模板拼板进行处理，可以保证施工任务完成后，现场混凝土模板库存为零。式（6-16）~式（6-19）旨在保证合作联盟中直接合作的施工现场的施工进度计划不会发生冲突，且混凝土模板供应与需求能够匹配。例如，一方面，如果施工现场 CS_i 计划从施工现场 CS_i' 采购需要的混凝土模板，那么就必须保证前者的计划开工时间晚于或者等于后者的计划完工时间，反之亦然；另一方面，必须保证从施工现场 CS_i' 采购的混凝土模板能够继续周转使用，即剩余周转使用次数为正。式（6-20）~式（6-24）对整数型决策变量的定义域范围进行了约束。

（2）Im-NSGA-Ⅱ算法设计与优化模型求解。

由构建的数学优化模型易知，该模型属于非线性双目标优化模型，且模型中还涉及二维板材下料优化子模型，不利于精确算法进行求解。因此，本章采用求解双目标优化模型方法中较为常见的 Im-NSGA-Ⅱ（Wang et al.，2020c；Wang et al.，2020d）。其中，初始种群生成方法、非支配排序方法、拥挤度计算方法和遗传算子（交叉、选择、变异算子）设计如下。

根据数学优化模型构建的目的可知，求解数学模型是为了得到区域内施工现场组建的合作联盟，具体表现为确定施工现场采购和处理混凝土模板的对象（如其他施工现场、商业供应商、回收商）。因此，在进行初始种群生成时，根据各个施工现场的施工进度计划和混凝土模板需求计划，对施工现场间潜在的合作关系进行了充分的考虑，并以此为依据设计初始种群。具体的步骤包括潜在合作关系的确定、施工现场混凝土模板采购与处理基因的编码。表 6-5 对施工现场潜在合作关系矩阵生成过程的伪代码进行了说明，为了保证商业供应商和回收商能为区域内所有施工现场提供服务，在算法设计时，设置商业供应商和混凝土模板回收商的施工进度计划分别为 [0, 0] 和 [Inf, Inf]，而它们的混凝土模板需求数量、尺寸则均设置为 0。

表 6-5　　施工现场潜在合作关系 0-1 矩阵生成伪代码

算法：潜在合作关系矩阵生成算法	
输入：网络中节点数量 $numNode$，所有节点施工进度计划 $schedule$ 和混凝土模板需求 OD	
输出：潜在合作关系矩阵 $PotentialCooperation$	
1：	％生成施工进度计划不冲突的合作矩阵 $TimePermit$
2：	**for** $i \leftarrow 1 : numNode$ **do**
3：	$FT(i) \leftarrow schedule(i, finishtime)$
4：	**for** $j \leftarrow 1 : numNode$ **do**
5：	$ST(j) \leftarrow schedule(j, starttime)$
6：	**if** $FT(i) \leqslant ST(j)$ **then**
7：	$TimePermit(i,j) \leftarrow 1$
8：	**else**
9：	$TimePermit(i,j) \leftarrow 0$
10：	**end if**
11：	**end for**
12：	**end for**
13：	％生成混凝土模板需求匹配的合作矩阵 $DemandMatch$
14：	**for** $i \leftarrow 1 : numNode$ **do**
15：	$preSite \leftarrow OD(i)$
16：	$CateOfPre \leftarrow size(preSite)$

续表

17:	**for** $j \leftarrow 1:numNode$ **do**
18:	$\quad postSite \leftarrow OD(j)$
19:	$\quad CateOfPost \leftarrow size(postSite)$
20:	$\quad$ **for** $k \leftarrow 1:CateOfPost$ **do**
21:	$\quad\quad postLength \leftarrow postSite(k,l), postWidth \leftarrow postSite(k,w)$
22:	$\quad\quad$ **for** $g \leftarrow 1:CateOfPre$ **do**
23:	$\quad\quad\quad preLength \leftarrow preSite(g,l), preWidth \leftarrow preSite(g,w)$
24:	$\quad\quad\quad$ **if** $postLength = preLength$ and $postWidth = preWidth$ **then**
25:	$\quad\quad\quad\quad DemandMatch(i,j) \leftarrow 1$, **break**
26:	$\quad\quad\quad$ **else**
27:	$\quad\quad\quad\quad DemandMatch(i,j) \leftarrow 0$
28:	$\quad\quad\quad$ **end if**
29:	$\quad\quad$ **end for**
30:	$\quad$ **end for**
31:	**end for**
32:	**end for**
33:	% 生成潜在合作关系矩阵 $PotentialCooperation$
34:	$PotentialCooperation \leftarrow TimePermit \times DemandMatch$

  针对 6.2.1 节中的算例执行该算法，施工现场潜在合作关系矩阵结果如图 6-4 所示。生成的 0~1 矩阵中，列向量表示该施工现场可以进行混凝土模板采购的潜在合作对象，而行向量则表示该施工现场进行混凝土模板出售或回收处理的潜在合作对象。例如，对于施工现场 CS_4 而言，它可以从商业供应商、施工现场 CS_1、施工现场 CS_2 和施工现场 CS_3 处采购混凝土模板；当需要处理混凝土模板时，回收商是唯一的选择。以上结果与图 6-1

所呈现的结果是一致的。

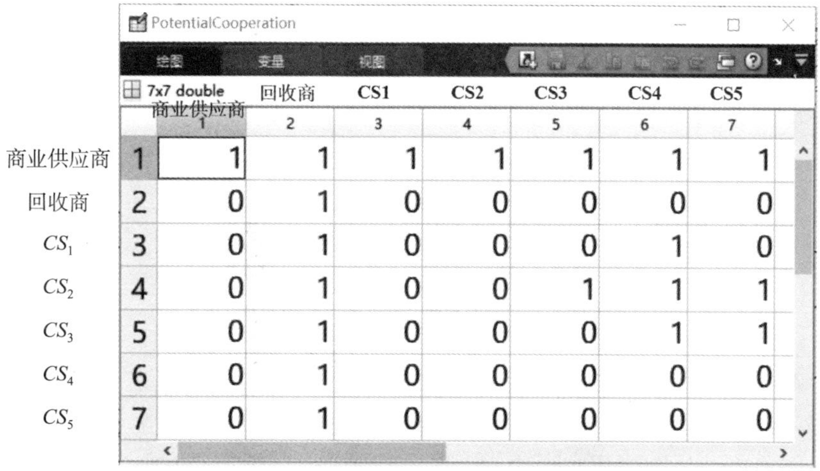

		回收商	CS1	CS2	CS3	CS4	CS5
	商业供应商 1	2	3	4	5	6	7
商业供应商	1	1	1	1	1	1	1
回收商	0	1	0	0	0	0	0
CS_1	0	1	0	0	0	1	0
CS_2	0	1	0	0	1	1	1
CS_3	0	1	0	0	0	1	1
CS_4	0	1	0	0	0	0	0
CS_5	0	1	0	0	0	0	0

图 6-4 施工现场潜在合作关系矩阵结果示意

表 6-6 所示为施工现场混凝土模板采购基因片段生成伪代码，在确定的施工现场潜在合作关系矩阵的基础上，结合约束条件式（6-20）~式（6-24）随机生成每个施工现场不同种类混凝土模板的采购基因。算法的输出结果示意如图 6-5 所示。执行算法，可以得到种群中所有个体的采购基因片段，对于第一个个体中的施工现场 CS_3，需要两种混凝土模板且数量分别为 150 和 90，如图 6-1 所示，根据算法生成的结果，此时施工现场 CS_3 从商业供应商和施工现场 CS_2 采购第一类混凝土模板的数量分别为 119 和 31，而第二类混凝土模板则仅从施工现场 CS_2 采购，数量为 90。根据该算法，可以快速地得到数学模型中的采购决策变量 a_{ijS} 和 $a_{iji'}$ 的值，例如，根据图 6-5 所示的结果，可以得到 $a_{31S}=119$，$a_{312}=31$，$a_{322}=90$。

表 6-6　施工现场混凝土模板采购基因片段生成算法伪代码

算法：	施工现场采购基因片段生成算法
输入：	施工现场节点编号 $node$，所有节点混凝土模板需求 OD，潜在合作关系矩阵 $PotentialCooperation$，网络中节点的数量 $numNode$
输出：	采购基因片段 $SiteGenP$

1：　　$formworkType \leftarrow \text{size}(OD(node))$
2：　　$PotentialCooperation(\text{Recycler},:) \leftarrow [\ ]$
3：　　$Decision \leftarrow \text{zeros}(formworkType, numNode-1)$
4：　　**for** $i \leftarrow 1 : formworkType$ **do**
5：　　　　$currentAmount(i) \leftarrow OD(node)(i, amount)$
6：　　　　**while** true **do**
7：　　　　　　$PurchaseDecision \leftarrow \text{ones}(formworkType, numNode-1)$
8：　　　　　　$PotentialPurchase(i,:) \leftarrow PurchaseDecision \times PotentialCooperation(:, node)$
9：　　　　　　$a \leftarrow \text{find}(PotentialPurchase(i,:) = 1)$
10：　　　　　$numSource \leftarrow \text{length}(a)$
11：　　　　　**for** $j \leftarrow 1 : numSource$ **do**
12：　　　　　　　**if** $a(j) = 1$ **then**
13：　　　　　　　　$Amount(j) \leftarrow \text{round}(\text{rand}(1) \times currentAmount(i))$
14：　　　　　　　**else**
15：　　　　　　　　$PotentialSupply \leftarrow OD(a(j)+1)$
16：　　　　　　　　$Amount(j) \leftarrow$
　　　　　　　　　　$\min(currentAmount(i), \text{round}(\text{rand}(1) \times PotentialSupply(i, amount)))$
17：　　　　　　　**end if**
18：　　　　　　　$Decision(i, a(j)) \leftarrow Amount(j)$
19：　　　　　**end for**
20：　　　　　$realAmount(i) \leftarrow \text{sum}(Decision(i,:))$
21：　　　　　**if** $realAmount(i) = currentAmount(i)$ **then**
22：　　　　　　　**break**
23：　　　　　**end if**
24：　　　**end while**
25：　**end for**
26：　$SiteGenP \leftarrow Decision$

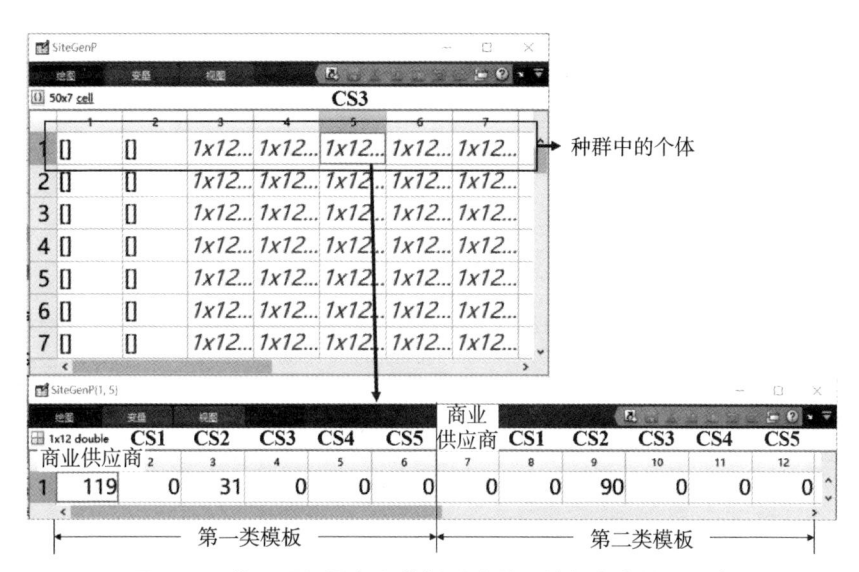

图 6-5 施工现场混凝土模板采购基因片段生成结果示意

结合潜在合作关系矩阵和生成的施工现场混凝土模板采购基因片段，表 6-7 展示了施工现场混凝土模板处理基因片段生成算法的伪代码。由于该算法的计算结果受施工现场采购基因片段结果的影响较大，而采购基因片段又是随机生成的，生成的施工现场处理基因片段中可能存在不可行解，如负数，违反约束条件式（6-24），因此，需要对初步生成的处理片段基因进行检查，剔除不满足约束条件的个体，并重新生成个体或者复制已经生成的可行解个体，使得生成的个体数量满足种群规模的要求。

表 6-7   施工现场混凝土模板处理基因生成算法伪代码

算法：施工现场处理基因片段生成算法

输入：施工现场节点编号 $node$，所有节点混凝土模板需求 OD，潜在合作关系矩阵 $PotentialCooperation$，网络中节点的数量 $numNode$，施工现场采购基因片段 $SiteGenP$

续表

输出：处理基因片段 $SiteDenD$

1： $a \leftarrow \text{find}(PotentialCooperation(node, nonSupplier) = 1)$
2： $postNode \leftarrow a + 1$
3： $postNode(postNode = 2) \leftarrow [\ ]$
4： $currentType \leftarrow \text{size}(OD(node))$
5： $PotentialCooperation(:, Supplier) \leftarrow [\ ]$
6： **for** $i \leftarrow 1:currentType$ **do**
7： $DisposeDecision \leftarrow \text{ones}(currentType, numNode - 1)$
8： $PotentialDispose(i,:) \leftarrow DisposeDecision(i) \times PotentialCooperation(node,:)$
9： **end for**
10： **for** $i \leftarrow 1:\text{length}(postNode)$ **do**
11： $postType(i) \leftarrow \text{size}(OD(postNode(i)))$
12： $PostPurchase \leftarrow \text{reshape}(SiteGenP(postNode(i)), numNode - 1, postType(i))$
13：   **for** $j \leftarrow 1:postType(i)$ **do**
14： $TempAmount(i,j) \leftarrow PostPurchase(j, node - 1)$
15：   **end for**
16： $PotentialDispose(:, postNode(i) - 1) \leftarrow TempAmount(i,:)$
17： **end for**
18： **for** $i \leftarrow 1:currentType$ **do**
19： $currentAmount(i) \leftarrow OD(node)(i, amount)$
20： $PotentialDispose(i,1) \leftarrow currentAmount(i) - \text{sum}(PotentialDispose(i,2:end))$
21： **end for**
22： $SiteGenD \leftarrow PotentialDispose$

  经过检查、删除和重新生成后，得到的施工现场处理基因片段结果如图 6-6 所示。例如，在第四个个体中，施工现场 CS_2 在施工任务完成时，将第一类混凝土模板分别处理给回收商和出售给施工现场 CS_3、施工现场 CS_4 和施工现场 CS_5，数量分别为 4、

115、7 和 24；将第二类混凝土模板分别处理给回收商和出售给施工现场 CS_4 和施工现场 CS_5，数量分别为 55、4 和 121。此时，处理决策变量 a_{Rji} 和 $a_{i''ji}$ 的值可以表示为 $a_{R12}=4$，$a_{312}=115$，$a_{412}=7$，$a_{512}=24$，$a_{R22}=55$，$a_{422}=4$，$a_{522}=121$。

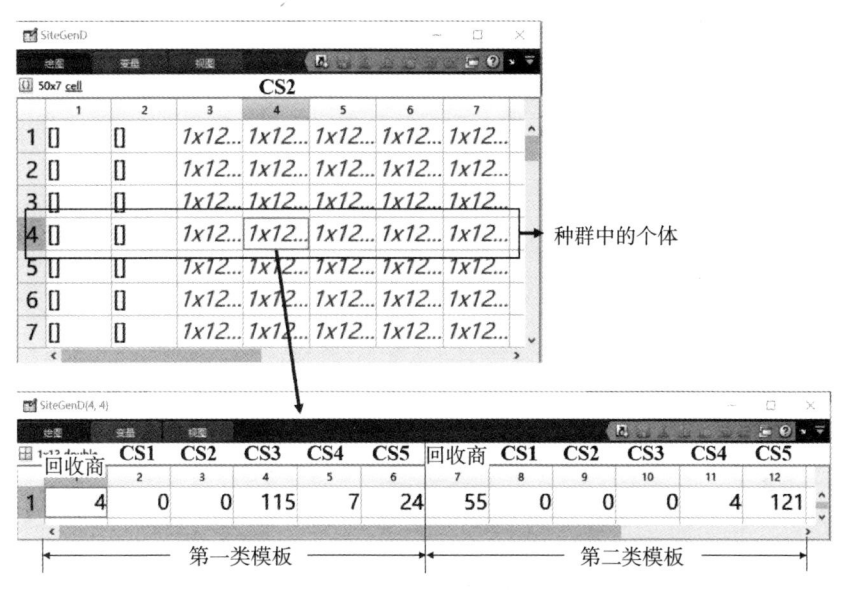

图 6-6 施工现场混凝土模板处理基因片段生成结果示意

结合以上三个子算法，能够生成优化算法的初始种群，在此基础上，需要根据种群中每一个个体的适应度值（目标函数值）对其进行评价。在双目标优化问题中，通常很难保证一个个体的两个目标函数值都优于另一个个体，因此，在算法中，采用非支配排序的方法，确定个体与个体之间的帕累托（Pareto）支配关系，进而生成基于支配关系的帕累托等级，如图 6-7 所示，为较优个体的选择和保留提供依据。

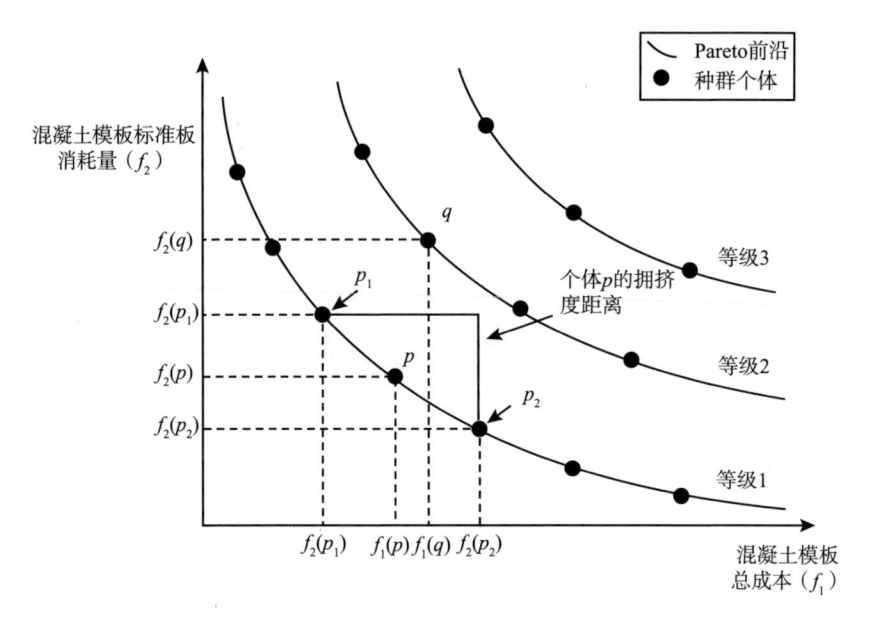

图6-7 帕累托等级、非支配排序及拥挤度计算示意

如图6-7所示，为较优个体的选择和保留提供依据。其次，为了保证求解空间中个体的均匀分布，增加种群的多样性，引入了拥挤度计算，计算方式如式（6-25）所示。

$$CD_p = |f_1(p_2) - f_1(p_1)| + |f_2(p_2) - f_2(p_1)| \qquad (6-25)$$

其中，CD_p表示个体p的拥挤度距离；p_1、p_2表示个体p的两个邻域个体；f_1、f_2表示两个目标函数值，即混凝土模板总成本和标准板消耗量。

在确定帕累托等级时，需要优先确定解个体之间的支配关系。如果两个解个体之间存在支配关系，则被支配的解个体处于较高的帕累托等级；如果两个解个体之间不存在支配关系，则两者处于同一个帕累托等级。如图6-7所示，个体p的两个目标

函数值为 $f_1(p)$ 和 $f_2(p)$，个体 q 的两个目标函数值为 $f_1(q)$ 和 $f_2(q)$，显然 $f_1(p)<f_1(q)$ 且 $f_2(p)<f_2(q)$，由于构建的数学优化模型是求解最小化问题，因此个体 p 支配个体 q，前者处于帕累托等级 1 而后者处于帕累托等级 2；又如，个体 p_1 的两个目标函数值为 $f_1(p_1)$ 和 $f_2(p_1)$，与个体 p 的目标函数值相比，可知 $f_1(p_1)<f_1(p)$ 但 $f_2(p_1)>f_2(p)$，因此个体 p 和个体 p_1 不存在支配关系（非支配），属于同一个帕累托等级。因此，越是处在帕累托等级低的解个体，越应该被选择和保留，以生成后代种群个体。

结合图 6-7 和式（6-25）对种群中个体的拥挤度进行计算时，需要知道该个体所处的帕累托等级中，与它相邻的两个个体的目标函数值。当个体的拥挤度距离越小时，说明这些个体越集中，不利于生成的种群保持多样性。因此，在同一个帕累托等级中的解个体，其拥挤度距离越大，越适合被选择和保留。

根据生成的初始种群不难发现，种群中的可行解不一定是模型的最优解。因此，基于生物进化理论，需要利用选择、交叉和变异等遗传算子，对可行解进行优化，生成更优的后代种群个体。由于算法中对初始种群进行生成时，施工现场的处理基因片段会随采购基因片段的变化而变化，因此，在进行遗传算子操作时，只需对采购基因片段进行操作，然后再生成对应的处理基因片段即可。为了加快算法的收敛速度，选择算子采用"锦标赛选择"算子（王勇和罗思妤，2021），即选择具有较低帕累托等级和较高拥挤度的个体。

对于各个施工现场而言，它们可以根据合作伙伴的变更，或者采购数量的变化，来改变混凝土模板的总成本和标准板材的消耗量，但是整个过程中，每个施工现场必须采购的混凝土模板种类始终不会发生变化。因此，在运用交叉算子生成子代个体时，设计了跨项目同种类混凝土模板采购基因交叉算子，具体过程如图6-8所示。

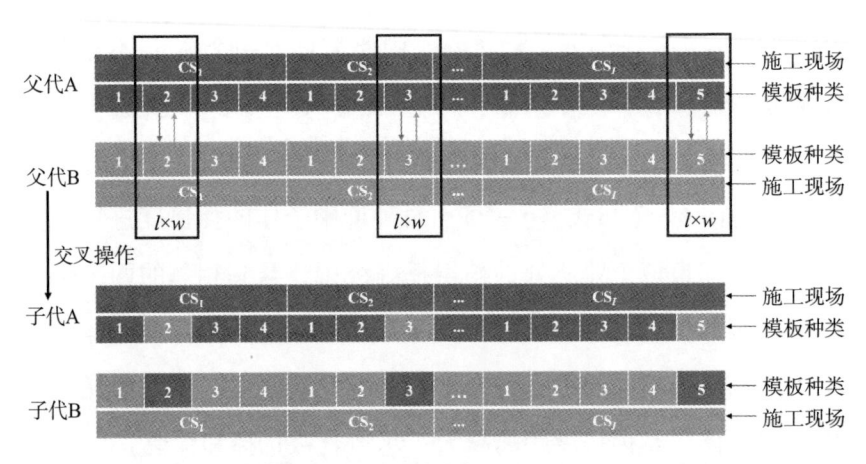

图6-8 跨项目同种类混凝土模板采购基因交叉算子示意

在进行交叉操作时，首先从种群中选出两个父代个体A和B，由图6-5可知，每个个体基因中都包含所有的施工现场，而每个施工现场又包含了所有种类的混凝土模板采购源头（合作对象）和采购数量。选择任意一种混凝土模板类型，如尺寸为 $l \times w$，遍历所有的施工现场采购基因，找到同类型的混凝土模板采购基因，并交换父代A和父代B中的以上基因，生成子代A和子代B。该交叉算子存在以下两个方面的优势：第一，保证了同一个施工现场对同一种类混凝土模板的采购总量不发生变化，即满足施工需求，但实现了采购源头或采购数量的变更；第二，由于父代 A 和父代 B 的采购基因都是依据潜在合作关系矩阵生成的，因此执行该交叉算子，避免了生成不可行解。

为了保证种群的多样性，采用如图 6-9 所示的基于混凝土模板采购数量转移的采购基因变异算子。由于某些施工现场在开始施工时，不存在能够为它提供混凝土模板的施工现场供应方，只能从商业供应商处进行采购，针对这类解个体执行变异算子不会对结果产生影响。因此，在选择父代个体进行变异操作时，首先根据潜在合作关系矩阵，确定列向量中含有元素 1 的个数不少于两个的列向量，即代表该施工现场至少可以从两个供应源头采购混凝土模板。然后从中任选施工现场 CS_i 的第 j 类混凝土模板，将其中一个采购源头的采购数量转移给商业供应商，生成变异后的子代个体。如图 6-9 所示，确定施工现场 CS_i 从 CS_2 采购的数量进行转移，则令转移量为 $\Delta \in [0, a_{ij2}]$ 中的任意整数值，执行变异算子后，CS_i 的第 j 类模板从商业供应商处采购的数量变化为 $a_{ijS} + \Delta$，而从施工现场 CS_2 采购的数量变化为 $a_{ij2} - \Delta$。该变异算子存在以下两个方面的优势：第一，对于变异个体中该施工现场 CS_i 的第 j 类模板，其采购总量不会发生变化，依然满足施工需求，但其采购源头或者不同源头的采购数量会发生变化，增加了种群的多样性；第二，考虑到某个施工现场可能同时供应混凝土模板给其他多个施工现场，采用该变异算子时，其中一个需求方施工现场改变采购数量，并不会影响剩余的需求方施工现场采购数量，仅会对供应方施工现场的处理基因造成影响，这在初始种群生成算法中得到了充分的考虑，因此该算子能够保证变异后个体的可行性。

	CS$_i$					← 施工现场
	j					← 模板种类
父代	商业供应商(S)	CS$_1$	CS$_2$	...	CS$_I$	← 采购源头
	a_{ijS}	a_{ij1}	a_{ij2}	...	a_{ijI}	← 采购数量

变异操作 $\Delta \in [0, a_{ij2}]$

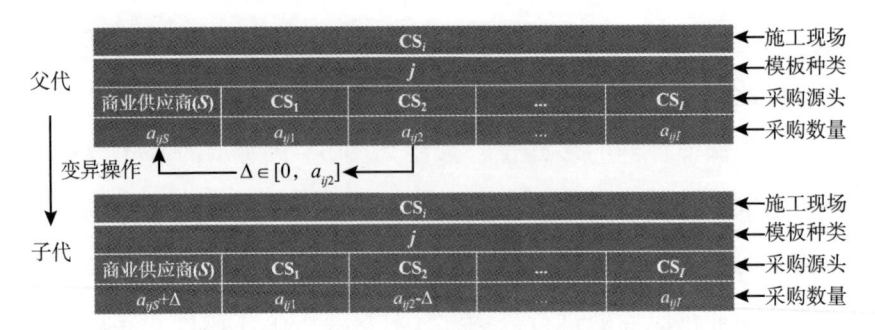

	CS$_i$					← 施工现场
	j					← 模板种类
子代	商业供应商(S)	CS$_1$	CS$_2$	...	CS$_I$	← 采购源头
	$a_{ijS}+\Delta$	a_{ij1}	$a_{ij2}-\Delta$	...	a_{ijI}	← 采购数量

图 6-9　基于混凝土模板采购数量转移的采购基因变异算子示意

完成了以上介绍的初始种群生成方法、非支配排序方法、拥挤度计算方法和遗传算子操作的改进后，本节采用的 Im-NSGA-Ⅱ执行过程与已有文献中的算法执行过程一致，因此不再进行详细的介绍。

6.3.2　混凝土模板跨项目周转合作利润分配方法

在区域内施工现场为了进行混凝土模板跨项目周转使用而组建的合作联盟基础上，需要对多个施工现场合作情况下获取的总收益（成本节约）进行公平的分配。不难发现，区域内施工现场组建合作联盟和进行利润分配时，属于多人参与的合作博弈过程。为了求解多人参与合作博弈过程中的利润分配或者成本分摊均衡解的问题，已有研究和管理实践中涌现了大量的分配方法，如核仁解（nucleolus）（Schmeidler，1969）、博弈二次规划（games with quadratic programming，GQP）（Magassarian & Stone，1964）、成本差额分配（cost gap allocation，CGA）（Tijs &

Driessen，1986）、等额利润法（equal profit method，EPM）（Frisk et al.，2010）、最小成本剩余节约法（minimum costs remaining savings，MCRS）（Driessen & Tijs，1985）、夏普利值模型（Shapley，2016）等。

其中，GQP、EPM 和 MCRS 在使用时都需要求解二次规划或者线性规划问题，CGA 在使用时需要构建并量化非负成本差额函数，不便于实践应用；而核仁解则更多用于公共资源使用的成本分摊，如高速公路收费项目等（Kuipers et al.，2013）。尽管夏普利值模型尚未针对确保个人理性稳定性这一命题，开展严格的数学推导与证明工作，但在不同利润分配问题中的广泛应用，足以证明其可行性和有效性。基于此，本书将运用夏普利值模型对施工现场组建的混凝土模板跨项目周转使用合作联盟的利润分配问题进行讨论。

将数学优化模型中生成的施工现场合作联盟定义为 A，即包含所有合作施工现场的集合；根据潜在合作关系矩阵，合作联盟中的多个施工现场存可以组建子合作联盟 S，且 $S \subseteq A$；施工现场 CS_i 是合作联盟 A 中的成员，且 $i \in A$；定义 $f_1(\cdot)$ 为合作联盟的效用函数，即混凝土模板总成本，且 $f_1(\varnothing) = 0$。根据夏普利值基本模型（Shapley，2016），得到施工现场 CS_i 对合作联盟 A 混凝土模板总成本的贡献计算方式，如式（6-26）所示。

$$Cont_i = \sum_{S \subseteq A \setminus \{i\}} \frac{|S|! \times (|A| - |S| - 1)!}{|A|!} \times |f_1(S) - f_1(S \cup \{i\})|$$

$$(6-26)$$

其中，$Cont_i$ 表示施工现场 CS_i 在合作中的贡献程度；|集合|! 表

示对集合中的元素个数进行全排列后生成的组合数目；$A \setminus \{i\}$ 表示从集合 A 中剔除元素 i。

$$Cont_2^1 = \frac{0! \times (3-0-1)!}{3!} \times |f_1(\{\varnothing\}) - f_1(\{CS_2\})| = \frac{10\,400}{6} \tag{6-27}$$

$$Cont_2^2 = \frac{1! \times (3-1-1)!}{3!} \times [|f_1(\{CS_1\}) - f_1(\{CS_1, CS_2\})|$$
$$+ |f_1(\{CS_3\}) - f_1(\{CS_2, CS_3\})|] = \frac{1\,000}{6} \tag{6-28}$$

$$Cont_2^3 = \frac{2! \times (3-2-1)!}{3!} \times |f_1(\{CS_1, CS_3\})$$
$$- f_1(\{CS_1, CS_2, CS_3\})| = \frac{600}{6} \tag{6-29}$$

$$Cont_2 = Cont_2^1 + Cont_2^2 + Cont_2^3 = 2\,000 \tag{6-30}$$

为了对本章中采用的夏普利值模型计算过程进行说明，采用如表 6-8 所示的算例，对各个施工现场在合作联盟 $\{CS_1, CS_2, CS_3\}$ 中混凝土模板总成本分摊进行分析。利用夏普利值模型对利润或者成本进行分配时，其核心思想是考虑施工现场加入合作联盟时，引起合作联盟中混凝土模板边际成本的变化。虽然本书考虑的合作联盟中不存在施工现场加入的先后顺序，但是为了便于描述公式中的分配过程，以不同的合作形式对合作联盟进行表示。算例中考虑了三个可能组建合作联盟的施工现场 CS_1、施工现场 CS_2 和施工现场 CS_3，表中的前四列给出了算例中涉及的施工现场合作联盟形式与它们对应的效用函数值，例如合作联盟中仅有施工现场 CS_1 时，其混凝土模板总成本为 6 400；当施工现场 CS_1 和施工现场 CS_3 组建合作联盟 $\{CS_1, CS_3\}$ 时，混凝土模板总成本为 6 600；当三个施工现场都加入合作联盟时，联盟中混凝土模板的总成本为 6 900。利用式（6-26）所示的计算方法对合作联盟中混凝土模板总成本进行分摊，每个施工现场应该承担的成本分别为 2 550、2 000 和 2 350。根据夏普利值模型进行成本分摊后的每个施工现场应承担的成本，是计算违约补偿方法的输入数据之一。

表 6-8　基于夏普利值模型的混凝土模板成本贡献分配计算结果

S	f_1	S	f_1	分配对象	$Cont$
$\{\varnothing\}$	0	$\{CS_1, CS_2\}$	6 700	CS_1	2 550
$\{CS_1\}$	6 400	$\{CS_1, CS_3\}$	6 600	CS_2	2 000
$\{CS_2\}$	5 200	$\{CS_2, CS_3\}$	6 700	CS_3	2 350
$\{CS_3\}$	6 000	$\{CS_1, CS_2, CS_3\}$	6 900		

此外，式（6-27）~式（6-30）对施工现场 CS_2 的成本贡献计算过程进行了详细的说明。考虑不包含施工现场 CS_2 的合作形式，有 $\{\varnothing\}$、$\{CS_1\}$、$\{CS_3\}$ 和 $\{CS_1, CS_3\}$ 四种合作子联盟，式（6-27）~式（6-29）分别对施工现场 CS_2 加入以上四种合作子联盟前后的成本贡献进行计算，式（6-30）则是计算了所有合作联盟情况下施工现场 CS_2 对于混凝土模板总成本的贡献总和。

6.3.3　混凝土模板跨项目周转合作违约补偿分摊方法

在区域内施工现场组建合作联盟并拟定初步合作契约，但是实质性的合作未开始前，某些施工现场由于工程量变更等原因，不能为其他现场提供混凝土模板，或者从其他施工现场采购预订的混凝土模板，产生合同违背（违约）的情况，会给合作联盟中的其他施工现场造成损失。根据"履约施工现场应得利益不受损失"的原则，履约施工现场的经济损失应该由违约施工现场进行补偿。当合作联盟中仅有一个施工现场违约时，履约施工现场的损失应全部由该施工现场承担；但是，当多个施工现场同时违约时，则需要将违约补偿公平地分摊给每一个违约施工现场。

在利用夏普利值模型对合作联盟中施工现场的收益（成本节约）进行分配时发现，加入合作联盟中的施工现场分配所得收益与其加入联盟时对联盟中混凝土模板总成本节约的贡献有关。基于此，在进行违约补偿的分摊时，考虑施工现场退出合作联盟时，引起原合作联盟中混凝土模板边际成本的增加，使用夏普利值模型对违约补偿分摊值进行计算。

如图 6-3 所示，在进行违约补偿分摊时，首先需要计算合作联盟中初步拟定的契约违背的总补偿费用。根据合作利润分配中的假设，初步拟定的合作契约中，施工现场组建的合作联盟为 A，参与合作的施工现场集合为 $i = \{1, 2, \cdots, I\}$，以 $f_1(A)$ 表示合作联盟 A 中的混凝土模板总成本，在利用夏普利值模型对合作中的混凝土模板成本节约进行分配后，$Cont_i^A$ 表示施工现场 CS_i 在合作联盟 A 中实际承担的混凝土模板总成本。

当违约发生时，定义违约施工现场的集合为 $n = \{1, 2, \cdots, N\}$ 且 $1 \leq |n| < |A|$，定义履约施工现场的集合为 $m = \{1, 2, \cdots, M\}$，易知 $|A| = |m| + |n|$。此时，原合作联盟中的履约施工现场

将重新制定混凝土模板跨项目周转计划，即成立新的合作联盟 A' 且 $A' \subseteq A$。此时，契约违背的总补偿费用计算方式如式（6-31）所示。

$$EC(A') = f_1(A') - \sum_{i=1}^{M} Cont_i^A \qquad (6-31)$$

其中，$EC(A')$ 表示新建立的合作联盟 A' 应得到的总补偿费用；$f_1(A')$ 表示新建立的合作联盟中混凝土模板总成本。

将式（6-31）计算得出的总补偿费用补偿给履约施工现场建立的新合作联盟 A' 后，可以保证履约施工现场的混凝土模板总成本仍然为 $Cont_i^A$，其中 $i \in m$。对于违约总补偿费用 EC^A 则需要公平地分摊给 N 个违约施工现场。逆向使用夏普利值模型，根据施工现场退出合作联盟时，引起合作联盟中混凝土模板边际成本的变化，分摊需要支付的违约总补偿费用。与利润分配过程类似，假定违约退出合作联盟的施工现场也是以"合作形式"退出，则将违约施工现场可以组建的"违约子联盟"定义为 S'，且 $S' \subseteq n$；施工现场 CS_i 是违约施工现场，且 $i \in n$；$EC(\cdot)$ 表示履约施工现场重新建立的合作联盟应得到的总补偿费用。因此，当"违约子联盟"为 S' 时，履约施工现场重新建立的合作联盟可以定义为 $A'_{S'}$，总补偿费用为 $EC(A'_{S'})$。由此可以得出施工现场 CS_i 对"违约子联盟"违约补偿的贡献计算方式，如式（6-32）所示。

$$EC_i^{S'} = \sum_{S' \subseteq n \setminus \{i\}} \frac{|S'|! \times (|n| - |S'| - 1)!}{|n|!} \times |EC(A'_{S'}) - EC(A'_{S' \cup \{i\}})|$$

$$(6-32)$$

其中，$EC_i^{S'}$ 表示施工现场 CS_i 在"违约子联盟" S' 中的违约补偿贡献。

$$EC_{CS_2}^{\{CS_2,CS_3\}} = \frac{1! \times (2-1-1)!}{2!} \times [\,|EC(A'_{\{\varnothing\}}) - EC(A'_{\{CS_2\}})|$$

$$+ |EC(A'_{\{CS_3\}}) - EC(A'_{\{CS_2,CS_3\}})|\,] = 1\,700 \quad (6-33)$$

$$EC_{CS_3}^{\{CS_2,CS_3\}} = \frac{1! \times (2-1-1)!}{2!} \times [\,|EC(A'_{\{\varnothing\}}) - EC(A'_{\{CS_3\}})|$$

$$+ |EC(A'_{\{CS_2\}}) - EC(A'_{\{CS_2,CS_3\}})|\,] = 2\,150 \quad (6-34)$$

为了对施工现场违约时,总补偿费用的分摊方法进行说明,以表 6-8 所示的算例进行违约补偿分摊过程分析。假定在施工现场建立联盟 $\{CS_1, CS_2, CS_3\}$ 后,施工现场 CS_2 和施工现场 CS_3 在实际合作开始前,退出合作联盟。根据图 6-3 和式(6-31),可以得到施工现场 CS_2 和施工现场 CS_3 以不同形式退出合作时,应该补偿给履约施工现场组建的新合作联盟的总补偿费用,如表 6-9 所示。其中,$S' = \{\varnothing\}$ 表示没有施工现场退出合作的情况,这里仅用来为方法的执行过程提供数据。最后,根据式(6-32),由式(6-33)和式(6-34)分别对施工现场 CS_2 和施工现场 CS_3 退出合作联盟时,各自应分摊的违约补偿进行计算。结果表明,当施工现场 CS_2 和施工现场 CS_3 退出合作联盟时,需要支付给履约施工现场 CS_1 的违约补偿费用分别为 1 700 和 2 150。

表 6-9 施工现场 CS_2 和施工现场 CS_3 退出合作联盟 $\{CS_1, CS_2, CS_3\}$ 的总补偿费用计算

S'	$A'_{S'}$	$EC(A'_{S'})$
$\{\varnothing\}$	$\{CS_1, CS_2, CS_3\}$	0
$\{CS_2\}$	$\{CS_1, CS_3\}$	1 700

续表

S'	$A'_{S'}$	$EC(A'_{S'})$
$\{CS_3\}$	$\{CS_1, CS_2\}$	2 150
$\{CS_2, CS_3\}$	$\{CS_1\}$	3 850

6.4 算例研究

6.4.1 算例概况与参数设置

为了对本章提出的混凝土模板跨项目周转使用合作模式、合作联盟建立模型及算法、合作利润分配方法和违约补偿分摊方法进行说明、验证和应用，利用图 6-1 所示的混凝土模板跨项目周转供应网络进行算例分析与验证。合作联盟建立过程中，求解数学优化模型的 Im-NSGA-Ⅱ 参数设置如表 6-10 所示，计算过程均在 MATLAB2020b 中进行。

表 6-10　　　　　Im-NSGA-Ⅱ算法参数设置

参数	值
种群规模	200
迭代次数	1 000
选择概率	0.75
交叉概率	0.9
变异概率	0.1

如图 6-1 所示，算例中对区域内施工现场不合作、合作和施工现场 CS_2 退出建立的合作联盟三种情形进行计算和分析。混凝土模板供应网络中包含 1 个商业供应商、1 个混凝土模板回收商和 5 个在建项目的施工现场。其中，商业供应商提供的混凝土模板标准板材的尺寸为 $1\,830 \times 915 \times 13$ 毫米，单位采购成本为 65 元/块，最大周转使用次数为 5 次，且其库存量无限大；混凝土模板回收商对废弃的混凝土模板进行回收处理，并支付给施工现场单位回收收益 40 元/立方米，且回收商的回收处理能力不受限制。商业供应商和回收商均不存在服务偏好。为了响应政府关于环境保护和文明施工的要求，施工现场只能通过回收商进行废弃混凝土模板处理。不考虑区域内施工现场之间的混凝土模板管理水平差异和合作水平差异，假定施工现场的固定合作成本为 50 元，单位加工成本为 2 元/块，单位库存成本为 35 元/(立方米·天)，场外单位运输成本为 40 元/(立方米·千米)，混凝土模板拼板单位出售价格为 6 元/(块·次)。表 6-11 列举了施工现场的施工进度计划和混凝土模板需求计划，表 6-12 则是混凝土模板供应网络中各个节点的往返距离矩阵。

表 6-11　　　　施工进度计划与混凝土模板需求计划信息

施工现场	进度计划 [开始，结束]	第一类模板需求 $915 \times 366 \times 13$ 毫米	第二类模板需求 $610 \times 305 \times 13$ 毫米
CS_1	[2, 7]	50	90
CS_2	[1, 3]	150	180
CS_3	[3, 6]	150	90
CS_4	[8, 10]	50	90
CS_5	[6, 10]	150	180

表 6-12　混凝土模板供应网络各个节点往返距离矩阵

距离	供应商	回收商	CS_1	CS_2	CS_3	CS_4	CS_5
供应商	0	50	23	16	32	44	35
回收商	50	0	39	42	29	15	15
CS_1	23	39	0	30	37	27	27
CS_2	16	42	30	0	18	41	28
CS_3	32	29	37	18	0	34	19
CS_4	44	15	27	41	34	0	14
CS_5	35	15	27	28	19	0	0

6.4.2　计算结果与分析

当区域内的施工现场不进行跨项目混凝土模板周转使用合作时，各个施工现场和整个供应网络中混凝土模板标准板的消耗量以及各项成本和收益如表 6-13 所示。

表 6-13　施工现场间不合作时混凝土模板供应网络成本计算结果

对象	混凝土模板标准板采购		加工成本（元）	运输成本（元）	回收收益（元）	总成本（元）
	数量（块）	成本（元）				
CS_1	20	1 300	280	1 079.69	17.41	2 642.27
CS_2	50	3 250	660	2 525.07	43.54	6 391.54
CS_3	40	2 600	480	2 124.54	34.83	5 169.71
CS_4	20	1 300	280	1 027.44	17.41	2 590.03
CS_5	50	3 250	660	2 176.79	43.54	6 043.25
供应网络	180	11 700	2360	8 933.53	156.73	22 836.80

特别地，当区域内施工现场不合作时，供应网络中混凝土模板标准板一共消耗了180块，混凝土模板的总成本为22 836.80元。因为每个施工现场独立采购、加工、使用和回收处理混凝土模板时，不存在现场库存成本和合作成本，因此表中未对这两部分成本进行讨论。表6-13中的计算结果，是施工现场合作联盟中各个施工现场进行成本节约（利润）分配的输入数据之一。

通过求解6.3节中构建的数学优化模型，可以得到施工现场合作网络中存在的两个最优合作联盟，即 $\{CS_1, CS_4\}$ 和 $\{CS_2, CS_3, CS_5\}$，合作供应网络中各个施工现场以及供应网络的混凝土模板标准板材消耗量及总成本如表6-14所示。对比表6-13和表6-14的结果不难发现，当区域内施工现场进行跨项目混凝土模板周转使用合作时，网络中混凝土模板标准板材的消耗量节约了110块，混凝土模板总成本从22 836.80元降至9 731.14元，节约了13 105.66元。同时，每个施工现场的混凝土模板总成本都得到了优化，例如，由于部分混凝土模板的采购运输成本由施工现场 CS_2 和施工现场 CS_5 承担，使得施工现场 CS_3 的总成本从5 169.71元减少至916.91元，这与第5章中的研究结论是一致的。

表6-14　　施工现场间合作时混凝土模板供应网络成本计算结果

对象	标准板材数量（块）	采购成本（元）	加工成本（元）	运输成本（元）	库存成本（元）	合作成本（元）	出售收益（元）	回收收益（元）	总成本（元）
CS_1	20	1 300	280	400.53	15.24	50	480	0	1 565.77
CS_4	0	480	0	731.40	0	50	0	17.41	1 243.99

续表

对象	标准板材数量（块）	采购成本（元）	加工成本（元）	运输成本（元）	库存成本（元）	合作成本（元）	出售收益（元）	回收收益（元）	总成本（元）
CS_2	50	3 250	660	696.57	22.86	50	1 200	0	3 479.43
CS_3	0	960	0	626.91	0	50	720	0	916.91
CS_5	0	960	0	1 558.58	0	50	0	43.54	2 525.04
供应网络	70	4 550	940	4 013.99	38.09	250	—	60.95	9 731.14

仅观察表 6-14 中施工现场合作联盟 $\{CS_2, CS_3, CS_5\}$ 的相关成本和收益，不难发现，施工现场 CS_2 的混凝土模板需求从商业供应商处采购标准板材并进行加工后满足，然后根据与施工现场 CS_3 和施工现场 CS_5 签订的合作契约，使用完成后在现场进行存储，并最终出售给施工现场 CS_3 和施工现场 CS_5。由此可见，与不合作时相比，对于施工现场 CS_2 而言，优点在于降低了处理混凝土模板给回收商时承担的运输成本，增加了混凝土模板出售的收益，而缺点则是增加了库存成本和固定合作成本，同时也无法获得混凝土模板回收收益。施工现场 CS_3 则根据合作契约，从施工现场 CS_2 处采购需要的混凝土模板，使用后再出售给施工现场 CS_5。与不合作时相比，对于施工现场 CS_3 而言，优点在于其采购成本虽然以施工现场 CS_2 的"出售收益"形式支付给了施工现场 CS_2，但却得到了降低，也不再需要承担加工成本和处理混凝土模板时的运输成本，同时还能通过出售混凝土模板给施工现场 CS_5 获取收益，而缺点则在于增加了固定合作成本和损失了混

凝土模板回收收益。因此，施工现场通过建立合作联盟进行混凝土模板的跨项目周转使用，实现的成本节约和造成的费用增加是不同的，如果不对优化后的成本节约进行公平分配，认为自己"吃亏"的施工现场将不会参与合作。因此，需要按照施工现场对合作联盟中总成本节约的贡献进行分配。

此外，在合作联盟中，从其他施工现场采购混凝土模板的施工现场，其采购成本等价于合作伙伴的出售收益，对于联盟和网络而言，都属于内部费用，因此表6-14中的供应网络不存在"出售收益"，同时"采购成本"也只需要计算从商业供应商处采购混凝土模板的成本。合作供应网络中的施工现场合作联盟 $\{CS_1, CS_4\}$ 也符合以上分析结果。为将联盟的总利润分配给各成员，对联盟内不同合作形式的总成本进行计算，其结果如表6-15所示。

表6-15　合作联盟中不同合作形式下的混凝土模板总成本计算

合作联盟 $\{CS_1, CS_4\}$		合作联盟 $\{CS_2, CS_3, CS_5\}$	
合作形式	总成本（元）	合作形式	总成本（元）
$\{\varnothing\}$	0	$\{\varnothing\}$	0
$\{CS_1\}$	2 642.27	$\{CS_2\}$	6 391.54
$\{CS_4\}$	2 590.03	$\{CS_3\}$	5 169.71
$\{CS_1, CS_4\}$	2 809.75	$\{CS_5\}$	6 043.25
		$\{CS_2, CS_3\}$	6 665.68
		$\{CS_2, CS_5\}$	6 649.35
		$\{CS_3, CS_5\}$	6 700.51
		$\{CS_2, CS_3, CS_5\}$	6 921.38

为了便于利用夏普利值模型对施工现场合作联盟中的成本节约进行分配,利用表 6-13 和表 6-14 中的数据,对两个合作联盟中不同合作形式下的混凝土模板总成本进行了计算,结果如表 6-15 所示。根据式(6-26),对不同合作联盟中的混凝土模板总成本节约量进行分配后,结果如表 6-16 所示。

表 6-16　　　　合作利润分配结果及合作前后成本对比分析　　　　单位:元

对象	总成本 合作前	总成本 合作后	未分配成本节约	分配后总成本	实际节约
CS_1	2 642.27	1 565.77	1 076.50	1 431.00	1 211.27
CS_4	2 590.03	1 243.99	1 346.04	1 378.75	1 211.28
$\{CS_1, CS_4\}$	5 232.30	2 809.75	—	—	2 422.55
CS_2	6 391.53	3 479.43	2 912.10	2 554.48	3 837.05
CS_3	5 169.71	916.91	4 252.80	1 969.15	3 200.56
CS_5	6 043.25	2 525.04	3 518.21	2 397.75	3 645.50
$\{CS_2, CS_3, CS_5\}$	17 604.50	6 921.38	—	—	10 683.12

对于施工现场 CS_1 和施工现场 CS_4,在合作进行混凝土模板跨项目周转使用后,总成本分别节约了 1 076.50 元和 1 346.04 元;在进行利润分配后,两个施工现场实际节约的混凝土模板总成本为 1 211.27 元和 1 211.28 元,与施工现场合作联盟 $\{CS_1, CS_4\}$ 的总成本实际节约相同。对于施工现场 CS_2、施工现场 CS_3 和施工现场 CS_5,合作时总成本节约分别为 2 912.10 元、4 252.80 元和 3 518.21 元;在进行利润分配后,三个施工现场实际节约的总成本分别为 3 837.05 元、3 200.56 元和 3 645.50 元,与施工

现场合作联盟 $\{CS_2, CS_3, CS_5\}$ 的总成本节约相同。即，联盟成员的实际成本节约总额恰好等于联盟在非合作与合作情形下的总成本差额。

为了进一步分析合作联盟中出现违约行为或违约人员时，参与混凝土模板跨项目周转合作的供应网络中各个施工单位的成本变化，以确定违约补偿，考虑算例中施工现场 CS_2 违约时，对各个施工现场的总成本和网络的总成本进行计算和分析，其计算结果如表 6–17 所示。

表 6–17　施工现场 CS_2 违约时混凝土模板供应网络总成本计算结果

对象	标准板材数量（块）	采购成本（元）	加工成本（元）	运输成本（元）	库存成本（元）	合作成本（元）	出售收益（元）	回收收益（元）	总成本（元）
CS_1	20	1 300	280	400.53	15.24	50	480	0	1 565.77
CS_4	0	480	0	731.40	0	50	0	17.41	1 243.99
CS_2	50	3 250	660	2 525.07	0	50	0	43.54	6 441.54
CS_3	40	2 600	480	1 114.51	0	50	960	0	3 284.51
CS_5	10	1 610	180	1 619.53	0	50	0	43.54	3 415.99
供应网络	120	7 800	1 600	6 391.04	15.24	250	—	104.49	15 951.79

如表 6–17 所示，当施工现场 CS_2 违约，退出合作联盟 $\{CS_2, CS_3, CS_4\}$ 时，剩余的履约施工现场组建新的合作联盟 $\{CS_3, CS_5\}$，但不会对已有合作联盟 $\{CS_1, CS_4\}$ 造成影响。因为施工现场 CS_2 是先支付合作成本，再加入合作联盟签订合作契约，所以当它违约退出合作时仍然需要承担已经支付的合作成本。此

时，违约的施工现场只有一个，因此，施工现场 CS_2 需要对合作联盟 $\{CS_3, CS_5\}$ 的损失进行补偿。在这种违约形式下，整个混凝土模板供应网络中的标准混凝土模板消耗量和总成本分别为 120 块和 15 951.79 元。相对于施工现场 CS_2 违约前的合作联盟，施工现场 CS_3 和施工现场 CS_5 在新形成的合作子联盟中则需要支付更多的成本。

根据式（6-31）可知，补偿总费用为 2 333.60 元，施工现场 CS_3 和施工现场 CS_5 分别得到的补偿为 1 315.36 元和 1 018.24 元，此时，它们的实际混凝土模板总成本与表 6-16 所示的合作网络中进行利润分配后的总成本相等。但是，对于施工现场 CS_2，在支付违约补偿后，它的总成本为 8 775.14 元，比合作不违约时的总成本增加了 6 220.66 元。为了更好地说明混凝土模板跨项目周转合作及违约情况下的网络和施工现场总成本情况，对上述三种情形的计算结果进行了对比呈现，如图 6-10 所示。

对于整个混凝土模板周转供应网络，当区域内的施工现场组建最优合作联盟且没有违约情况发生时，混凝土模板总成本和消耗量最小；当合作联盟中出现违约行为时，混凝土模板总成本和消耗量都增加了，但仍然小于施工现场非合作的情形。对于单个施工现场，当合作正常进行且成本节约量得到公平分配时，每个施工现场的混凝土模板总成本都得到了优化；当出现施工现场违约退出合作的情况时，由于违约补偿机制的存在，履约施工现场的总成本不会发生变化，但是对于违约施工现场，其总成本将会大大增加，甚至超过不合作时的总成本。

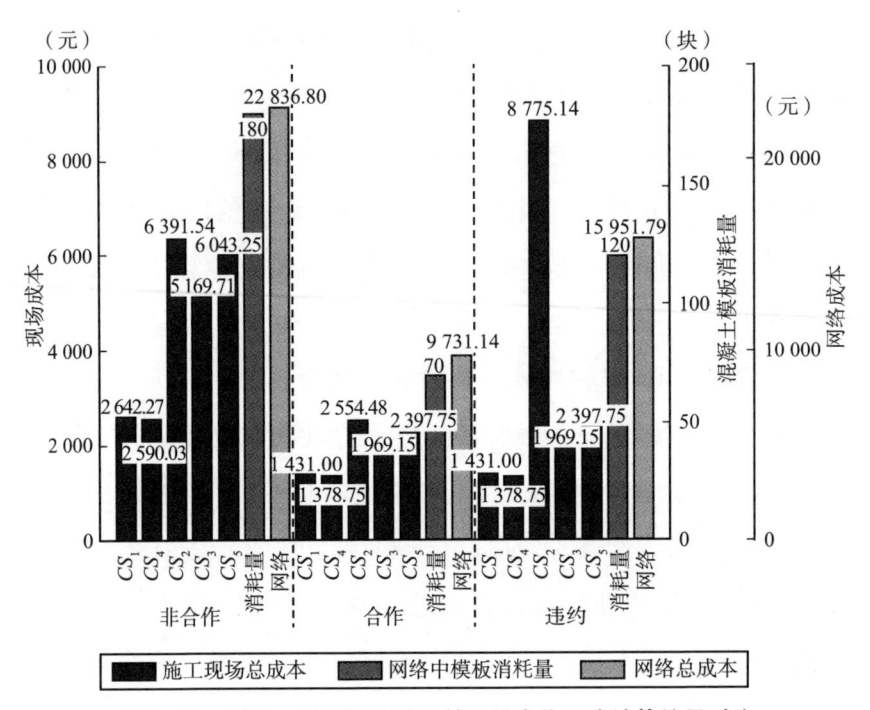

图 6-10 混凝土模板跨项目周转不同合作形式计算结果对比

6.4.3 合作违约结果分析讨论

由于算例中仅讨论了施工现场 CS_2 违约退出合作联盟的情况；而实际中，合作联盟中的不同施工现场违约时，对合作联盟乃至整个供应网络的影响存在差异。为了进一步说明不同违约形式发生时，履约施工现场、合作联盟以及供应网络中混凝土模板总成本及消耗量之间的差异，分别对网络中单个施工现场违约和合作联盟中两个施工现场违约的情况进行讨论和分析。

在进行讨论和分析前，需要作以下三点说明。首先，根据上文所述，在算例所示的最优合作供应网络中，5个施工现场建立了两个合作联盟，即 $\{CS_1, CS_4\}$ 和 $\{CS_2, CS_3, CS_5\}$，当其中一个合作联盟中发生违约行为时，不会对另外一个合作联盟产生影响，但会对整个供应网络产生影响。其次，由于建立的合作联盟最多包含3个施工现场，因此在讨论多个施工现场违约时，仅讨论了合作联盟中两个施工现场的违约后果。最后，由于以上两点原因，并未对两个合作联盟中各出现一个施工现场违约的情形进行讨论，该情形的后果可以由下文进行讨论和分析的两类违约情形中得出，图6-11和图6-12分别展示了整个区域中单个建筑供应商违约以及同一联盟中两个建筑供应商违约的结果。

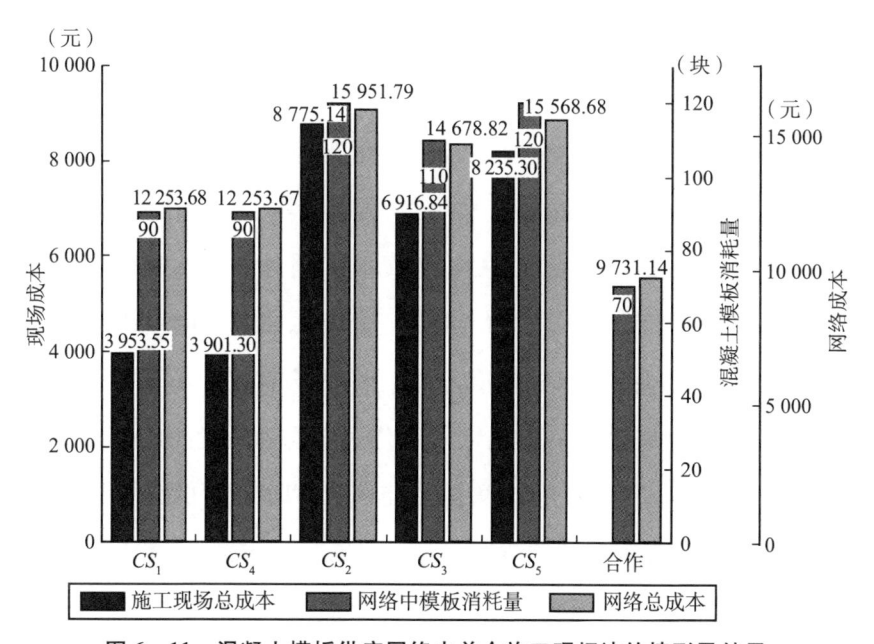

图6-11 混凝土模板供应网络中单个施工现场违约情形及结果

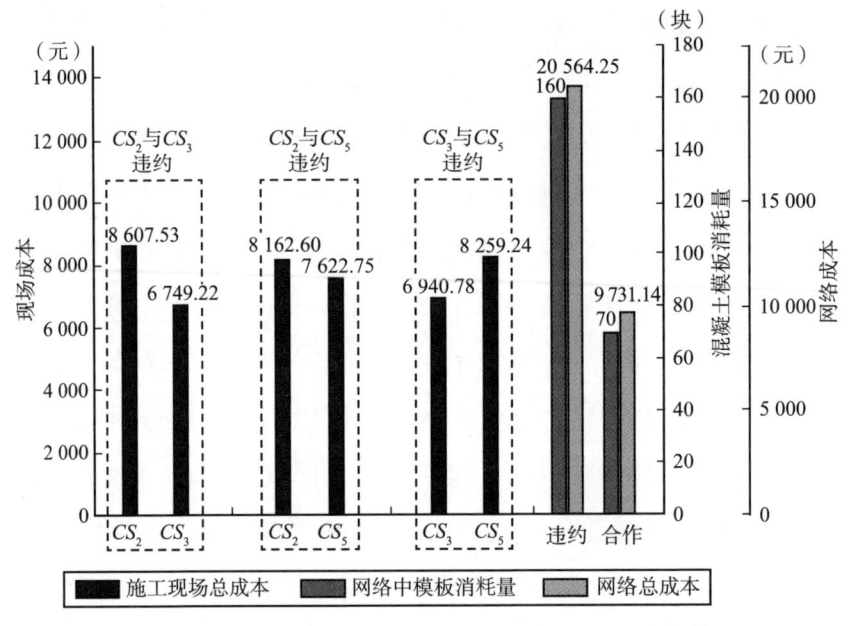

图 6-12 混凝土模板周转合作联盟中两个施工现场同时违约情形及结果

如图 6-11 所示,"合作"数据来源于图 6-10,表示供应网络中最优合作联盟成立且不存在违约行为时,供应网络中混凝土模板的总成本和消耗量,是单个施工现场违约情形的参照标准。"CS_1""CS_4""CS_2""CS_3""CS_5"则分别代表对应的单个施工现场发生违约时,承担的混凝土模板总成本、网络中混凝土模板的消耗量以及网络中混凝土模板的总成本。由于采用了如图 6-3 所示的合作模式,即执行了合作利润分配和违约补偿分摊,履约施工现场的混凝土模板总成本与表 6-16 所示的分配后总成本相同,因此并未在图中表示。

对比图 6-10 和图 6-11 不难发现,当单个施工现场违约时,违约施工现场承担的混凝土模板总成本不仅高于最优合作时的总成本,由于需要支付违约补偿,此时的总成本甚至高于不进行合作时的总成本。对比合作时和不同施工现场违约时,供应网络中的混凝土模板标准板材消耗量和总成本的变化可知,即使存在单个施工现场违约的情形,网络中混凝土模板的消耗量和总成本仍然低于非合作的情形。对比合作联盟 $\{CS_1, CS_4\}$ 和 $\{CS_2, CS_3, CS_5\}$ 不难发现,当合作联盟 $\{CS_2, CS_3, CS_5\}$ 中的某个施工现场违约时,对整个供应网络造成的影响,即造成混凝土模板总成本和消耗量的增加量,大于合作联盟 $\{CS_1, CS_4\}$ 中某个施工现场违约的情形。

观察合作联盟 $\{CS_1, CS_4\}$ 中的两种违约形式,虽然不同施工现场违约后的现场总成本存在差异,但是由于该合作联盟中仅有两个施工现场,任意一个施工现场违约时,两个施工现场的混凝土模板采购、加工、存储及回收处理等计划过程都与非合作时一致,因此,对网络中混凝土模板的消耗量和总成本的影响在数值上是相同的。观察合作联盟 $\{CS_2, CS_3, CS_5\}$,当任意一个施工现场违约退出合作联盟时,剩余的履约施工现场仍然在进行合作,与此同时,由于不同的施工现场对合作联盟和供应网络的贡献程度不同,其违约后果也不相同。例如,施工现场 CS_2 和施工现场 CS_5 分别违约时,造成的供应网络中混凝土模板消耗量和总成本的增加都大于施工现场 CS_3 违约的情形;虽然施工现场 CS_2 和施工现场 CS_5 分别违约造成的混凝土模板消耗量增加量相同,但前者对供应网络中总成本的影响略高于后者。

如图 6-12 所示,以"合作"中供应网络混凝土模板消耗量和总成本作为参照标准,"违约"数据表示三种合作联盟中两个施工现场违约时，供应网络中的混凝土模板消耗量和总成本。三个虚线框内的数据表示三种违约形式，即施工现场 CS_2 与施工现场 CS_3 同时违约，施工现场 CS_2 与施工现场 CS_5 同时违约和施工现场 CS_3 与施工现场 CS_5 同时违约；与图 6-11 展示的施工现场成本形式一样，图中也只列举了违约施工现场分摊违约补偿后的总成本，未列举履约施工现场的总成本。

如图 6-12 所示，尽管三种违约形式中，发生违约的施工现场不同，但是对整个供应网络的混凝土模板消耗量和总成本的影响是相同的。对于合作联盟 $\{CS_2, CS_3, CS_5\}$，任意两个施工现场同时违约时，合作联盟中都只剩下一个施工现场，此时，3个施工现场均独立进行混凝土模板的采购、加工、存储和回收处理，因此在供应网络中混凝土模板消耗量和总成本在数值上相等，这与合作联盟 $\{CS_1, CS_4\}$ 中出现一个施工现场违约的情形是一致的。

对比图 6-11 和图 6-12，值得注意的是，当施工现场 CS_2 和施工现场 CS_3 分别违约时，总成本为 8 775.14 元和 6 916.84 元；当施工现场 CS_2 与施工现场 CS_3 同时违约时，总成本则减少为 8 607.53 元和 6 749.22 元。此外，施工现场 CS_2 和施工现场 CS_5 同时违约的总成本也分别低于它们单独违约的总成本。但是，施工现场 CS_3 和施工现场 CS_5 同时违约承担的总成本则分别高于它们单独违约时承担的总成本。因此，假定每个施工现场都知道自身的违约行为必将发生时，施工现场 CS_3 和施工现场 CS_5 都更倾向于与施工现场 CS_2 同时违约，但是由于每个施工现场的施工进度计划限制，使得每个施工现场的决策时间点不同，容易导致"机会主义"行为。

6.5 管理启示

应用提出的混凝土模板跨项目协同周转合作优化方法，能够有效促进区域内施工现场和施工企业进行合作，并以违约补偿的形式弥补违约施工现场给履约施工现场造成的经济损失，保证合作联盟中成本节约的公平分配和履约施工现场的应得利益。应用该合作模式可以同时为合作中的履约施工现场和整个供应网络带来收益：首先，在构建的合作模式下，参与合作的施工现场混凝土模板总成本都得到了优化，而整个供应网络中的混凝土模板总成本和消耗量也得到了大幅度的优化；其次，采用公平的合作利润分配方法，对合作联盟中混凝土模板总成本的节约量进行合理分配，有助于提升施工现场参与合作的积极性，提高混凝土模板跨项目周转使用的可行性；最后，考虑并讨论违约施工现场的违约补偿分摊，不仅能够保证履约施工现场的应得利益，同时还有助于减少合作联盟中违约行为的发生，是增强跨项目合作稳定性的重要途径。基于以上分析，为研究人员、企业与现场管理人员和政府职能部门提出的管理启示如下。

与传统的项目相关的建筑供应链管理和与材料相关的建筑供应链管理多关注纵向协调问题不同，混凝土模板跨项目周转供应链和供应网络强调施工现场之间的横向协同。一方面，在混凝土模板跨项目周转使用过程中，在某个时间节点，施工现场可能是混凝土模板的供应方，也可能是需求方，或者既是供应方又是需求方,因此,通过施工现场之间的合作,能够有效地利用闲置资源,完善施工现场和施工企业的跨项目、跨组织间协同研究理论。另一方面,从研究目的出发,即最小化成本和资源消耗,混凝土模板跨项目周转使用协同合作又与它们有着相似之处。通过讨论施工现场合作情况下的成本节约分配与违约情况下的违约补偿分摊,在促进区域内多个施工现场进行合作和增强合作稳定性的前提下,有助于整个供应网络中混凝土模板消耗量和总成本的减少,同时也能降低履约施工现场的总成本。在已有研究讨论施工企业合作的收益分配与政府经济补贴等问题的基础上,将合作过程中的违约行为和违约补偿考虑到研究问题中,更有助于丰富现有的合作与竞争理论。以博弈论中多人博弈利润公平分配为基础的夏普利值模型,有助于研究建筑供应链中多个参与者合作利润分配和违约补偿分摊问题。

  管理实践中,施工现场或者施工企业应该积极参与混凝土模板跨项目周转使用的相关合作,以实现混凝土模板总成本的节约。但是,在合作过程中,参与合作的现场或企业必须注意两个方面的问题。首先,考虑到市场运作机制中存在的"大企业"和"小企业"现象,在签订合作契约或者在分配合作收益时,可能存在不对等问题。因此,无论是"大企业"还是"小企业",都应该积极主动地采取公平分配的原则和方法。根据图 6-10 的对比结果可知,只有在合作和利润公平分配的情况下,区域内的施工现场才能实现总成本最优;对于"大企业",如果利用自身优势,迫使"小企业"接受不公平的分配方案,则至少存在两个弊端:其一,该合作难以长期维持,其二,"小企业"为了实现自身利益，合作过程中"道德风险"问题可能频发；对于"小企业"，既希望与"大企业"保持长期合作的关系，又希望保证自身收益最大化，因此，公平分配方案是最优选择。其次，应明确违约发生时的责任划分。书中讨论施工现场违约时，强调在签订合作契约而实际合作未发生的情况下，而实际周转过程中，施工现场的管理情况更加复杂，对混凝土模板的使用和维护管理水平存在差异，即使实际合作开始，也可能存在供应方交付的混凝土模板不满足需求方的采购需求，或者需求方临时任务变更拒绝接收采购混凝土模板的情况。因此，对于违约情况的类型和具体的责任划分，必须在合作之前进行明确的界定和划分，有助于违约补偿机制的运行和保证履约施工现场的应得利益。此外，施工现场或施工企业应采用数字化技术、智能建造技术等制订翔实的施工进度计划，并做好进度管理工作，降低加入合作联盟后出现违约的风险。

与施工现场和施工企业相比，政府职能部门则更加关心区域内混凝土模板的消耗量，促进混凝土模板跨项目周转使用，降低消耗量有助于减少资源消耗和碳排放量。结合图6–10、图6–11和图6–12不难发现，只有促进区域内施工现场建立合作联盟，进行混凝土模板跨项目周转合作才能最小化区域内混凝土模板标准板的消耗量，因此，政府职能部门可以通过制定相应的跨项目、跨企业横向协同奖惩机制，促进闲置施工资源的周转使用，或者约束合作参与者的违约行为。在多个施工现场合作中，不同施工现场对供应网络中的混凝土模板消耗量增减的影响程度是存在差异的，因此，政府职能部门可以通过第三方平台参与到区域内施工现场合作网络中，根据不同施工现场参与合作或者发生违约对整个网络中混凝土模板消耗量造成的影响，制定不同标准的激励措施。此外，为了保证跨项目合作模式的建立和运作，政府职能部门应加大对施工企业的监管力度，防止共谋等道德风险问题，或者完善事后跟踪评价机制，如对违约施工现场和其隶属的施工企业进行信誉评级，为区域内其他跨项目合作联盟建立提供参考依据。

6.6 本章小结

针对建立的混凝土模板跨项目周转使用动态供应链中未考虑利润分配和违约补偿的问题，在已有文献对与项目相关和与材料相关的建筑供应链纵向协调与横向协同进行研究的基础上，提出了混凝土模板跨项目协同周转合作优化方法，旨在通过建立最优的合作联盟，执行公平的合作利润分配和违约补偿分摊机制，保证混凝土模板跨项目周转使用的可行性和提高合作联盟的稳定性，从而实现履约施工现场的总成本最小和供应网络中混凝土模板消耗量最少。首先，通过构建施工现场混凝土模板总成本最小和供应网络中混凝土模板标准板消耗量最少的双目标数学优化模型，并利用 Im-NSGA-Ⅱ对模型进行求解，建立区域内施工现场进行混凝土模板跨项目周转合作的最优合作联盟；其次，利用夏普利值模型对合作情况下的混凝土模板总成本节约进行公平的分配，得到合作联盟中各个施工现场实际应承担的混凝土模板总成本；再次，利用夏普利值模型对合作联盟中发生施工现场违约时，各个违约施工现场应分摊的违约补偿成本进行计算；最后，利用算例对提出的混凝土模板跨项目周转合作模式进行应用与验证，并对不同违约形式的后果进行分析。结果表明，运用混凝土模板跨项目周转使用合作模式，能够帮助施工现场节约混凝土模板总成本，同时减少区域内混凝土模板标准板材的消耗量。

  本章提出的混凝土模板跨项目协同周转合作优化方法，在一定程度上保证了施工现场合作的可行性和稳定性，但是，由于建模过程中存在的研究假设，优化后的合作模式存在一定的局限性。例如，书中假定合作联盟中的施工现场发生违约行为都在签订合作契约之后，但是在实际管理中，在各个阶段都可能存在违约行为，例如在合作契约未签订之前。此外，通过违约差异分析不难发现，尽管在违约补偿机制的作用下，保证了履约施工现场的应得经济利益不受损失，即违约发生前后总成本在数值上相等，但是当有施工现场违约退出合作联盟时，履约施工现场重新建立合作联盟、确定周转使用计划等相关的人力和资源投入，并未对其进行分析和讨论，这也是提出的合作模式未来需要改进的主要研究方向。

第 7 章

主要结论与研究展望

7.1 主要结论

针对施工现场中混凝土模板周转使用计划与管理存在的不足,本书旨在提出一套适合混凝土模板在单个施工现场进行采购、加工、存储和周转使用,以及在不同施工现场中进行跨项目周转使用的理论和方法,构建混凝土模板周转使用和现场临时设施布局的优化模型并设计求解智能算法,探索不同施工现场和施工企业合作进行混凝土模板跨项目协同周转使用的途径,实现施工现场混凝土模板管理效率的提高、总成本的降低以及施工过程中生成的建筑废弃物总量的减少,为建筑行业应对发展面临的挑战作出贡献。在智能建造背景下,本书综合利用 BIM、ABMS 和参数化建模技术,基于混凝土构件的几何与语义信息和施工进度计划,利用数学建模方法、网络设计理论、机制设计理论和智能算法，实现了混凝土模板周转使用系统优化，对提高施工现场智能化水平、推动与落实绿色建造和智能建造重要指导思想具有一定的实际意义。主要的研究内容和研究结论如下。

（1）针对单个施工现场子系统中的混凝土模板采购与加工问题，考虑已有研究中多以混凝土模板布局为前提，根据二维图纸信息，以人工计划方式为主，且较少考虑原材料加工过程，而导致计划效率低下和原材料浪费等问题，提出了基于BIM的混凝土模板周转使用需求量计算框架。

该框架首先对BIM模型中存储数据的结构进行分析，进而实现混凝土构件信息的自动提取，为周转使用优化提供输入数据；其次，结合大量的施工现场管理经验，设计启发式算法对混凝土模板周转使用进行优化，从而确定不同施工阶段中混凝土模板使用的实际需求量；最后，根据混凝土模板实际需求量，通过构建数学优化模型并设计求解算法，以最小化采购成本为目标，实现混凝土模板采购数量的最小化。该框架综合利用BIM技术、基于规则的方法以及组合优化方法，对施工现场混凝土模板需求量进行准确、自动的计算，丰富了施工现场混凝土模板计划与管理研究理论；不仅如此，该框架的应用还能帮助施工现场减少混凝土模板的消耗和原材料的浪费，并提高施工现场智能化水平。

（2）针对单个施工现场子系统临时设施布局优化中，因忽视混凝土模板现场存储和加工设施布局，而造成的场内存储和运输成本增加等问题，以优化混凝土模板现场临时设施布局为核心，提出了整合BIM和动态布局规划的施工现场临时设施布局优化与可视化方法。

该方法首先将混凝土模板加工和存储临时设施考虑到布局对象中，结合 BIM 模型和施工进度计划提供的信息，对不同施工阶段的材料需求量进行计算，进而确定各个施工阶段中不同种类临时设施的尺寸；其次，根据不同类型的材料和施工活动决定运输过程类型，再结合运输设备种类，计算设施与设施之间的运输频数；再次，利用 A-star 算法对考虑障碍物的运输距离进行计算；最后，分别通过优化模型构建与求解以及参数化建模方法对布局结果进行优化和三维可视化呈现。研究的问题和提出的方法不仅在一定程度上完善了施工现场布局规划相关理论研究，还有助于混凝土模板在施工现场的周转使用计划与管理，进而为单个施工现场在混凝土模板跨项目周转使用过程中采取最优的策略和行为提供参考。

（3）针对多个施工现场组成的复杂系统中混凝土模板跨项目周转使用问题，已有研究在讨论同类型问题时，多采用博弈论建模分析方法，对与材料相关或与项目相关建筑供应链中的参与者收益进行协调或材料供应进行协同，较少考虑同一类型供应链参与者之间的横向协同优化。本书在已有研究基础上，提出了基于 Agent 建模与仿真的动态供应链分析方法，对混凝土模板跨项目协同周转使用进行优化与分析。

该方法首先通过构建成本最小的数学优化模型对单个施工现场可制定策略和采取的行为进行分析，为混凝土模板跨项目周转使用提供决策依据；其次，对供应链中的四类参与者，即施工现场、商业供应商、回收商和运输汽车的 Agent 属性及参数进行定义，采用协商协议促进 Agent 之间的交互，构建基于 GIS 的运行环境，并以离散事件表示各个施工现场的突发事件，进而构建混凝土模板跨项目周转使用动态供应链；最后，利用 ABMS 技术对不同场景下的混凝土模板跨项目周转使用情况进行仿真分析，得到施工现场在不同场景和各类突发事件作用下的最优策略与行为。构建的混凝土模板跨项目周转使用动态供应链有助于丰富现有的供应链协调和协同有关研究理论，同时基于 Agent 建模与仿真的优化与分析方法也为研究人员提供了可靠的复杂系统建模与分析方法。通过应用提出的动态供应链模型和分析方法，能够降低施工现场混凝土模板的总成本，提高板材利用率，减少整个区域内混凝土模板消耗量，进而实现施工现场智能化水平提高和社会效益的提升。

（4）针对混凝土模板跨项目周转使用动态供应链中施工现场之间的合作与履约问题，为了解决已有研究中关于合作稳定开展的假设，提出了混凝土模板跨项目协同周转合作优化方法，讨论了各个施工现场的合作利润分配和违约补偿分摊问题。

提出的优化方法主要包括三个部分：第一部分以区域内各个施工现场的进度计划和混凝土模板需求计划为约束，通过数学优化模型构建及求解，建立了最优的施工现场合作联盟；在建立的合作联盟基础上，当合作过程中不存在违约行为时，第二部分根据合作中各个施工现场对合作联盟总成本节约的贡献程度，利用改进夏普利值模型进行利润分配，并确定各个施工现场的最优收益；当合作过程中发生违约行为时，第三部分则根据"履约者收益不受损原则"，结合履约施工现场应得的最优收益，计算应获得的总违约补偿，然后根据违约施工现场对合作联盟总损失的影响程度，利用改进的夏普利值模型进行补偿成本分摊。提出的混凝土模板跨项目协同周转合作优化方法，为供应链链节企业进行合作提供了一种有效的管理模式改进途径，将现有研究向前推进了一步。在管理实践中应用该模式，能够保证混凝土模板跨项目周转使用的可行性，同时提高周转使用合作联盟的稳定性。

7.2 研究展望

本书在对建设项目施工现场现浇混凝土模板的计划和管理中存在的问题进行调查和分析的基础上，结合相关的研究工作，立足于提升建筑行业效率、提高周转材料利用率和减少废弃物生成量的发展背景和需求，以具备周转特性的混凝土模板计划与管理过程为研究对象，利用智能建造和智能决策等技术与方法，研究混凝土模板周转使用系统优化问题。在已有研究的基础上，本书结合管理实践，围绕混凝土模板的需求量计算、混凝土模板现场临时设施动态布局、混凝土模板在供应链中的动态周转、混凝土模板跨项目周转使用合作模式等方面开展了相关的研究工作。虽然取得了一定的研究成果，具有一定的理论意义和应用价值，但是鉴于作者研究能力和本书研究内容的限定，仍然存在一定的研究局限性和未来的研究方向。主要体现在以下两个方面。

（1）研究对象的应用领域：主要针对施工现场现浇混凝土结构施工过程。结合我国的建筑行业发展总体情况，混凝土结构现浇施工仍然是主要的工程结构建造方式，因此，本书在讨论混凝土模板的计划和管理时立足于施工现场管理视角。随着技术的发展和建造需求的变化，装配式建筑逐步成为研究和实践管理的焦点。装配式建筑中使用的混凝土构件大多在预制场或工厂进行生产，然后运输到施工现场进行组装。尽管混凝土构件在浇筑过程中仍然需要消耗大量的混凝土模板，但其生产地点从施工现场转移至工厂，使得计划、使用和管理过程发生变化。从长远来看，装配式建筑的推广和应用在一定程度上会减少施工现场混凝土模板的使用，导致混凝土模板的使用方式和使用场景发生变化，但是建筑行业中对混凝土模板的需求并不会减少。因此，书中提出的混凝土模板需求量计算、动态布局、协同优化、合作联盟建立、利润分配与违约补偿机制设计等方法能够为装配式建筑相关研究提供参考和借鉴，也是未来研究的热点和方向。

（2）优化算法的选择与设计：主要采用了元启发式和启发式算法。本书在对混凝土模板计划、使用和管理相关问题展开研究时，主要以成本最小或者混凝土模板消耗量最小为目标，并建立了对应的数学优化模型。考虑建立的数学模型中包含了不同种类和数量的决策变量、决策主体和约束条件以及算法运行的效率，故选择并设计了相应的元启发式和启发式算法。但是，在优化问题求解中，元启发式和启发式算法都无法保证所求的解为精确解，通常是近似最优解。虽然在本书研究的优化问题中，近似最优解能够满足求解和应用需求，但求解优化问题的最优解仍然是实践活动开展的必要条件。因此，利用精确算法对建立的数学模型进行求解将是以后研究的重点和难点。

参考文献

[1] 陈莹, 周爽, 韦恬静, 等. 聚吡咯复合织物的软模板法制备及其性能 [J]. 纺织学报, 2019, 40 (12): 93-97.

[2] 帝姆, 约翰, 卡洛亚娜, 等. 一种新型混凝土建筑 [J]. 建筑结构, 2014 (7): 9-14.

[3] 范仕军. 基于供应链的建筑企业集中采购创新与应用 [J]. 建筑经济, 2020, 41 (9): 91-94.

[4] 付娟, 闵杰, 赵菊, 等. 基于需求依赖库存的多制造商供应链博弈与协调模型 [J]. 管理工程学报, 2016, 30 (3): 195-201.

[5] 公彦德, 达庆利. 基于横、纵双向协同的物流服务供应链研究 [J]. 科技管理研究, 2015, 35 (7): 130-135.

[6] 郭汉丁, 张印贤, 陈思敏. 既有建筑节能改造市场主体各阶段社会责任共担演化机理 [J]. 土木工程与管理学报, 2019, 36 (5): 25-32.

[7] 何清华, 罗岚. 大型复杂工程项目群管理协同与组织集成 [M]. 北京: 科学出版社, 2014.

[8] 何彦东, 王旭, 周福礼, 等. 基于双边努力因素的网购供应链协调研究 [J]. 中国管理科学, 2019, 27 (2): 83-92.

[9] 呼万哲，郑忠，龙建宇，等．中厚板考虑母版和板坯规格不确定性的下料问题建模及求解 [J]．计算机集成制造系统，2017，23（11）：2508－2517．

[10] 黄花叶，刘志学．第三方物流参与的集群式供应链库存协同控制 [J]．工业工程与管理，2011，16（5）：33－40．

[11] 靳鹏，左春荣，杨善林，等．下料问题与运输问题联合优化建模 [J]．中国管理科学，2013，21（2）：91－97．

[12] 剧秀梅．GF/PP 塑料模板的研制及其在建筑工程中的应用 [J]．塑料工业，2019（6）：159－161．

[13] 赖华辉，邓雪原，刘西拉．基于 IFC 标准的 BIM 数据共享与交换 [J]．土木工程学报，2018，51（4）：121－128．

[14] 黎继子，李柏勋，刘春玲．基于系统动力学仿真的集群式供应链跨链间库存管理 [J]．系统工程，2007，25（7）：25－32．

[15] 黎继子，刘春玲，蔡根女．全球价值链与中国地方产业集群的供应链式整合——以苏浙粤纺织服装产业集群为例 [J]．中国工业经济，2005（2）：118－125．

[16] 黎继子，刘春玲，李柏勋．集群式供应链跨链间的库存协调模型研究 [J]．系统工程与电子技术，2007，29（9）：1479－1483．

[17] 黎继子，马士华，郭培林，等．基于横向合作的集群式供应链跨链系统设计 [J]．系统工程学报，2008，23（6）：735－743．

[18] 黎继子，马士华，李柏勋，等．集群式供应链跨链跨

库存应急互补的仿真和优化 [J]. 系统工程与电子技术, 2009, 31 (5): 1117-1123.

[19] 李宏宽, 李忱. 跨链间同级库存协作下集群式供应链协调分析 [J]. 计算机集成制造系统, 2015, 21 (12): 3282-3291.

[20] 李梅芳, 薛晓芳, 窦君鹏. 基于信息共享的建筑供应链"去中心化"研究 [J]. 管理现代化, 2020, 40 (1): 88-92.

[21] 李毅鹏, 马士华. 产能不确定环境下多供应商横向协同问题研究 [J]. 工业工程与管理, 2011, 16 (1): 37-40.

[22] 李毅鹏, 马士华. 供求不确定下的通用零部件供应商协同研究 [J]. 计算机集成制造系统, 2013, 19 (2): 3184-3192.

[23] 李毅鹏, 马士华. 供缺不确定下零部件供应商横向协同研究 [J]. 管理学报, 2013, 10 (7): 1054-1059.

[24] 李毅鹏, 马士华. 建筑供应链中基于空间约束的多供应商横向协同研究 [J]. 中国管理科学, 2013 (1): 111-117.

[25] 林云, 郭甜, 涂志刚, 等. 基于惩罚—激励契约的三级逆向供应链协调 [J]. 世界科技研究与发展, 2016, 38 (6): 1322-1327.

[26] 刘春玲, 孙林夫, 黎继子. 多级集群式供应链跨链跨库存合作及鲁棒性优化算法 [J]. 控制理论与应用, 2009, 26 (9): 1046-1050.

[27] 刘澈, 胡安娜, 宋玲. 梯级水电站施工导流风险效益

补偿机制研究[J]. 人民长江, 2017, 48 (8): 55-59.

[28] 刘潋, 胡志根. 上游水电站调蓄下施工导流风险效益分摊模型[J]. 河海大学学报（自然科学版）, 2014, 42 (6): 559-564.

[29] 刘潋, 宋玲, 周静, 等. 考虑抽水蓄能电站服务下梯级电站施工度汛效益补偿研究[J]. 水电能源科学, 2016, 34 (11): 54-57.

[30] 柳丽娟, 苏义坤, 周晓冬. 设计施工联合体博弈合作——以设计变更条件下大型建设项目为例[J]. 土木工程与管理学报, 2016, 33 (3): 87-93.

[31] 马新伟, 李胜, 郭泽琛, 等. 构造柱混凝土免拆模板的力学及应用性能研究[J]. 沈阳建筑大学学报: 自然科学版, 2019 (4): 594-604.

[32] 秦峰华, 胡红春, 刘兆琦. 基于产品流通特性的农产品供应链协调研究[J]. 山东大学学报（工学版）, 2015, 45 (3): 43-50.

[33] 施国洪, 钟颢. 集群式供应链多级跨链间库存协作模型研究[J]. 工业工程与管理, 2009, 14 (3): 7-12.

[34] 苏菊宁, 蒋昌盛, 陈菊红, 等. 具有奖惩结构的三级建筑供应链工期协调优化[J]. 系统工程学报, 2011, 26 (1): 60-67.

[35] 苏菊宁, 蒋昌盛, 陈菊红, 等. 考虑质量失误的建筑供应链质量控制协调研究[J]. 运筹与管理, 2009, 18 (5): 91-96.

[36] 苏菊宁，蒋昌盛，刘晨光，等．基于奖励机制的建筑供应链工期协调优化研究 [J]．中国管理科学，2010，18（1）：95-101．

[37] 汪峻萍，魏大庆，闵杰．顾客策略行为下基于联合促销努力的风险规避供应链协调模型 [J]．运筹与管理，2019，28（10）：50-56．

[38] 王勇，罗思妤．多中心共同配送与收集网络联盟优化问题研究 [J]．重庆交通大学学报（自然科学版），2021，40（10）：130-145．

[39] 肖勇波，陈剑，徐小林．到岸价格商务模式下涉及远距离运输的时鲜产品供应链协调 [J]．系统工程理论与实践，2008，28（2）：272-280．

[40] 许茂增，刘光凤．不需新修便道公路施工环境下单个堆料场选址研究 [J]．工程管理学报，2013，27（1）：24-32．

[41] 许茂增，刘光凤．公路施工现场单个堆料场修正重心法选址研究 [J]．工程管理学报，2012，26（3）：75-83．

[42] 许仁杰，朱建君，王维方．删减原定工作引起的施工合同价款补偿方法研究 [J]．建筑经济，2019，40（8）：73-79．

[43] 颜波，石平．多供应链间同级与非同级混合的多级双向跨链库存协作 [J]．华东经济管理，2013，27（6）：166-171．

[44] 杨丽，杨茂盛．可变价格替代易逝品供应链回购契约协调研究 [J]．数学的实践与认识，2016，46（8）：106-112．

[45] 姚树俊，陈菊红，张晓瑞. 产品服务化供应链能力协调对策研究——以价格敏感性随机需求为视角 [J]. 科技管理研究，2011，31（23）：43-47.

[46] 姚树俊，陈菊红，张晓瑞. 基于服务能力的产品服务供应链协调对策研究 [J]. 软科学，2011，25（11）：56-60.

[47] 余芳强，张建平，刘强. 基于IFC的BIM子模型视图半自动生成 [J]. 清华大学学报（自然科学版），2014（8）：987-992.

[48] 余少乐，张其林，陈海洲，等. 塑料模板在建筑工程中的应用研究 [J]. 施工技术，2014（5）：29-32.

[49] 俞能福，赵林. 需求受库存影响的三层供应链的协调模型 [J]. 合肥工业大学学报（自然科学版），2010，33（5）：789-793.

[50] 袁红平，王焯平. 建筑废弃物资源化利用合作促进机制研究 [J]. 工程研究——跨学科视野中的工程，2017，2（9）：71-79.

[51] 张胜超，郭新贺，鲍大鑫. 基于Dynamo的预制箱梁BIM模型参数化建模技术 [J]. 土木建筑工程信息技术，2021，13（3）：107-118.

[52] 张鑫，周小平，王佳. 基于IFC标准的BIM自适应分词方法 [J]. 图学学报，2021，42（2）：316-324.

[53] 郑顺义，魏海涛，赵丽科，等. 基于建筑信息模型的房建施工木模板计算及管理方法 [J]. 浙江大学学报：工学版，2017，51（1）：17-26.

[54] 朱海波,李向阳. 集群式供应链跨链间库存协作模型[J]. 系统管理学报,2013(1):74-84.

[55] 朱建波,盛昭瀚,时茜茜. 具溢出效应的重大工程承包商合作创新机制的演化博弈[J]. 系统工程,2016,34(7):53-59.

[56] 朱建波,时茜茜,盛昭瀚,等. DB 模式下考虑公平偏好的重大工程设计施工合作机制[J]. 系统管理学报,2018,27(5):872-880.

[57] ABAR S, THEODOROPOULOS G, LEMARINIER P, et al. Agent based modeling and simulation tools: A review of the state-of-art software [J]. Computer Science Review, 2017, 24: 13-33.

[58] ABDELMEGID M, SHAWKIK M, ABDEL-KHALEK H. GA optimization model for solving tower crane location problem in construction sites [J]. Alexandria Engineering Journal, 2015, 54(3): 519-526.

[59] ABDELMOHSEN A, EL-RAYES K. Optimizing the planning of highway work zones to maximize safety and mobility [J]. Journal of Management in Engineering, 2018, 34(1): 04017048.

[60] ABOTALEB I, NASSAR K, HOSNY O. Layout optimization of construction site facilities with dynamic freeform geometric representations [J]. Automation in Construction, 2016, 66: 15-28.

[61] ABUNEMEH M, EL-MEOUCHE R, HIJAZE I, et al. Optimal construction site layout based on risk spatial variability [J]. Automation in Construction, 2016, 70: 167-177.

［62］ADRIAN A, UTAMIMA A, WANG K. A comparative study of GA, PSO and ACO for solving construction site layout optimization ［J］. Journal of Civil Engineering, 2015, 19 (3): 520 – 527.

［63］AKANLE O, ZHANG D. Agent-based model for optimizing supply-chain configurations ［J］. International Journal of Production Economics, 2008, 115 (2): 444 – 460.

［64］AKANMU A, OLATUNJI O, LOVE P, et al. Auto-generated site layout: An integrated approach to real-time sensing of temporary facilities in infrastructure projects ［J］. Structure and Infrastructure Engineering, 2016, 12 (10): 1243 – 1255.

［65］AL – ALAWI M, MOHAMMED Y, BOUFERGUENE A. Application of industrial pipelines data generator in the experimental analysis: Pipe spooling optimization problem definition, formulation, and testing ［J］. Advanced Engineering Informatics, 2020, 43: 101007.

［66］ALANJARI P, RAZAVIALAVI S, ABOURIZK S. Hybrid genetic algorithm-simulation optimization method for proactively planning layout of material yard laydown ［J］. Journal of Construction Engineering and Management, 2015, 141 (10): 06015001.

［67］AL – HAWARNEH A, BENDAK S, GHANIM F. Dynamic facilities planning model for large scale construction projects ［J］. Automation in Construction, 2019, 98: 72 – 98.

［68］ALIM M, BEULLENS P. Improving inventory system performance by selective purchasing of buyers' willingness to wait ［J］.

European Journal of Operational Research, 2022, 300 (1): 124 - 136.

[69] AL - KAISSY M, ARASHPOUR M, FAYEZI S, et al. Process modeling in civil infrastructure projects: A review of construction simulation methods [C]//AL - HUSSEIN M, et al. Proceedings of the 36th Internation Symposium on Automation and Robotics in Construction 2019 (ISARC). Banff: IAARC, 2019: 368 - 375.

[70] ALVANCHI A, BANIASSADI F, SHAHSAVARI M, et al. Improving materials logistics plan in road construction projects using discrete event simulation [J]. Engineering, Construction and Architectural Management, 2021, 28 (10): 3144 - 3163.

[71] ALVANCHI A, LEE S, ABOURIZK S. Modeling framework and architecture of hybrid system dynamics and discrete event simulation for construction [J]. Computer - Aided Civil and Infrastructure Engineering, 2011, 26 (2): 77 - 91.

[72] ALWISY A, HAMDAN S, BARKOKEBAS B, et al. A BIM - based automation of design and drafting for manufacturing of wood panels for modular residential buildings [J]. International Journal of Construction Management, 2019, 19 (3): 187 - 205.

[73] ANDAYESH M, SADEGHPOUR F. Dynamic site layout planning through minimization of total potential energy [J]. Automation in Construction, 2013, 31: 92 - 102.

[74] AREVALO S, TOMLINSON D. Experimental thermal bowing response of precast concrete insulated wall panels with stiff shear

connectors and simple supports [J]. Journal of Building Engineering, 2020, 30: 101319.

[75] AURIG R, GUMOWSKA A, SZYMANOWSKI K, et al. Performance properties of plywood composites reinforced with carbon fibers [J]. Composite Structures, 2020, 248: 112533.

[76] AZHAR S. Building information modeling (BIM): Trends, benefits, risks, and challenges for the AEC industry [J]. Leadership and Management in Engineering, 2011, 11 (3): 241 – 252.

[77] BAKCHAN A, GUERRA – BEATRIZ C, FAUST – KASEY M, et al. BIM – based estimation of wood waste stream: The case of an institutional building project [C]//CHO Y, LEITE F, BEHZADAN A, et al. Proceedings of the International Conference on Computing in Civil Engineering 2019 (ICCCE). Atlanta: ASCE, 2019: 185 – 192.

[78] BARBATI M, BRUNO G, GENOVESE A. Applications of agent-based models for optimization problems: A literature review [J]. Expert Systems with Applications, 2012, 39 (5): 6020 – 6028.

[79] BARBOSA A, GAMBATESE J, DAS A, et al. Mapped workflow for safety and reliability assessments of use and reuse of formwork [C]//CASTRO – LACOUTURE D, IRIZARRY J, ASHURI B, et al. Proc. of the Construction Research Congress 2014 (CRC). Atlanta: ASCE, 2014. 1821 – 1830.

[80] BENJAORAN V, PEANSUPAP V. Grid-based construction site layout planning with particle swarm optimization and travel path dis-

tance [J]. Construction Management and Economics, 2020, 38 (8): 673 – 688.

[81] BIRUK S, JASKOWSKI P. Optimization of vertical formwork layout plans using mixed integer linear programming [J]. International Journal of Civil Engineering, 2017, 5 (2A): 125 – 133.

[82] BONNEVAY S, AUBERTIN P, GAVIN G. Comparison of two metaheuristics to solve a 2 – D cutting stock problem with setup cost in the paper industry [J]. International Journal of Metaheuristics, 2016, 5 (1): 31 – 50.

[83] BOUAINE A, LEBBAR M, HA M. Minimization of the wood waste for an industry of furnishing: A two dimensional cutting stock problem [J]. Management and Production Review, 2018, 9 (2): 42 – 51.

[84] BRUNO R, CARPINO C, BEVILACQUA P, et al. A novel stay-in-place formwork for vertical walls in residentialnZEB developed for the Mediterranean climate: Hygrothermal, energy, comfort and economic analyses [J]. Journal of Building Engineering, 2022, 45: 103593.

[85] CHA G, MOON H, KIM Y, et al. Evaluating recycling potential of demolition waste considering building structure types: A study in South Korea [J]. Journal of Cleaner Production, 2020, 256: 120385.

[86] CHENG J C P, LAW K, BJORNSSON H, et al. A service oriented framework for construction supply chain integration [J].

Automation in Construction, 2010, 19 (2): 245 – 260.

[87] CHENG J C P, TAN Y, SONG Y, et al. Developing an evacuation evaluation model for offshore oil and gas platforms using BIM and agent-based model [J]. Automation in Construction, 2018, 89: 214 – 224.

[88] CHENG M, CHANG N. Dynamic construction material layout planning optimization model by integrating 4D BIM [J]. Engineering with Computers, 2019, 35 (2): 703 – 720.

[89] CHEN L, WANG L, TSANG D, et al. Efficacy of green alternatives and carbon dioxide curing in reactive magnesia cement-bonded particleboards [J]. Journal of Cleaner Production, 2020, 258: 120997.

[90] CHEN P, NGUYEN T. A BIM – WMS integrated decision support tool for supply chain management in construction [J]. Automation in Construction, 2019, 98: 289 – 301.

[91] CHEN Q, DE – SOTO B, ADEY B. Supplier-contractor coordination approach to managing demand fluctuations of ready-mix concrete [J]. Automation in Construction, 2021, 121: 103423.

[92] CHEN W, LEI L, WANG Z, et al. Coordinating supplier selection and project scheduling in resource-constrained construction supply chains [J]. International Journal of Production Research, 2018, 56 (19): 6512 – 6226.

[93] CHO J, KIM C, SONG Y, et al. Lumped record management method using BIM and dynamo for spalling maintenance [J].

Automation in Construction, 2024, 160: 105324.

[94] CHO K, AHN S, PARK K, et al. Schedule delay leading indicators in precast concrete construction projects: Qualitative comparative analysis of Korean cases [J]. Journal of Management in Engineering, 2021, 37 (4): 04021024.

[95] DAINTY A, MILETT S, BRISCOE G. New perspective on construction supply chain integration [J]. Supply Chain Management, 2001, 6 (4): 163 – 173.

[96] DENG Y, GAN J, DAS M, et al. Integrating 4D BIM and GIS for construction supply chain management [J]. Journal of Construction Engineering and Management, 2019, 145 (4): 04019016.

[97] DIACONU R, PETRUSE R, BRINDASU P. Formwork application optimization by using augmented reality [C]//MAROPOULOS S, et al. Proceedings of 20th Innovative Manufacturing Engineering and Energy Conference 2016 (IMEEC). Kozani: IOP, 2016: 012043.

[98] DING Z, YI G, TAM V, et al. A system dynamics-based environmental performance simulation of construction waste reduction management in China [J]. Waste Management, 2016, 51: 130 – 141.

[99] DING Z, ZHU M, TAM V, et al. A system dynamics-based environmental benefit assessment model of construction waste reduction management at the design and construction stages [J]. Journal of Cleaner Production, 2018, 176: 676 – 692.

[100] DONG S, LI H, SKITMORE M, et al. An experimental study of intrusion behaviors on construction sites: The role of age and gender [J]. Safety Science, 2019, 115: 425-434.

[101] DRIESSEN T, TIJS S. The cost gap method and other cost allocation methods for multipurpose water projects [J]. Water Resources Resources, 1985, 21 (10): 1469-1475.

[102] EASA S, HOSSAIN K. New mathematical optimization model for construction site layout [J]. Journal of Construction Engineering and Management, 2008, 134 (8): 653-662.

[103] EL-MEOUCHE R, ABUNEMEH M, HIJAZE I, et al. Developing optimal paths for evacuating risky construction sites [J]. Journal of Construction Engineering and Management, 2018, 144 (2): 04017099.

[104] FARMAKIS P, CHASSIAKOS A. Genetic algorithm optimization for dynamic construction site layout planning [J]. Organization Technology and Management in Construction, 2018, 10 (1): 1655-1664.

[105] FRISK M, GTHE-LUNDGREN M, J-RNSTEN K, et al. Cost allocation in collaborative forest transportation [J]. European Journal of Operational Research, 2010, 205 (2): 448-458.

[106] FURINI F, MALAGUTI E, THOMOPULOS D. Modeling two-dimensional guillotine cutting problems via integer programming [J]. INFORMS Journal on Computing, 2016, 28 (4): 736-751.

[107] GAN J, CHENG J. Formulation and analysis of dynamic

supply chain of backfill in construction waste management using agent-based modeling [J]. Advanced Engineering Informatics, 2015, 29 (4): 878-888.

[108] GONG D, REN L, LIU S, et al. Compensation and co-ordination mechanisms on China's railway public transportation service [J]. Transport Policy, 2022, 115: 101-112.

[109] GUERRA B, BAKCHAN A, LEITE F, et al. BIM-based automated construction waste estimation algorithms: The case of concrete and dry wall waste streams [J]. Waste Management, 2019, 87: 825-832.

[110] HACK N, DRFLER K, WALZER A, et al. Structural stay-in-place formwork for robotic in situ fabrication of non-standard concrete structures: A real scale architectural demonstrator [J]. Automation in Construction, 2020, 115: 103197.

[111] HAMMAD A, AKBARNEZHAD A, REY D. A multi-objective mixed integer nonlinear programming model for construction site layout planning to minimize noise pollution and transport costs [J]. Automation in Construction, 2016, 61: 73-85.

[112] HAMMAD A, AKBARNEZHAD A, REY D, et al. A computational method for estimating travel frequencies in site layout planning [J]. Journal of Construction Engineering and Management, 2016, 142 (5): 04015102.

[113] HAMMAD A. A multi-objective construction site layout planning problem solved through integration of location and traffic as-

signment models [J]. Construction Management and Economics, 2020, 38 (8): 756-772.

[114] HAMMAD A, DA-COSTA B, SOARES C, et al. The use of unmanned aerial vehicles for dynamic site layout planning in large-scale construction projects [J]. Buildings, 2021, 11 (12): 602.

[115] HAMMAD A, REY D, AKBARNEZHAD A. A cutting plane algorithm for the site layout planning problem with travel barriers [J]. Computers & Operations Research, 2017, 82: 26-51.

[116] HAMMAD A, REY D, AKBARNEZHAD A. A mixed-integer nonlinear programming model for minimizing construction site noise levels through site layout optimization [C]//QUANG H, SHEN X, AKBARNEZHAD A, et al. Proceedings of the 31st International Symposium on Automation and Robotics in Construction 2014 (ISARC). Sydney: IAARC, 2014: 1-8.

[117] HANSEN S, SIREGAR P. Analytic hierarchy process-based decision-making framework for formwork system selection by contractors [J]. Journal of Construction in Developing Countries, 2020, 25 (2): 237-255.

[118] HAN Y, YANG Z, DING T, et al. Environmental and economic assessment on 3D print buildings with recycled concrete [J]. Journal of Cleaner Production, 2021, 278: 123884.

[119] HAO J, HILL M, SHEN L. Managing construction waste on-site through system dynamics modeling: The case of Hong Kong

[J]. Engineering, Construction and Architectural Management, 2008, 15 (2): 103-113.

[120] HASSANAT A, PRASATH V, ABBADI M, et al. An improved genetic algorithm with a new initialization mechanism based on regression techniques [J]. Information, 2018, 9 (7): 167-174.

[121] HAYASHI S, GONDO T. Analysis of the construction of a reinforced-concrete free-form roof formwork and the development of a unit-construction method [J]. Journal of Building Engineering, 2021, 34: 101924.

[122] HOSSAIN M, NG S, ANTWI-AFARI P, et al. Circular economy and the construction industry: Existing trends, challenges and prospective framework for sustainable construction [J]. Renewable and Sustainable Energy Reviews, 2020, 130: 109948.

[123] HUANG B, WANG X, KUA H, et al. Construction and demolition waste management in China through the 3R principle [J]. Resources, Conservation and Recycling, 2018, 129: 36-44.

[124] HUANG C, WONG C. Discretized cell modeling for optimal facility layout plans of unequal and irregular facilities [J]. Journal of Construction Engineering and Management, 2017, 143 (1): 04016082.

[125] HUANG C, WONG C. Optimization of site layout planning for multiple construction stages with safety considerations and requirements [J]. Automation in Construction, 2015, 53: 58-68.

[126] HUANG C, WONG C. Optimization of vertical elevator movements and material storage locations for high-rise building construction with overtime cost effects [J]. Journal of Computing in Civil Engineering, 2019, 33 (1): 04018054.

[127] HUANG C, WONG C, TAM C. Optimization of material hoisting operations and storage locations in multi-story building construction by mixed-integer programming [J]. Automation in Construction, 2010, 19 (5): 656 – 663.

[128] HUANG C, WONG C, TAM C. Optimization of tower crane and material supply locations in a high-rise building site by mixed-integer linear programming [J]. Automation in Construction, 2011, 20 (5): 571 – 580.

[129] HYUN C, JIN C, SHEN Z, et al. Automated optimization of formwork design through spatial analysis in building information modeling [J]. Automation in Construction, 2018, 95: 193 – 205.

[130] IMAHORI S, YAGIURA M, UMETANI S, et al. Local search algorithms for the two-dimensional cutting stock problem with a given number of different patterns [M]//Metaheuristic Progress as Real Problem Solvers. Berlin: Springer, 2005: 181 – 202.

[131] IRIZARRY J, KARAN E, JALAEI F. Integrating BIM and GIS to improve the visual monitoring of construction supply chain management [J]. Automation in Construction, 2013, 31: 241 – 254.

[132] JABRI A, ZAYED T. Agent-based modeling and simula-

tion of earthmoving operations [J]. Automation in Construction, 2017, 81: 210-223.

[133] JIANG W, LU W, XU Q. Profit distribution model for construction supply chain with cap-and-trade policy [J]. Sustainability, 2019, 11 (4): 1215.

[134] JIANG W, YUAN L, WU L, et al. Carbon emission reduction and profit distribution mechanism of construction supply chain with fairness concern and cap-and-trade [J]. Plos One, 2019, 14 (10): 0224153.

[135] JIANG Z, FANG D, ZHANG M. Understanding the causation of construction workers' unsafe behaviors based on system dynamics modeling [J]. Journal of Management in Engineering, 2015, 31 (6): 04014099.

[136] JING L, XIN M, ST C, et al. Retail channel management decisions under collusion [J]. European Journal of Operational Research, 2021, 294 (2): 700-710.

[137] JIN Y, TANG Z, ZHOU Q, et al. A government value compensation model of waste recycling in an industrial park: A game theory approach [J]. Journal of Cleaner Production, 2020, 275: 122976.

[138] JIN Z, GAMBATESE J. A fuzzy multi-criteria decision approach to technology selection for concrete formwork monitoring [C]//TANG P, GRAU D, EL-ASMAR M, et al. Proceedings of the Construction Research Congress 2020: Computer Applications (CRC).

Tempe：ASCE，2020：76-85.

［139］KALM R，et al. Construction site layout and building material distribution planning using hybrid algorithms［J］. Studies in Computational Intelligence，2014，530：75-88.

［140］KARIMZADEH A，SABETI S，SHOGHLI O. Optimal clustering of pavement segments using K-prototype algorithm in a high-dimensional mixed feature space［J］. Journal of Management in Engineering，2021，37（4）：04021022.

［141］KARKE S，KUMATHEKAR M. Comparison of the use of traditional and modern formwork systems［J］. Civil Engineering Systems and Sustainable Innovations，2014，332：348-356.

［142］KAVEH A，JAVID A，VAZIRINIA Y. Physics-inspired metaheuristics for construction site layout planning problem［J］. Periodica Polytechnica Civil Engineering，2024，68（1），68-87.

［143］KAVEH A，KHANZADI M，ALIPOUR M，et al. Construction site layout planning problem using two new meta-heuristic algorithms［J］. Iranian Journal of Science and Technology-Transaction of Civil Engineering，2016，40（4）：263-275.

［144］KAVEH A，KHANZADI M，MOGHADDAM M，et al. Charged system search and magnetic charge system search algorithms for construction site layout planning optimization［J］. Periodica Polytechnica Civil Engineering，2018，62（4）：841-850.

［145］KAVEH A，MOGHADDAM M，KHANZADI M. Efficient multi-objective optimization algorithms for construction site layout problem [J]. Scientia Iranica, 2018, 25 (4): 2051 – 2062.

[146] KAVEH A, VAZIRINIA Y. Optimization of tower crane location and material quantity between supply and demand points: A comparative study [J]. Periodica Polytechnica Civil Engineering, 2018, 62 (3): 732 – 745.

[147] KHALAFALLAH A, HYARI K H. Optimization parameter variation: Improving biobjective optimization of temporary facility planning [J]. Journal of Computing in Civil Engineering, 2018, 32 (5): 04018015.

[148] KIM B, KI Y, SON D, et al. An algorithm for a cutting stock problem in window frame production [J]. International Journal of Production Research, 2016, 54 (14): 4327 – 4339.

[149] KIM K, KIM B, CHO H. Multiple-choice knapsack-based heuristic algorithm for the two-stage two-dimensional cutting stock problem in paper industry [J]. International Journal of Production Research, 2014, 52 (19): 5675 – 5689.

[150] KIM K, KIM K J. Multi-agent based simulation system for construction operations with congested flows [J]. Automation in Construction, 2010, 19 (7): 867 – 874.

[151] KIM S, CHIN S, KWON S. A discrepancy analysis of BIM – based quantity take-off for building interior components [J]. Journal of Management in Engineering, 2019, 35 (3): 05019001.

[152] KO C, KUO J. Making formwork construction lean [J]. Journal of Civil Engineering and Management, 2015, 21 (4): 444 – 458.

[153] KOO B, JUNG R, YU Y. Automatic classification of wall and door BIM element subtypes using 3D geometric deep neural networks [J]. Advanced Engineering Informatics, 2021, 47: 101200.

[154] KOOPMANS T, BECKMANN M. Assignment problems and the locations of economic activities [J]. Journal of Econometric Society, 1957, 25: 53-76.

[155] KOU J, ZHANG W. An approach to enhance the generalization capability of nonlinear aerodynamic reduced-order models [J]. Aerospace Science and technology, 2016, 49: 197-208.

[156] KRIŠTÁK L, IGAZ R, BROZMAN D, et al. Life cycle assessment of timber formwork: Case study [J]. Advanced Materials Research, 2014, 1001: 155-161.

[157] KUIPERS J, MOSQUERA M A, ZARZUELO J M. Sharing costs in highways: A game theoretic approach [J]. European Journal of Operational Research, 2013, 228 (1): 158-168.

[158] KUMAR S, CHENG J. A BIM-based automated site layout planning framework for congested construction sites [J]. Automation in Construction, 2015, 59: 24-37.

[159] LAI H, DENG X, CHANG T. BIM-based platform for collaborative building design and project management [J]. Journal of Computing in Civil Engineering, 2019, 33 (3): 05019001.

[160] LAM K, NING X, LAM M. Conjoining MMAS to GA to solve construction site layout planning problem [J]. Journal of Construction Engineering and Management, 2009, 135 (10): 1049-1057.

[161] LEAO A, FURLAN M, TOLEDO F. Decomposition methods for the lot-sizing and cutting-stock problems in paper industries [J]. Applied Mathematical Modeling, 2017, 48: 250-268.

[162] LEE B, CHOI H, MIN B, et al. Development of formwork automation design software for improving construction productivity [J]. Automation in Construction, 2021, 126: 103680.

[163] LEE C, HAM S. Automated system for form layout to increase the proportion of standard forms and improve work efficiency [J]. Automation in Construction, 2018, 87: 273-286.

[164] LEE D, LIM H, KIM T, et al. Advanced planning model of formwork layout for productivity improvement in high-rise building construction [J]. Automation in Construction, 2018, 85: 232-240.

[165] LEE D, LIM H, KIM T, et al. A formwork layout model based on genetic algorithm [C]//QUANG H, SHEN X, AKBARNEZHAD A, et al. Proceedings of the 31st International Symposium on Automation and Robotics in Construction 2014 (ISARC). Sydney: IAARC, 2014: 468-473.

[166] LEEI G, CHOI B, JEBELLI H, et al. Assessment of construction workers' perceived risk using physiological data from wearable sensors: A machine learning approach [J]. Journal of Building Engineering, 2021, 42: 102824.

[167] LEE J, PARK Y, CHOI C, et al. BIM-assisted labor productivity measurement method for structural formwork [J]. Auto-

mation in Construction, 2017, 84: 121 – 132.

[168] LEE Y, SOLIHIN W, EASTMAN C. The mechanism and challenges of validating a building information model regarding data exchange standards [J]. Automation in Construction, 2019, 100: 118 – 128.

[169] LE P, DAO T, CHAABANE A. BIM – based framework for temporary facility layout planning in construction site: A hybrid approach [J]. Construction Innovation, 2019, 19 (3): 424 – 464.

[170] LE P, ELMUGHRABI W, DAO T, et al. Present focuses and future directions of decision-making in construction supply chain management: A systematic review [J]. International Journal of Construction Management, 2020, 20 (5): 490 – 509.

[171] LI D, MISHRA N. Engaging suppliers for reliability improvement under outcome-based compensations [J]. Omega, 2021, 102: 102343.

[172] LIEN L, CHENG M. A hybrid swarm intelligence based particle-bee algorithm for construction site layout optimization [J]. Expert Systems with Applications, 2012, 39 (10): 9642 – 9650.

[173] LIEN L, CHENG M. Particle bee algorithm for tower crane layout with material quantity supply and demand optimization [J]. Automation in Construction, 2014, 45: 25 – 32.

[174] LIEW A, STRZ Y, GUILLAUME S, et al. Active control of a rod-net formwork system prototype [J]. Automation in Construction, 2018, 96: 128 – 140.

[175] LI J, LI N, AFSARI K, et al. Integration of building information modeling and web service application programming interface for assessing buildings surroundings in early design stages [J]. Building and Environment, 2019, 153: 91-100.

[176] LI K, LUO H, SKIBNIEWSKI M J. A non-centralized adaptive method for dynamic planning of construction components storage areas [J]. Advanced Engineering Informatics, 2019, 39: 80-94.

[177] LIM M, NAM K. Comparative analysis on the micropore and microstructure characteristics of concrete under insulated formwork [J]. Materials, 2021, 14 (11): 2862.

[178] LI S, HE Y. Compensation and information disclosure strategies of a green supply chain under production disruption [J]. Journal of Cleaner Production, 2021, 281: 124851.

[179] LIU C, WU T, TSAI M, et al. Image-based semantic construction reconstruction [J]. Automation in Construction, 2018, 90: 67-78.

[180] LIU F, CHEN W, FANG D. Optimal coordination strategy of dynamic supply chain based on cooperative stochastic differential game model under uncertain conditions [J]. Applied Soft Computing, 2017, 56 (C): 669-683.

[181] LIU H, SINGH G, LU M, et al. BIM-based automated design and planning for boarding of light-frame residential buildings [J]. Automation in Construction, 2018, 89: 235-249.

[182] LIU M, ZHANG Y, WANG J, et al. A star-nose-like

tactile-olfactory bionic sensing array for robust object recognition in non-visual environments [J]. Nature communications, 2022, 13 (1): 79.

[183] LI X, SHEN G, WU P, et al. Integrating building information modeling and prefabrication housing production [J]. Automation in Construction, 2019, 100: 46-60.

[184] LI X, SHEN G, WU P, et al. Mapping the knowledge domains of building information modeling (BIM): A bibliometric approach [J]. Automation in Construction, 2017, 84: 195-206.

[185] LI Y. The management model of construction plane layout based on Pareto ant colony genetic algorithm [J]. Journal of Intelligent & Fuzzy Systems, 2018, 34 (2): 771-786.

[186] LI Z, SHEN W, XU J, et al. Bi-level and multi-objective dynamic construction site layout and security planning [J]. Automation in Construction, 2015, 57: 1-16.

[187] LO C. Environmental benefits of renewable building materials: A case study in Taiwan [J]. Energy & Buildings, 2017, 140: 236-244.

[188] LODI A, MARTELLO S, VIGO D. Heuristic and metaheuristic approaches for a class of two-dimensional bin packing problems [J]. INFORMS Journal on Computing, 2016, 28 (4): 736-751.

[189] LOOSEMORE M, ALKILANI S, Mathenge R. The risks of and barriers to social procurement in construction: A supply chain

perspective [J]. Construction Management and Economics, 2020, 38 (6): 552 – 569.

[190] LU M, CHEUNG C, LI H, et al. Understanding the relationship between safety investment and safety performance of construction projects through agent-based modeling [J]. Accident Analysis and Prevention, 2016, 94: 8 – 17.

[191] LU M. Simplified discrete-event simulation approach for construction simulation [J]. Journal of Construction Engineering and Management, 2003, 129 (5): 537 – 546.

[192] LU Q, CHEN L, LEE S, et al. Activity theory-based analysis of BIM implementation in building O & M and first response [J]. Automation in Construction, 2018, 85: 317 – 332.

[193] MACAL C, NORTH M. Tutorial on agent-based modeling and simulation [J]. Journal of Simulation, 2010, 4 (3): 151 – 162.

[194] MAGASARIAN O, STONE H. Two-person nozero-sum games and quadratic programming [J]. Journal of Mathematical Analysis and Applications, 1964, 9 (3): 348 – 355.

[195] MAKABATE C, MUSONDA I, OKORO C, et al. Scientometric analysis of BIM adoption by SMEs in the architecture, construction and engineering sector [J]. Engineering, Construction and Architectural Management, 2022, 29 (1): 179 – 203.

[196] MAK T, CHEN P, WANG L, et al. A system dynamics approach to determine construction waste disposal charge in Hong Kong

[J]. Journal of Cleaner Production, 2019, 241: 118309.

[197] MA L, ZHANG L. Evolutionary game analysis of construction waste recycling management in China [J]. Resources, Conservation and Recycling, 2020, 161: 104863.

[198] MANSURI D, CHAKRABORTY D, ELZARKA H, et al. Building information modeling enabled cascading formwork management tool [J]. Automation in Construction, 2017, 83: 259-272.

[199] MANTESI E, HOPFE C, MOURKOS K, et al. Empirical and computational evidence for thermal mass assessment: The example of insulating concrete formwork [J]. Energy and Buildings, 2019, 188: 314-332.

[200] MARTINEZ J. Methodology for conducting discrete-event simulation studies in construction engineering and management [J]. Journal of Construction Engineering and Management, 2010, 136 (1): 3-16.

[201] MARZOUK M, AZAB S. Environmental and economic impact assessment of construction and demolition waste disposal using system dynamics [J]. Resources, Conservation and Recycling, 2014, 82: 41-49.

[202] MEI Z, XU M, LUO S, et al. Concrete formwork reuse in a supply chain with dynamic changes using ABMS and discrete events [J]. Journal of Cleaner Production, 2022, 332: 130038.

[203] MEI Z, XU M, TAN Y, et al. Application of DMAIC approach to improve the centralized procurement process in construction

logistics enterprises [M]//Innovative Production and Construction. Singapore: World Scientific Press, 2019: 385 – 404.

[204] MEI Z, XU M, WU P, et al. BIM – based framework for formwork planning considering potential reuse [J]. Journal of Management in Engineering, 2022, 38 (2): 04021090.

[205] MELLER R, BOZER Y. Alternative approaches to solve the multi-floor facility layout problem [J]. Journal of Manufacturing Systems, 1997, 16 (3): 192 – 203.

[206] MENNA – ALLAH T, MEGAHED N, SHAHDA M, et al. Efficiency of utilizing building information modeling tools for examining smart materials behavior in a hot climate [J]. Journal of Building Engineering, 2024, 87: 108924.

[207] MESA H, MOLENAAR K, ALARCÓN N. Modeling supply chain integration in an integrated project delivery system [J]. Sustainability, 2020, 12 (12): 5092.

[208] MOHAMMADI S, TAVAKOLAN M, ZAHRAIE B, et al. Optimizing the selection and layout table forms with different dimensions using BIM and integer programming [C]//PERDOMO – RIVERA J L, GONZALES – QUEVEDO A, PUERTO C L, et al. Proceedings of Construction Research Congress 2016 (CRC). San Juan: ASCE, 2016: 2484 – 2490.

[209] MONGHASEMI S, ABDALLAH M. Linear optimization model to minimize total cost of repetitive construction projects and identify order of units [J]. Journal of Management in Engineering, 2021,

37 (4): 04021036.

[210] MOON H, KAMAT V, KANG L. Grid cell-based algorithm for workspace overlapping analysis considering multiple allocations of construction resources [J]. Journal of Asian Architecture and Building Engineering, 2014, 13 (2): 341 – 348.

[211] NG K, CHEN C, LEE C, et al. A systematic literature review on intelligent automation: Aligning concepts from theory, practice, and future perspectives [J]. Advanced Engineering Informatics, 2021, 47: 101246.

[212] NIE D, QU T, LIU Y, et al. Improved augmented Lagrangian coordination for optimizing supply chain configuration with multiple sharing elements in industrial cluster [J]. Industrial Management & Data Systems, 2019, 119 (4): 743 – 773.

[213] NING X, LAM K. Cost-safety trade-off in unequal-area construction site layout planning [J]. Automation in Construction, 2013, 32: 96 – 103.

[214] NING X, LAM K, LAM M. A decision-making system for construction site layout planning [J]. Automation in Construction, 2011, 20 (4): 459 – 473.

[215] NING X, LAM K, LAM M. Dynamic construction site layout planning using max-min ant system [J]. Automation in Construction, 2010, 19 (1): 55 – 65.

[216] NING X, QI J, WU C. A quantitative safety risk assessment model for construction site layout planning [J]. Safety Science,

2018, 104: 246 - 259.

[217] NING X, QI J, WU C, et al. A tri-objective antcolonyoptimization based model for planning safe construction site layout [J]. Automation in Construction, 2018, 89: 1 - 12.

[218] NING X, QI J, WU C, et al. Reducing noise pollution by planning construction site layout via a multi-objective optimization model [J]. Journal of Cleaner Production, 2019, 222: 218 - 230.

[219] ORAL M, BAZAATI S, AYDINLI S, et al. Construction site layout planning: Application of multi-objective particle swarm optimization [J]. Teknik Dergi, 2018, 29 (6): 8691 - 8713.

[220] PAN N, LEE M, CHEN S. Construction material supply chain process analysis and optimization [J]. Journal of Civil Engineering and Management, 2011, 17 (3): 357 - 370.

[221] PISHDAD - BOZORGI P, GAO X, EASTMAN C, et al. Planning and developing facility management-enabled building information model (FM - enabled BIM) [J]. Automation in Construction, 2018, 87: 22 - 38.

[222] QJW A, ZJR A, HUI L, et al. The progress and trend of BIM research: A bibliometrics-based visualization analysis [J]. Automation in Construction, 2021, 124: 103558.

[223] RAHIMZADEH A, TANG W, SHER W, et al. Management of excavated material in infrastructure construction: A critical review of literature [C]//MOKHTAR A, MOHANMED H, et al. Proceedings of International Conference on Architecture and Civil Engi-

neering 2018 (ICACE). Hong Kong: Springer, 2018: 10 - 20.

[224] RAOUFI M, ROBINSON - FAYEK A. Fuzzy agent-based modeling of construction crew motivation and performance [J]. Journal of Computing in Civil Engineering, 2018, 32 (5): 04118035.

[225] RAZAVIALAVI S, ABOURIZK S. Genetic algorithm-simulation framework for decision making in construction site layout planning [J]. Journal of Construction Engineering and Management, 2017, 143 (1): 04016084.

[226] RAZAVIALAVI S, ABOURIZK S. Site layout and construction plan optimization using an integrated genetic algorithm simulation framework [J]. Journal of Computing in Civil Engineering, 2017, 31 (4): 04017011.

[227] SADEGHPOUR F, ANDAYESH M. The constructs of site layout modeling: An overview [J]. Canadian Journal of Civil Engineering, 2015, 42 (3): 199 - 212.

[228] SAID H, EL - RAYES K. Optimal utilization of interior building spaces for material procurement and storage in congested construction sites [J]. Automation in Construction, 2013, 31: 292 - 306.

[229] SAID H, EL - RAYES K. Optimizing material procurement and storage on construction sites [J]. Journal of Construction Engineering and Management, 2011, 137 (6): 421 - 431.

[230] SAID H, EL - RAYES K. Optimizing the planning of construction site security for critical infrastructure projects [J]. Automa-

tion in Construction, 2010, 19 (2): 221 - 234.

[231] SCHMEIDLER D. The nucleolus of a characteristics function game [J]. SIAM Journal on Applied Mathematics, 1969, 17 (6): 1163 - 1170.

[232] SHAPLEY L. A value n-person games [M]. Princeton: Princeton University Press, 2016.

[233] SHEN L, TAM V, TAM C, et al. Mapping approach for examining waste management on construction sites [J]. Journal of Construction Engineering and Management, 2004, 130 (4): 472 - 481.

[234] SHIN M, LEE H, PARK M, et al. A system dynamics approach for modeling construction workers' safety attitudes and behaviors [J]. Accident Analysis & Prevention, 2014, 68: 95 - 105.

[235] SINGH M, SAWHNEY A, SHARMA V. Utilizing building component data from BIM for formwork planning [J]. Construction Economics and Building, 2017, 17 (4): 20 - 36.

[236] SMITH R. The contract net protocol: High-level communication and control in a distributed problem solver [J]. IEEE Computer Architecture Letters, 1980, 29 (12): 1104 - 1113.

[237] SONG X, XU J, SHEN C, et al. A decision making system for construction temporary facilities layout planning in large-scale construction projects [J]. International Journal of Civil Engineering, 2017, 15 (2A): 333 - 353.

[238] SONG X, XU J, SHEN C, et al. Conflict resolution-

motivated strategy towards integrated construction site layout and material logistics planning: A bi-stakeholder perspective [J]. Automation in Construction, 2018, 87: 138 – 157.

[239] SONG X, XU J, SHEN C, et al. Conflicts resolution based construction temporary facilities layout planning in large-scale construction projects [J]. Canadian Journal of Civil Engineering, 2016, 43 (9): 783 – 801.

[240] SONG X, ZHANG Z, XU J, et al. Bi-stakeholder conflict resolution-based layout of construction temporary facilities in large-scale construction projects [J]. International Journal of Civil Engineering, 2018, 16 (8A): 941 – 964.

[241] SON J, ROJAS E. Evolution of collaboration in temporary project teams: An agent-based modeling and simulation approach [J]. Journal of Construction Engineering and Management, 2011, 137 (8): 619 – 628.

[242] SUN C, CHEN Q, XIAO J, et al. Utilization of waste concrete recycling materials in self-compacting concrete [J]. Resources, Conservation and Recycling, 2020, 161: 104930.

[243] SU X, ANDOH A, CAI H, et al. GIS – based dynamic construction site material layout evaluation for building renovation projects [J]. Automation in Construction, 2012, 27: 40 – 49.

[244] TAH J. Towards an agent-based construction supply chain network modeling and simulation platform [J]. Automation in Construction, 2005, 14 (3): 353 – 359.

[245] TALEBI S, KOSKELA L, TZORTZOPOULOS P, et al. Causes of defects associated with tolerances in construction: A case study [J]. Journal of Management in Engineering, 2021, 37 (4): 05021005.

[246] TAM V, SENARATNE S, LE K, et al. Life-cycle cost analysis of green-building implementation using timber applications [J]. Journal of Cleaner Production, 2017, 147: 458 – 469.

[247] TANG S, SHELDEN D, EASTMAN C, et al. A review of building information modeling (BIM) and the Internet of Things (IoT) devices integration: Present status and future trends [J]. Automation in Construction, 2019, 101: 127 – 139.

[248] TANG Z, LI W, TAM V, et al. Advanced progress in recycling municipal and construction solid wastes for manufacturing sustainable construction materials [J]. Resources, Conservation & Recycling, 2020, 6: 100036.

[249] TAN Y, SONG Y, LIU X, et al. A BIM – based framework for lift planning in topsides disassembly of offshore oil and gas platforms [J]. Automation in Construction, 2017, 79: 19 – 30.

[250] TAO Z, WANG B, SHU L. Analysis on the procurement cost of construction supply chain based on evolutionary game theory [J]. Arabian Journal for Science and Engineering, 2021, 46 (2): 1925 – 1940.

[251] TERZIOGLU T, POLAT G, TURKOGLU H. Analysis on industrial formwork system supply chain using value stream mapping

[J]. Journal of Engineering, Project, and Production Management, 2022, 12 (1): 47-61.

[252] TERZIOGLU T, TURKOGLU H, POLAT G. Traditional vs. industrial formwork system supply chains [C]//ALTUNISIK A C, KAHYA V, et al. Proceedings of the International Civil Engineering and Architecture Conference 2019 (ICEAC). Trabzon: ICEAC, 2019: 87-97.

[253] TIAN H, ZHOU Z, ZHANG Y, et al. Axial behavior of reinforced concrete column with ultra-high performance concrete stay-in-place formwork [J]. Engineering Structures, 2020, 210: 110403.

[254] TIJS S, DRIESSEN T. Game theory and cost allocation problems [J]. Management Science, 1986, 32 (8): 1015-1028.

[255] VANZELA M, MELEGA G, RANGEL S, et al. The integrated lot sizing and cutting stock problem with saw cycle constraints applied to furniture production [J]. Computers & Operations Research, 2017, 79: 148-160.

[256] VATINE N, TAMRAZYAN G, KOROTEEV D, et al. Influence of formwork structure on heat treatment of precast concrete elements by solar energy [J]. Engineering Journal, 2021, 25 (2): 161-173.

[257] VATSAL P, PITRODA J. A critical literature review on the impact of material management on construction project delivery [J]. Internation Journal of Creative Research Thoughts, 2017, 5 (4): 1829-1836.

[258] VEENENDAAl D, BLOCK P. Design process for prototype concrete shells using a hybrid cable-net and fabric formwork [J]. Engineering Structures, 2014, 75: 39-50.

[259] VIDALAKIS C, TOOKEY J, SOMMERVILLE J. Demand uncertainty in construction supply chains: A discrete event simulation study [J]. Journal of the Operational Research Society, 2013, 64(8): 1194-1204.

[260] VRIJHOEF R, KOSKELA L. The four roles of supply chain management in construction [J]. European Journal of Purchasing & Supply Management, 2000, 6 (3-4): 169-179.

[261] WAMA B, KHK C. Variations in surface quality of self-consolidation and highly workable concretes with formwork material [J]. Construction and Building Materials, 2020, 238: 117638.

[262] WANG D, XIAO F, ZHOU L, et al. Two-dimensional skiving and cutting stock problem with setup cost based on column-and-row generation [J]. European Journal of Operational Research, 2020, 286 (2): 547-563.

[263] WANG H, MENG X. BIM-supported knowledge management: Potentials and expectations [J]. Journal of Management in Engineering, 2021, 37 (4): 04021032.

[264] WANG J, YU Y, TANG J. Compensation and profit distribution for cooperative green pickup and delivery problem [J]. Transportation Research Part B: Methodological, 2018, 113: 54-69.

[265] WANG J, ZHANG X, SHOU W, et al. A BIM – based approach for automated tower crane layout planning [J]. Automation in Construction, 2015, 59: 168 – 178.

[266] WANG L, CHEN S, TSANG D, et al. Recycling contaminated wood into eco-friendlyparticleboard using green cement and carbon dioxide curing [J]. Journal of Cleaner Production, 2016, 137: 861 – 870.

[267] WANG L, CHEN S, TSANG D, et al. Value-added recycling construction waste wood into noise and thermal insulating cement-bonded particleboards [J]. Construction and Building Materials, 2016, 125: 316 – 325.

[268] WANG L, LV T, ZHANG X, et al. Global research trends and gaps in ecological compensation studies from 1990 to 2020: A scientometric review [J]. Journal for Nature Conservation, 2022, 65: 126097.

[269] WANG Q, CHEN L, HU R, et al. An empirical study on waste generation rates at different stages of construction projects in China [J]. Waste Management & Research, 2020, 38 (4): 433 – 443.

[270] WANG Y, LI Q, GUAN X, et al. Collaborative multi-depot pickup and delivery vehicle routing problem with split loads and time windows [J]. Knowledge-based Systems, 2021, 231: 107412.

[271] WANG Y, PENG S, ZHOU X, et al. Green logistics location-routing problem with eco-packages [J]. Transportation Re-

search Part E: Logistics and Transportation Review, 2020, 143: 102118.

［272］WANG Y, ZHANG S, GUAN X, et al. Collaborative multi-depot logistics network design with time window assignment ［J］. Expert System with Applications, 2020, 140: 112910.

［273］WANG Z, REZAZADEH – AZAR E. BIM – based draft schedule generation in reinforced concrete-framed buildings ［J］. Construction Innovation, 2019, 19（2）: 280 – 294.

［274］WEI H, ZHENG S, ZHAO L, et al. BIM – based method calculation of auxiliary materials required in housing construction ［J］. Automation in Construction, 2017, 78: 62 – 82.

［275］WENG Y, LI M, RUAN S, et al. Comparative economic, environmental and productivity assessment of a concrete bathroom unit fabricated through 3D printing and a precast approach ［J］. Journal of Cleaner Production, 2020, 261: 121245.

［276］WONG C, FUNG I, TAM C. Comparison of using mixed-integer programming and genetic algorithms for construction site facility layout planning ［J］. Journal of Construction Engineering and Management, 2010, 136（10）: 1116 – 1128.

［277］WU P, WANG J, WANG X. A critical review of the use of 3 – D printing in the construction industry ［J］. Automation in Construction, 2016, 68: 21 – 31.

［278］WU S, SHEN Q, DENG Y, et al. Natural-language-based intelligent retrieval engine for BIM object database ［J］. Computers in Industry, 2019, 108: 73 – 88.

[279] WUTTKE D, HEESE H. Two-dimensional cutting stock problem with sequence dependent setup times [J]. European Journal of Operational Research, 2018, 265 (1): 303 – 315.

[280] XUE X, LI X, SHEN Q, et al. An agent-based framework for supply chain coordination in construction [J]. Automation in Construction, 2005, 14 (3): 413 – 430.

[281] XUE X, WANG Y, SHEN Q, et al. Coordination mechanisms for construction supply chain management in the Internet environment [J]. International Journal of Project Management, 2007, 25 (2): 150 – 157.

[282] XU J, LIU Q, LEI X. A fuzzy multi-objective model and application for the discrete dynamic temporary facilities location planning problem [J]. Journal of Civil Engineering and Management, 2016, 22 (3): 357 – 372.

[283] XU J, LI Z. Multi-objective dynamic construction site layout planning in fuzzy random environment [J]. Automation in Construction, 2012, 27: 155 – 169.

[284] XU J, SHI Y, ZHAO S. Reverse logistics network-based multiperiod optimization for construction and demolition waste disposal [J]. Journal of Construction Engineering and Management, 2019, 145 (2): 04018124.

[285] XU J, SONG X. Multi-objective dynamic layout problem for temporary construction facilities with unequal-area departments un-

der fuzzy random environment [J]. Knowledge-based Systems, 2015, 81: 30 - 45.

[286] XU J, ZHAO S, LI Z, et al. Bilevel construction site layout optimization based on hazardous-materials transportation [J]. Journal of Infrastructure Systems, 2016, 22 (3): 04016014.

[287] XU M, MEI Z, LUO S, et al. Optimization algorithms for construction site layout planning: A systematic literature review [J]. Engineering, Construction and Architectural Management, 2020, 27 (8): 1913 - 1938.

[288] XU M, NIE X, LI H, et al. Smart construction sites: A promising approach to improving on-site HSE management performance [J]. Journal of Building Engineering, 2022, 49: 104007.

[289] XU N, MA L, WANG L, et al. Extracting domain knowledge elements of construction safety management: Rule-based approach using Chinese natural language processing [J]. Journal of Management in Engineering, 2021, 37 (2): 04021001.

[290] XU X, CAI H. Ontology and rule-based natural language processing approach for interpreting textual regulations on underground utility infrastructure [J]. Advanced Engineering Informatics, 2021, 48: 101288.

[291] YAHYA M, SAKA M. Construction site layout planning using multi-objective artificial bee colony algorithm with levy flights [J]. Automation in Construction, 2014, 38: 14 - 29.

[292] YAN J, KARLSSON A, ZOU Z, et al. Contamination of

heavy metals and metalloids in biomass and waste fuels: Comparative characterization and trend estimation [J]. Science of the Total Environment, 2020, 700: 134382.

[293] YIN S, LI B, XING Z. The governance mechanism of the building material industry (BMI) in transformation to green BMI: The perspective of green building [J]. Science of the Total Environment, 2019, 677: 19 – 33.

[294] YIP R, POON C. Comparison of timber and metal formwork systems [J]. Waste and Resource Management, 2008, 161 (1): 29 – 36.

[295] YI W, CHI H, WANG S. Mathematical programming models for construction site layout problems [J]. Automation in Construction, 2018, 85: 241 – 248.

[296] YUAN H, SHEN L. Trend of the research on construction and demolition waste management [J]. Waste Management, 2011, 31 (4): 670 – 679.

[297] YUAN H, WANG J. A system dynamics model for determining the waste disposal charging fee in construction [J]. European Journal of Operational Research, 2014, 237 (3): 988 – 996.

[298] YU Y, YAZAN D, BHOCHHIBHOYA S, et al. Towards circular economy through industrial symbiosis in the Dutch construction industry: A case of recycled concrete aggregates [J]. Journal of Cleaner Production, 2021, 293: 126083.

[299] ZAVARI M, SHAHHOSSEINI V, ARDESHIR A, et al.

BIM – based estimation of inputs for site layout planning and locating irregularly shaped facilities［J］. Automation in Construction, 2022, 141: 104431.

［300］ZHAI Y, FU Y, XU G, et al. Multi-period hedging and coordination in a prefabricated construction supply chain［J］. International Journal of Production Research, 2019, 57（7）: 1949 – 1971.

［301］ZHAI Y, ZHONG R, HUANG G. Buffer space hedging and coordination in prefabricated construction supply chain management［J］. International Journal of Production Economics, 2018, 200: 192 – 200.

［302］ZHAI Y, ZHONG R, LI Z, et al. Production lead-time hedging and coordination in prefabricated construction supply chain management［J］. International Journal of Production Research, 2017, 55（14）: 3984 – 4002.

［303］ZHANG P, LI N, JIANG Z, et al. An agent-based modeling approach for understanding the effect of worker-management interactions on construction workers' safety-related behaviors［J］. Automation in Construction, 2019, 97: 29 – 43.

［304］ZHANG S, SULANKIVI K, JUVUBUENU M, et al. BIM – based fall hazard identification and prevention in construction safety planning［J］. Safety Science, 2015, 72（1）: 31 – 45.

［305］ZHANG Z, PAN W. Multi-criteria decision analysis for tower crane layout planning in high rise modular integrated construction［J］. Automation in Construction, 2021, 127: 103709.

[306] ZHAO Y, RAUSCH C, HAAS C. Optimizing 3D irregular object packing from 3D scans using metaheuristics [J]. Advanced Engineering Informatics, 2021, 47: 101234.

[307] ZHOU F, ABOURIZK S, AL-BATTAINEH H. Optimization of construction site layout using a hybrid simulation-based system [J]. Simulation Modeling Practice and Theory, 2009, 17 (2): 348-363.

[308] ZHOU Z, ZHOU X, QIAN L. Online public opinion analysis on infrastructure megaprojects: Towards an analytical framework [J]. Journal of Management in Engineering, 2021, 37 (1): 04020105.

[309] ZHU J, WANG X, WANG P, et al. Integration of BIM and GIS: Geometry from IFC to shapefile using open-source technology [J]. Automation in Construction, 2019, 102: 105-119.